讲给高中生的《论语》生活

李哲峰 著

山西出版传媒集团
山西教育出版社
·太原·

图书在版编目（CIP）数据

讲给高中生的《论语》生活 / 李哲峰著. -- 太原 : 山西教育出版社，2025. 3. -- ISBN 978-7-5703-4536-6

Ⅰ. B222. 2-49

中国国家版本馆 CIP 数据核字第 2025HJ4425 号

讲给高中生的《论语》生活

JIANGGEI GAOZHONGSHENG DE LUNYU SHENGHUO

责任编辑 赵迎春
复　　审 荆建强
终　　审 李梦燕
装帧设计 崔文娟
印装监制 蔡　洁

出版发行 山西出版传媒集团 · 山西教育出版社
（太原市水西门街馒头巷 7 号　电话：0351-4729801　邮编：030002）
印　　装 山西聚德汇印务有限公司
开　　本 720 mm×1 020 mm　1/16
印　　张 21. 75
字　　数 334 千字
版　　次 2025 年 4 月第 1 版　2025 年 4 月山西第 1 次印刷
书　　号 ISBN 978-7-5703-4536-6
定　　价 46. 00 元

写在前面的话

我从事高中语文教学二十六年，始终将《论语》作为学生的必读书。这本《讲给高中生的〈论语〉生活》是我二十多年来《论语》教学的成果。

与其他同类图书相比，我认为该书的价值主要体现在两个层面：

文化层面。《论语》是中华民族集体记忆的重要载体，是了解中华传统文化的必读书。然而，目前市面上一些关于《论语》解读的图书，或是过分学术，或是泛泛而谈，或是盲目求新，并不适合高中生阅读。与同类图书不同，本书力求对《论语》作出更为详细且贴切的解读。每一章的解读，分为“引文”“解词”“释句”“通讲”四部分。尤其是每一部分中名曰“通讲”的内容，少则四五百字，多则一千五六，有话则长，无话则短，却又篇篇勾连，自成体系，可以让读者更好地了解到《论语》的大体精义。本书讲解精练生动，具有一定的学术性，同时又具有较强的可读性与趣味性。

高考层面。第一，《论语》是先秦时期的文言精华，是后世文人争相模仿的典范，自然也便成为学习文言的最佳范本。现行的不少《论语》译本，多采用意译，不符合高中生的应考需求。本书以商务印书馆《古代汉语词典》为依据，按照“直译为主，意译为辅”的原则，重新翻译，直接指向

高考学习，帮助读者完成文言实词、虚词、句式等文言现象的积累，以及文化常识的储备，为读者学习文言提供便利。第二，本书是一本基于阅读经验获得的阅读指导书，其中渗透了《论语》阅读的方法指导，可以帮助读者正确认识和深入理解《论语》，而不至于产生误解。第三，本书又是一本指导高考作文的学习手册：一者，《论语》原文及讲解都可以为学生作文提供必要的思想素材，便于解决当前学生作文格局小、站位低、思想浅薄的问题；二者，本书中对每一章内容的讲解，平均七百字，可被视作教师的“下水作文”，这就为学生提供了二百多篇作文范本以及技术支持。

按照通常的说法，《论语》凡四百九十二章。受到篇幅限制，本书特精选广大读者熟知、影响广泛的二百多章加以评析。正所谓“半部《论语》治天下”，事实上，有了这半部通讲，理解全书也便全然无碍了。当然，我也期盼有机会将“全豹”呈现给广大读者，供大家参考批评。

本书中的部分内容曾在《语文周报》长期连载，引发了较大反响。然而，囿于个人水平，本书尚存在着诸多不足，还烦请方家指正。

哲峰

于邯郸五槐居

2025 年 3 月 15 日

目 录

学而篇第一

1.1 子曰："学而时习之，不亦说①乎？有朋自远方来，不亦乐乎？人不知而不愠②，不亦君子乎？"

解词

①说（yuè）：同"悦"，愉快。

②愠（yùn）：生气，恼怒。

释句

孔子说："学习（学说）能时常得到践行，不也很高兴吗？有志同道合的朋友从远方来相聚，不也很快乐吗？没有人了解自己却并不恼怒，不也是君子吗？"

通讲

《论语》是孔夫子的弟子以及再传弟子记录夫子及其弟子言行的书。至于为什么叫作"论语"，说法很多，莫衷一是。大致而言，"语"就是"谈论、谈说"，比如在此之后的"国语""家语""新语"；"论"就是"讨论编次"。二者合在一起，就是将夫子及其弟子讨论（也有少数行为）编次而成的书，后世称之为"语录体"。

《论语》的编排，看似散乱，实则自有其内在逻辑，精微之处，非细读不可知。比如《学而篇》，"所记多务本之意"（朱熹语）。由此看来，将本章放在全书之首是别有深意的。然其微言大义，最难琢磨。

这里先要澄清几个概念，概念清楚，方可洞察其微旨，窥见其堂奥。

"学"字在甲骨文中由三部分构成：先是两只手朝下的形状，表示用两只手对幼年人帮扶、扶掖、指导、提携；"爻"在这里表示物象变化，知识无穷；下面是一间房子的侧视图，表示学习的处所。（后世又加一个

“子”，表示教学的对象，从而演变成繁体的“學”。）这个字古代读作“xué”或“jiào”，有人认为“学”和“教”在古代是同一个字。由此看来，“学”的本意就是对孩子进行启蒙教育，使之觉悟。

“习”在甲骨文中是由“小鸟的翅膀”和“太阳”组成的，《说文解字》说：“习，数飞也。”朱熹的解释很经典：“习，鸟数飞也。学之不已，如鸟之数飞也。”这样看来，这本书的发端就是在谈知也无涯，生也有涯，然“学不可以已”。这样说大体不错，但仍不是最好。

清毛奇龄《四书改错》指出：“学者，道术之总名。”他将“学”理解为名词，后世程树德也持这一观点，他在《论语集释》中说：“‘学’字系名辞。”如此，“学”可以被理解为“学术、学说、主张”等，即夫子的为学之道，也未尝不可。

“习”，字面是“温习”，然正如以上对其字形的考察，这里取它的本义，理解为“实习、实践”似乎更好。夫子之道是用来践行的，《论语》这本书不仅仅是用来读的，更是用来印证的。读过《论语》，我们也总能从生活中找到会心之处，就是因为这本书是生活经验的总结，是指导我们实践的书。

“时”是“时常”，中国人重视实用，学习要时常和实践结合起来，这才有价值。如此，学说用在实践中，或所学内容得到了证实，达到了“学”的功能，岂不“悦”乎？另外，从夫子的角度看，自己的理论被人认可推行，是多么激动啊！夫子的夙愿是自己的学说被采用，恢复周礼，如此，“悦”就可以理解了。

“有朋自远方来”的“朋”不是指一般的朋友，朱熹说“朋，同类也”，即“朋”是同气相求、志同道合之人。子曰：“可与共学，未可与适道；可与适道，未可与立；可与立，未可与权。”茫茫人海，能找到在思想上志同道合的人，不是一件容易的事情，更何况“古来圣贤皆寂寞”，圣人的思想也会因其鹤立鸡群而变得曲高和寡。知音本就难觅，加上古代交通不便，志同道合的朋友能千里相会，一起讨论切磋，坐而论道，进德修业，确是一件难事，但也是一大幸事，怎不让人高兴呢？

在“人不知而不愠”中，我们首先要知道，《论语》中的“人”与

“民”是不一样的，这里的“人”应该是指君子。“君子”一词出自《易经》，从夫子开始，这个词被锁定在了士大夫及读书人的道德品质这一层面，之后由后世儒家学派不断完善，成为中国人的道德典范。在《论语》中，“君子”既可以实指“士”这个阶层，也可以虚指具有君子品格的、有一定修为的人。与“人”不同，“民”在《论语》中多指百姓、庶民。

夫子一生踽踽独行，倡导周礼，推行先王之道，不就是希望“人”的理解与实施吗？而如今，“人不知”，夫子却“不愠”，能做到不懊恼，就在于夫子的“反求诸己”。夫子说：“不患无位，患所以立”，“不患人之不己知，患其不能也”。夫子相信“有能”必有位，别人不理解，说明自己还不够优秀。他同时又说“不患莫己知，求为可知也”，也就是今天人们所戏称的——“怀才就像是怀孕，总会被发现的”。对于一个有抱负且汲汲于完成自己人生梦想的人而言，能做到“人不知而不愠”，其境界之高，可知矣。

理解了这几个概念，再回头思考以上所说的这三层，看似无关，实则密切关联：

第一，都是围绕夫子之“道”的。第一层是谈关于“道”的认同、推行与实践的愉悦感；第二层是谈与志同道合之人携手（而非孤军奋战）的幸福；第三层是谈自己的“道”被君子，尤其是国君、士大夫认可的迫切需求。三者围绕“道”螺旋式上升，体现出夫子之“道”被不断认同、逐渐加深的过程。

第二，都是围绕“乐”的。无论是“悦”“乐”，还是“不愠”，都是表示高兴、快乐之意，而“乐”又是《论语》的至高境界，体现出中华文化乐观主义的文化特征。李泽厚先生通过对比西方“罪感文化”、日本“耻感文化”，提出中国的“乐感文化”：中国人就是这样，没有外力依靠，一切都要靠自身不息地努力，乐观地看待这个世界。

由此看来，将本章放在全书之首，开宗明义，的确令人深思。

1.2　有子曰："其为人也孝弟[①]，而好犯[②]上者，鲜[③]矣；不好犯上，而好作乱者，未之有也[④]。君子务本，本立而道生。孝弟也者，其为仁之本与[⑤]！"

解词

①其为人也孝弟（tì）：也，句中语气词，不译。孝，孝顺父母。弟，同"悌"，尊敬兄长。他为人孝顺父母，敬爱兄长。

②犯：违反，冒犯。

③鲜（xiǎn）：少。

④未之有也：宾语前置，按照现代汉语语序可以调整为"未有之也"，没有过这样的人。

⑤与：同"欤"，句末语气词。

释句

有子说："他为人孝顺父母，敬爱兄长，却喜欢触犯上级的，这种人很少；不喜欢触犯上级，却喜欢造反的，这种人从来没有过。君子致力于基础工作，基础树立了，'道'就随之产生了。孝顺父母，敬爱兄长，这就是'仁'的基础吧！"

通讲

《论语》这本书有一个有趣的现象：书中称呼夫子为"子"或"孔子"，其他弟子一般称呼他们的字，唯独有两个学生特殊，一是曾参，二是有若，书中也称之为"子"——曾子、有子（冉有、闵子骞偶然称"子"）。

之所以称"曾子"，是因为现行的《论语》是由曾子的弟子编撰的，是门人出于对本门老师的尊敬。而之所以称"有子"，则是因为有子在夫子的众多弟子中有着特殊的地位。有子，名若，字子有，孔门七十二贤人之一。《史记·仲尼弟子列传》记载："孔子既没，弟子思慕。有若状似孔子，弟子相与共立为师，师之如夫子时也。"

这一章是谈孝悌的。《说文解字》："孝，善事父母者。从老省从子，

子承老也”，儿子承担父母就是“孝”；“悌，善兄弟也，从心弟声”。

为什么在儒家这里，“孝悌”就成了做人的根本呢？

中国的墨家讲博爱，是真正意义的“泛爱众”。而儒家不这么认为，儒家以为这样是“无父无君”的表现，毕竟让一个人直接去爱一个陌生人，甚至是敌人或是恶人，很难实现。

儒家讲“老吾老以及人之老，幼吾幼以及人之幼”，提出“爱”要有一个次第，用孟子的话说就是“亲亲而仁民，仁民而爱物”。儒家的伦理思想是先善待自己的父母、兄弟以及血缘亲族，之后将这种爱推广到百姓、陌生人，最后再将这种爱扩大到自然、万物这个层面：如此，有次第地开展，彰显出一种博大而和谐的生命精神。

正因为儒家文化的爱不是平等的泛爱，而是有差等的爱，因此，我们常常会听中国人说：“一个人连自己的父母都不孝顺，还指望他对谁好呢？”这就是儒家的逻辑。

朱熹以为：“亲亲，仁民，爱物，三者是为仁之事。亲亲是第一件事。”一言以蔽之，“爱有差等，施由亲始”。中国人认为，爱的推行是有先后的，修齐治平——修身、齐家、治国、平天下，需要一步步来。

中国人将国称为国家，因为在我们看来，家是小国，国是大家。当然，古代的“家”又非今天我们理解的家庭，而是家族，家族是社会的最小细胞。“家齐而后国治，国治而后天下平”，小家治理好了，大家也就海晏河清了，这就是以孝治天下的缘由。

这样说来，我们就明白为什么古人会说“达则兼济天下，穷则独善其身”了。齐家也是在治国，“独善其身”在某种意义上讲也是在兼济天下——家国一体，家国同构，这就是我们的文化特征。

夫子说：“《书》云：‘孝乎惟孝，友于兄弟，施于有政。’是亦为政，奚其为为政？”也就是说，把这孝悌的道理施于政事，本身就是参与政治了。中国人强调伦理，伦理就是政治：即便不当官，治家也算是参与政治；如果当了官，就把治家的孝悌推而广之，拿去施政不就天下升平了吗？故而，曾子在《孝经》中说：“夫孝，德之本也。”“君子之事亲孝，故忠可移于君；事兄悌，故顺可移于长；居家理，故治可移于官。”

《说文解字》：“仁，亲也。从人从二。”“仁”之训“亲”，有亲密、

亲爱之意；“从二”，简单地说，“仁”就是人与人的关系，人与人相处之道，“仁道”也最终成为儒家的最高境界。《中庸》：“仁者，人也，亲亲为大。”孝悌就是儒家“仁道”的根本，孝悌之道即便到了今天，仍然是中华文化的宝贵财富。

1.3 子曰：“巧言令色①，鲜矣仁②！”

解词

①巧言令色：用花言巧语和谄媚的神色取悦于人。

②鲜（xiǎn）矣仁：（这种人）仁德很少。

释句

孔子说：“花言巧语、虚颜假色，这种人仁德是不会多的。”

通讲

德国哲学家海德格尔认为，人活在自己的语言中，语言是人“存在的家”，人在说话，话在说人。西方人强调语言的作用，认为语言是人的家园，人的根本。他们坚信，语言是人存在的确证，人要表达，而且要表达自己。西方人不但自己要说，而且还特别尊重别人的言说，所谓“我不同意你的观点，但我尊重你说话的权利”，就是这个道理。

与此相反，中国的古人对于语言，大多是持有非常审慎的态度，甚或怀疑的态度。在儒家那里，夫子反复强调：“天何言哉？四时行焉，百物生焉，天何言哉？”甚至有“利口覆家邦”——强嘴利舌可能会颠覆国家——的警告。夫子和孟子都是非常善于表达的，然而，这两位圣人都曾提出过类似“予欲无言”的看法。在这个问题上，儒、释、道是一致的，《道德经》上说“知者不言，言者不知”，《庄子》上说“天地有大美而不言”，而禅宗更是主张“不立文字，教外别传”，“直指人心，见性成佛”。

儒家不主张言，究其原因在于两点：一是出于“天人合一”的思想，二是“君子耻其言而过其行”，害怕言过其行。儒家强调人的行动力，主张少说多做，“君子欲讷于言而敏于行”，“敏于事而慎其言”。因此，夫子以为，说话是没办法的办法，“非敢为佞也，疾固也”，意思是说不是我凭口取胜，实在是痛恨那些顽固分子。

《论语正义》说：“巧好其言语，令善其颜色，欲令人说（同‘悦’）爱之者，少能有仁也。”“巧言令色”应该是夫子所处时代的一种社会痼疾，人们习惯于花言巧语，谄媚迎合，而夫子又见不得那种巧舌如簧、油嘴滑舌却满面春风、假心假意的家伙，于是一再告诫弟子，这样的人缺少仁德。这一章内容，在《论语》中出现了两次，除了本章外，《阳货篇》中还有过一次重复。此外，在《公冶长篇》中，夫子还有一句类似的话：“巧言、令色、足恭，左丘明耻之，丘亦耻之”，足见夫子对这种社会现象有多么深恶痛绝。由是观之，夫子这句话，确有矫枉过正之意。

然而，我们很长一段时间都误解了夫子，认为他反对说话，主张完全沉默，过去的人们就很反感自己的孩子多嘴多舌。事实上，夫子不是完全反对说话，用他的话来说“是故恶夫佞者”——“佞”就是巧言谄媚。夫子提出说话是好，但要做到“修辞立其诚”；夫子反对说了不做，讲求“先行其言而后从之”；夫子也不像道家那样反对润色、修饰语言，他主张“言之无文，行之不远”，提出“质胜文则野，文胜质则史。文质彬彬，然后君子”——语言质朴超过了文采就会粗野，文采超过了质朴就会浮华，文采和质朴相辅相成，配合恰当，这才是君子——这是多么精彩的阐发！

后人过分强调“刚、毅、木、讷，近仁”，使得中国人变得过于沉默内敛，甚至木讷迟钝，不善表达，羞于表达，这是对夫子思想的严重误读。在这个问题上，我们一者要回到历史的原点，去寻找真实的夫子思想；二者也要向西方学习，不断吸收其他文明，美美与共，才是正道。

1.4 曾子曰：“吾日三省①吾身：为人谋而不忠乎？与朋友交而不信乎？传不习②乎？”

解词

①省（xǐng）：自我检查、反省。

②习：见习，实践。

释句

曾子说："我每天多次自我反省：替别人谋划事情竭尽心力了吗？与朋友交往有不诚信的地方吗？传授给别人的东西，自己实践过吗？"

通讲

这一章是曾子说的。他一生战战兢兢，严谨认真，主张"思不出其位"，临死都要反复检查自己的身体是否保全。同时，他一生都以"仁"为己任，死而后已。

曾子有个日常习惯——"三省吾身"。首先，要特别解释一下这个"三"。"三省"不是说就这三个方面反省，对这个"三"字，清人宦懋庸解释得好："故古人于屡与多且久之数，皆以三言。如颜子三月不违，南容三复，季文子三思，太伯三让，柳下三黜，子文三仕三已，三年无改于父之道，三人行必有我师焉，三嗅而作，三年学，三月不知肉味，皆此意也。"也就是说，曾子每天都要多次反思这三件事，而不是每天将这三件事反思一次——这似乎带有强迫症的味道，不过从中的确能看出曾子出奇地谨慎与认真，也能看出这三件事之于他的意义。

这一章的难点在于对"传不习乎"的理解，到底是在反思什么？一般都说是"老师传授的知识复习了吗？"，貌似符合当前的实际，但从逻辑上看不太合适。

从前面的"为人谋""与朋友交"来看，最后这一句话不应是"别人之于自己"，而是"自己之于别人"。别人之于自己是为自己，自己之于别人是为别人，为自己容易，而为别人难：正因为为别人难才更应该扪心自问，"躬自厚而薄责于人"。和前面两点一样，这里依然是反躬自问：为他人，我尽力了吗？我是不是做得最好呢？比如钱穆将这句话翻译为"我所传授于人的，有不是我日常讲习的吗"，就比刚才的那个要好一些。

然而，这个"习"字与"学而时习之"的"习"一样，还是翻译为"见习、实践"可能会更好一些——"我所传授给别人的东西，自己实践过吗？"为什么实践过比讲过更好呢？实践出真知，实践是检验真理的唯一标准，我们做教师的对此应该最有体会。比如语文教师教学生写作方法，如果不是从实践中得来的，而是本本主义，从教材上得来的，从网上下载的，陈陈相因，人云亦云，教给学生，表面上故弄玄虚，实际却凌空蹈虚，这是“空对空”，隔靴搔痒，试图“以其昏昏使人昭昭”，效果可想而知。写作是一种实践活动，“纸上得来终觉浅，绝知此事要躬行”，从教师自己的写作实践中来，教师才最有发言权，否则就有点误人子弟了。我们有些教师，自己不动笔墨，还要大谈特谈什么所谓的写作方法，难道不应该“内自省”吗？

“子以四教：文、行、忠、信”，曾子这里都是围绕“忠信”展开的，朱熹解释“忠信”是“忠发于心而信周于外”，就是要全心全意为别人着想——为与自己不相干的人谋事，和与自己没有任何血缘关系的朋友交往，真心向弟子传授。所以，反复、真心反省，扪心而问，确实很有必要啊！

1.5 子曰：“弟子入则孝，出则弟[①]，谨而信，泛爱众，而亲仁。行有余力，则以学文。”

解词

①弟（tì）：同“悌”，尊敬兄长。

释句

孔子说：“年幼的人在家孝顺父母，出门敬爱兄长，谨慎、信实，博爱大众，亲近有仁德的人。做了这些还有余力，就学习文献知识。”

通讲

这一章的内容可以说是家喻户晓，即便没有读过这一章的人也会觉得它很亲切，那是因为清朝李毓秀根据这一章的内容编写成了妇孺皆知的《弟子规》。《弟子规》以这一章为总纲——“弟子规，圣人训：首孝弟，次谨信。泛爱众，而亲仁。有余力，则学文”，并分为“入则孝、出则弟、谨、信、泛爱众、亲仁、学文”七个部分，用一千余字详叙弟子在家、出外、待人、接物与学习上应该恪守的守则规范，影响十分深远。

细心人会发现，作为《弟子规》纲要的这一段话，在措辞上较之夫子的话是有变化的，最大的不同就在一个“次”字。这个字是强调，或者说“强加”一个逻辑——如此，孝悌变成了做人的根本，其次是谨信、爱众、亲仁，最后是学文。

这就透露出“德行”是后人逐渐从学问中剥离出来的。事实上，夫子固然一向强调德行的首要地位，然而，在夫子的价值观里，德行也是学问的一部分，故而才有了弟子子夏在下一章中“虽曰未学，吾必谓之学矣”的表述。

夫子强调道德的重要性，曾说：“骥不称其力，称其德也。”德行就是学识，且有德是第一大学问。后世将二者分离开来，才有了今天“先学会做人，后学会做学问”的说法。事实上，在夫子那里，二者是一体的，只不过夫子是将德行作为第一功课来对待罢了。

然而，正因为后人将二者割裂开来，于是就有了德与才千年辩证的讨论。

德是第一位的，它起到主导、支配、影响、制约的作用。

司马光在《资治通鉴》中说：“才者，德之资也；德者，才之帅也。”才能，是道德的凭借；道德，是才能的统帅。周成王姬诵作《周官》，反复强调：“明王立政，不惟其官，惟其人”，“官不必备，惟其人”。唐代孔颖达注释说：“三公之官不必备员，惟其人有德乃处之。”以德为先，使得周王朝拥有八百年基业。汉代选官制度施行“四科取士”，第一科就要求“德行高妙，志节清白”，坚持这一用人标准，才有了名垂青史的文景之治和光武中兴，才有了大汉四百年江山。唐太宗深谙用人之道，唯贤是用，强调“今所任用，必须以德行、学识为本”，才有了贞观盛世，以及之后的大唐盛世。康熙皇帝以“德胜于才，始为可贵”，奠定了康乾盛世的基础。

以德为先，同时对才的考量也不可小觑。

三国曹操曾有“孟德三令”，是唯才是举的典范。曹操认为，虽说吴起“杀妻取信”，“母死不归”，为人不齿，陈平“盗嫂受金”，罪不可赦，然而他们有能力，就应该得到重用。而司马光在《资治通鉴》中的用人观亦影响深远：“才德全尽谓之圣人，才德兼亡谓之愚人，德胜才谓

之君子，才胜德谓之小人。凡取人之术，苟不得圣人，君子而与之，与其得小人，不若得愚人。”

当然，在这个问题上，我们要辩证看待。首先，对于德的问题，即便是曹操极力倡导唯才是举，也要求对方忠于自己的政治立场；其次，要学会扬长避短，灵活对待；最后，在大是大非问题上，政治的大德不能缺——这是底线。

从这个角度讲，我们还是要回到夫子的原点，将德行作为学问的一部分，且作为“开学第一课”，这样也许更合理一些。

1.6 曾子曰：“慎终①，追远②，民德归厚矣。”

解词

①慎终：居父母之丧要依礼尽哀。

②追远：追念前人前事。

释句

曾子说：“居父母之丧要依礼尽哀，追念祖先，百姓的品德就会忠实厚重。”

通讲

“慎终”“追远”并非等同于封建迷信，其中包含了仪式，包含了礼。

为什么要祭祀？

祭祀里有个人归属感、皈依感。中国人讲血脉传承，树高千丈，叶落归根。我们要知道自己从哪里来，又要知道自己到哪里去——这里有我们的情感、心灵的归宿与寄托。祭祀，是在找寻我们来时的路，表达的是融入血脉的眷念与哀思。父母在，我们尚有来处；父母去，我们也便只剩归途。于是，我们说清明节就是我们中国人自己的感恩节。

祭祀里有家族存在感、荣誉感。中国人将自己归属于家族，乃至国家。我们将自己的荣辱与家族紧密结合：自己的成绩，可以光耀门楣、光宗耀祖、振兴家邦；自己的失败，可能被视作家门不幸、家族之耻。

每一个人都是血脉传承的重要一环，承上启下，上要对得起国家社会，下要考虑到子孙后代，于是，中国人天生就有了一份更为神圣的责任与担当，而祭祀就是让我们学会了承担！

祭祀里有文化归属感、认同感。对祖宗的祭祀是对家族，也是对文化的认同。《左传》说："国之大事，在祀与戎。"祖先祭祀是中华文化的一种特有现象，在中华文化中，祭祀指向民族的团结与巩固，是一种道德教化，更是文化传承。同时，祭祖作为文化认同，它还可以使民族强大，是中华文明延续千年而不辍的重要原因之一。

慎终、追远，不仅是形式，更有实际的内容。在中国人眼中，祖宗就是神，人神合一，人神和谐。敬畏生命与敬畏天地一样，祭祀是对传统文化的一种回望，一种守护，也是中华文化的信仰，或者说道统。

1.7 子曰："父在，观其①志；父没②，观其行；三年③无改于父之道，可谓孝矣。"

解词

①其：代词，这里指儿子。

②没（mò）：去世，死。

③三年：多年。"三"并非实指。

释句

孔子说："父亲活着，要观察他的志向；父亲死了，要观察他的行为；长期不改变父亲的行为方式，可以说做到了孝。"

通讲

读完这一章，你也许马上会说，"父之道"是正道也还罢了，如果是"贼道"、邪道，那还要坚守吗？

以希腊为代表的西方文明是海洋文明，以中国为代表的东方文明是农耕文明，不同的环境孕育出各自不同的灿烂辉煌的文明。海洋是多变的，其文明是开放的、富有挑战精神与开创精神的；农耕是有规律的，

其文明也便是封闭的，是注重经验传承的，是关注传统与历史的。

“三年无改于父之道”，由氏族传统发展而来，也是由我们的文明所决定的。与依靠大海而大海反复无常不同，依靠农耕而农耕的经验则往往可以复制，如此看来，“无改于父之道”是有其合理性的。然而，随着时间的推移，这一带着原始意味的“礼”更多地被演变成了一种情感层面的追念，其情感价值远高于其实用价值。从这个角度上说，“三年无改于父之道”与守孝三年的古礼是一样的——

宰我曾经觉得守孝三年时间太长，太耽误事，改成一年就可以了，夫子说一年你觉得心安那就一年好了。“子生三年，然后免于父母之怀。夫三年之丧，天下之通丧也，予也有三年之爱于其父母乎！”——宰予难道没有从他父母那里得到过三年怀抱之爱吗？守孝三年是为了报答父母三年的怀抱之恩，孝是对父母真诚的回报，更多的价值在于涵养一颗孝心。“三年无改于父之道”与“三年之丧”一样，是让父亲泉下有知，感到欣慰，让自己更好地感念父亲的恩德。

所以《论语集注》说：“如其非道，何待三年？然则三年无改者，孝子之心有所不忍故也。”“三年”不改在于“不忍”，但该改的时候还是要改的，否则岂不是和夫子所提倡的通权达变违背了吗？

至于到了曾子那里，提出“吾闻诸夫子：孟庄子之孝也，其他可能也；其不改父之臣与父之政，是难能也”，不明确夫子说话的语境、对象，过分强调“不改”，这就是僵化理解夫子的思想了。这正如曾子在夫子“不在其位，不谋其政”的基础上，提出了“思不出其位”一样，实在迂腐可笑。然而曾子的这种保守思想对中国的影响却是深远的，固守“父之道”，让中国人曾经很长一段时间惧怕变革，守旧畏葸，故步自封，多少人以一句“祖宗之法不可变”裹足不前，害国害民。

大禹不守“父之道”，方有千古伟业；赵武灵王革旧鼎新不守“夫之道”，方能叱咤风云。故而王安石说：“天变不足畏，祖宗不足法，人言不足恤。”“改”与“不改”之间又有多少智慧啊！

1.8 有子曰："礼之用，和为贵。先王之道，斯为美；小大由[①]之。有所不行，知和而和，不以礼节之，亦不可行也[②]。"

解词

①由：遵循。

②有所不行，知和而和，不以礼节之，亦不可行也：这是一种通行的断句方式，一说"有所不行，知和，而和不以礼节之，亦不可行也"，似乎更清晰。

释句

有子说："礼的作用，和最为可贵。前代圣明君主的规矩中，这是最美的；不管大小事情都应该遵循礼进行。也有行不通的时候，便为了恰当而求恰当，不用礼来规范节制，也是行不通的。"

通讲

《说文解字》："和，相应也。"《广雅》："和，谐也。""和"本是指声音相应，之后演化为和谐、和平、和睦、和善等。和谐是儒家的一个重要的价值标准，在这一点上，道家强调"不争"，墨家倡导"非攻""尚同"，儒家强调"和谐"，三家有相通之处，与法家崇尚"竞争"是完全不同的。

一方面，我们强调"和"的重要性，所谓"礼之用，和为贵"；另一方面，我们又强调"和"的原则性，那就是"礼"，如果是为了"和"而"和"，丧失了"礼"，那也是不可以的。

夫子讲"君子和而不同，小人同而不和"，不求同划一，不排斥异端，倡导和谐统一，这就是中和，即中庸。《中庸》："中也者，天下之大本也；和也者，天下之达道也。致中和，天地位焉，万物育焉。"对此，楼宇烈先生解释道："中国传统文化最根本的特点就是中庸之道，所谓中庸，也可以倒过来讲，叫庸中，即用中。为什么要用中呢？因为中就是要维持事物的平衡。"

和谐是中华传统文化中一个重要的价值原则，“和”的思想渗透在我们生活的方方面面，诸如中医、京剧、国画、饮食、文字、武术、建筑等。所谓“家和万事兴”，“四海之内皆兄弟”，我们在处理家庭、家族乃至民族关系时也时时处处体现出“和”的思想。

同时，“攻乎异端，斯害也已”，中华文明能持续发展几千年，很大程度上也在于“和”文化的存在。“各美其美，美人之美，美美与共，天下大同”，“和”为中华文化提供了强大的凝聚力、亲和力。

1.9 子贡曰：“贫而无谄，富而无骄，何如？”子曰：“可也。未若贫而乐，富而好礼者也。”子贡曰：“《诗》云：‘如切如磋①，如琢②如磨。’其斯之谓与③？”子曰：“赐也，始可与言《诗》已矣，告诸④往而知来者。”

解词

①磋：磨制。

②琢：雕刻玉石。

③其斯之谓与：其，副词，表示推测，大概，或许。斯，这。宾语前置，按照现代汉语语序可以调整为“其斯谓之与”，大概这就是说这个吧，意译为“就是这个意思吧”。

④诸：第三人称代词，相当于“之”。

释句

子贡说：“贫穷而不逢迎谄媚，富裕而不骄矜傲慢，怎么样？”孔子说：“还可以。不如贫穷但快乐，富裕但谦虚好礼。”子贡说：“《诗经》里说：‘像制造器物一样，切割，磨制，雕刻，打磨。’就是这个意思吧？”孔子说：“子贡啊，可以开始与你讨论《诗经》了，告诉你过去的事情，你便能知道未来的事情。”

通讲

夫子又在讲生活经验了。

"贫而无谄，富而无骄。"朱熹解释得好："处贫难，处富易，人之常情。"子路"衣敝缊袍，与衣狐貉者立，而不耻"，"不忮不求"，但夫子仍说他"是道也，何足以臧"，为什么？他不过是贫而"不谄"，"不耻"，"不忮"，"不求"，如果能"乐"就更不容易了。而这一点，颜回就做到了——"一箪食，一瓢饮，在陋巷，人不堪其忧，回也不改其乐"。事实上，颜回的可贵之处在于，他不仅"贫而乐"，而且还能安贫乐道。不是说"君子固穷"，而是"小人穷斯滥矣"，在夫子看来，"君子谋道不谋食。耕也，馁在其中矣；学也，禄在其中矣。君子忧道不忧贫"。如此，贫又何忧？贫又何惧！

当然，子贡是外交家，也是大富商，他问这个问题，主要不是针对贫者的，他是想知道富人应该拥有怎样的人生态度。

"富而骄"是一种普遍心态，富有的时间长了会骄纵，忽然有了钱的暴发户也不容易把控自己，故而，夫子肯定了"富而不骄"的做法。但对于自己优秀的弟子，他以为"响鼓还得重锤"，于是又提出更高的要求——"好礼"。

子贡聪明，夫子夸赞他能"闻一知二"，这里，子贡用《诗经》来讨论眼前的问题，引用恰当、贴切，让夫子十分欣慰。"不学《诗》，无以言"，《诗经》是那个时代外交活动、生活交流的"必备品"。钱穆先生说："中国诗妙在比兴，空灵活泼，义譬无方，读者可以随所求而各自得。"说话时引用《诗经》，就会使表达雅致生动，同时又含蓄委婉。

1.10 子曰："不患①人之不己知②，患不知人也。"

解词

①患：忧虑，担忧。

②人之不己知：之，助词，用于主谓之间，取消句子独立性，无实义。宾语前置，按照现代汉语语序可以调整为"人之不知己"，别人不知道自己。

释句

孔子说："不担忧别人不了解自己，担忧自己不了解别人。"

通讲

中国的文化传统有个“三不朽”：“太上有立德，其次有立功，其次有立言。虽久不废，此之谓不朽。”(《左传·襄公二十四年》)也正因如此，中国的读书人向来都以“无以成名”而困扰。屈原有言：“老冉冉其将至兮，恐修名之不立。”“身与名俱灭”成为大多数文人一生的忧虑。故而《学而篇》开首是“人不知而不愠，不亦君子乎”，结束时又“呼应”一句“不患人之不己知”。

这倒不是说夫子不在乎“名”，相反，夫子说“君子疾没世而名不称焉”，君子也希望声名可以传世。夫子告诫“不患人之不己知”，是怕人们为了名而不择手段，沽名钓誉，好大喜功，更怕人们浪得虚名，名不副实。与此同时，他恐怕还有更为人性的考量，人的弱点就在于总是紧盯自己的优点而无视他人的优点，总能放大他人的缺点而不见自己的缺点，所以夫子说“患不知人也”。换句话说，你说别人看不到你的优点，你看到别人的了吗？如果人人都能看到别人的优点，那么还愁你的优点不会被大家发现吗？“己欲立而立人，己欲达而达人”，这就是夫子的“忠恕”思想。更何况有德之人做事也不是为了让别人看的，更不是为了讨好别人的，我们必须学会对别人的毁誉泰然处之：用平和来面对别人的赞誉，用宽恕来对待别人的诋毁。

在夫子那里，“君子无所争”，“其争也君子”。这倒不是说我们就不求名了，在夫子看来，名誉绝不是争来的：“不患人之不己知，患其不能也”，“君子病无能焉，不病人之不己知也”。是金子，你总会发光的。今天人家没发现你，说明你还不够优秀。在夫子看来，一般优秀算不得优秀，你要足够优秀才行。

不优秀怎么办呢？夫子说：“不患无位，患所以立。不患莫己知，求为可知也。”不愁没有职位，也不愁别人不知道自己，应该追求足以使别人知道自己的本领，只要努力，别人一定会发现自己的。这是多么励志的名言啊！时间长了，我们才会发现，夫子不是圣坛上的什么“神”，很多时候，他就是历史深处，一个喜欢熬制心灵鸡汤的老头。

为政篇第二

2.1　子曰："为政以德①，譬如北辰，居其所而众星共②之。"

解词

①为政以德：为政，从政，治理国家。状语后置，按照现代汉语语序可以调整为"以德为政"，用道德治理国家。

②共（gǒng）：同"拱"，拱卫，环绕。

释句

孔子说："用道德治理国家，就好像北斗星，处于那个位置，群星都环绕着它。"

通讲

夫子之学，以"仁"为本。在《论语》中，先谈"为学"，之后便是"为政"。须知"学而优则仕"，学就是为了为政，而为政又是处理人与人关系中极为重要的内容。

然而，《为政篇》开宗明义的一章居然是"为政以德，譬如北辰，居其所而众星共之"，儒家的夫子谈的居然是无为而治。也许你会问，这里怎么会出现道家思想？

一者，"无为"是儒、道、法所共有的中国古代政治观念：儒家孔夫子说"为政以德，譬如北辰，居其所而众星共之"，"无为而治者，其舜也与？夫何为哉？恭己正南面而已矣"；道家更是对"无为"推崇有加，《道德经》十二处提及，《南华经》更是有六十八处提及，治国讲求"君逸臣劳"；法家韩非子也有"君道无为，臣道有为"之说。

二者，夫子思想兼容并包，"攻乎异端，斯害也已"，他本人反对偏执，对于其他思想、学说，向来比较尊重，也不会轻易攻击。更何况，自古还有夫子问道于老子的说法。如此看来，他主张“无为”也就不足为怪了。

三者，儒家所说的“无为”与道家恐怕也有不同。首先，道家是不想有为，儒家是不必有为。当然，道家的“不为”也不是无所作为，而是不与民争，“顺天之时，随地之性，因人之心”，不妄为。儒家的“不为”是以德服人，“政者，正也”，“君子之德，风；小人之德，草。草上之风，必偃”，为政者自己做得很好，百姓就会按照他的样子做。如此，即便为政者不去管理，也可以四海升平了。

“譬如北辰，居其所而众星共之”——在道家那里，满天星斗“鸡犬相闻”却又“老死不相往来”；在儒家那里，那是群星璀璨，而又“和而不同”。

在夫子看来，统治者勤政爱民，又不烦政扰民；使民以时，而又惜民如子：如此就可以垂拱而治了。

然而道德的关键在于自律，自律往往需要太高修为；法律的关键在于他律，他律且有制度做保障才会更为稳定、可靠。自古以来，中国人固然推崇儒家，然而更多的时候又都是儒法并用、儒法兼施的。道德让民风淳朴，法律又能将权力关进牢笼，二者并用，相得益彰。

2.2 子曰：“道之以政①，齐之以刑，民免②而无耻；道之以德，齐之以礼，有耻且格③。”

解词

①道之以政：道，同“导”，引导。状语后置，按照现代汉语语序可以调整为“以政道之”，用政令引导他们。“齐之以刑”“道之以德”“齐之以礼”同此。

②免：免罪，免刑，免祸。

③格：来，至。这里引申为“亲近，归服，向往”。

释句

孔子说：“用政令引导他们，用刑法整治他们，百姓免受罪过，却没

有羞耻之心；用道德引导他们，用礼制规范他们，百姓有羞耻之心，而且认同归服。”

通讲

《管子》有云：“国有四维，一维绝则倾，二维绝则危，三维绝则覆，四维绝则灭。”“何谓四维？一曰礼，二曰义，三曰廉，四曰耻。”“四维不张，国乃灭亡。”“四维”是中华文化道德的一个标准，在古代有着很强的权威性：礼是礼制、节度，义是公平、正义，廉是廉洁、方正，耻是知耻、有节。礼义多是外在约束，廉耻多是内在自律。礼义是治人之大法，廉耻是立人之大节。

四维之中，“耻”尤为重要。孟子说：“人不可以无耻。无耻之耻，无耻矣。”也就是说，人不可以不知羞耻，从不知羞耻到知道羞耻，就可以免于羞耻了。他又说：“耻之于人大矣！为机变之巧者，无所用耻焉。”人不可以没有羞耻之心，如果能把没有羞耻当作羞耻，那就不会有耻辱了。人若是不廉，则无所不取；不耻，则无所不为。宋代在四维的基础上，又提出了“孝、悌、忠、信、礼、义、廉、耻”这八德，对后世影响深远。总之，千百年来，我们始终把知耻放在一个重要的位置。

无论西方柏拉图式的道德理想主义，还是儒家为万世开太平的高远追求，都把道德摆在首位，主张以德化育万民。夫子以为，教民以德，就可以培养他们的廉耻之心，而严酷的刑法虽然能够起到震慑作用，却不能涵养人的性情。

当然，夫子这里的“刑”不完全等同于今天所说的法，它更强调处罚与惩治。后世以为，依靠道德就能构建一个美好社会，法律规则不过是道德的附属物，这种道德至上主义是有失偏颇的。

法律与道德各有边界，往往不可替换。总体而言，法律是外在规则，道德是自我修为。法律是底线，道德是高标。同时，法律与道德也不是完全对立的：法律也要追求道德性，增加人性化；道德也要强化规则意识和契约精神。

生活中的我们，应该严于律己，宽以待人：用道德约束自己，用法律要求别人。

2.3 子曰："吾十有[①]五而志于学，三十而立[②]，四十而不惑，五十而知天命，六十而耳顺，七十而从[③]心所欲，不逾[④]矩。"

解词

①有：同"又"。

②立：立身，指能有所成就。

③从：跟随，随。

④逾（yù）：越过。

释句

孔子说："我十五岁立志于学习，三十岁有所建树，四十岁不再迷惑，五十岁认同自己的命运，六十岁能从容接受各种批评，七十岁随心所欲，（却）不违反礼制规矩。"

通讲

这句话是夫子晚年对自己一生进学次第、修养历程、人生轨迹的深情回顾。明儒顾宪成《讲义》说："这章书是夫子一生年谱，亦是千古作圣妙诀。"

夫子一生致力于礼，强调学无止境。

一个人在十二到十五岁之间，是自我意识确定、觉醒的阶段，思想开始独立，有了初步的自我判断与定位，以及清晰的自我意识。因此，这个阶段必须要完成的就是"志于学"，"不学礼，无以立"，若是错过了，往往追悔莫及。

学礼学到三十岁，熟练掌握了，做事有了分寸，故而能"立"——立足于家庭、社会。此时，不仅仅是思想独立、人格独立，生活也独立了，从容有度，这便是真正意义上的"成年"。

四十岁是儒家的"成德之年"。所谓"不惑"，就是不受外界的干扰，把一切都看开了，云淡风轻，不再心生疑惑。夫子说："可与共学，未可与适道；可与适道，未可与立；可与立，未可与权。"四十岁的夫子，已

经能通权达变，对一切都了然且释然了。

五十岁便可以“知天命”。夫子说：“不知命，无以为君子也。”《论语》之中，夫子提到“命”八十多次，夫子之“命”不同于佛教之宿命，也不同于道家之顺命——佛教的命是冥冥中注定的必然结果，道教的命是顺其自然，而儒家之命多强调偶然之因素。

夫子强调生命不息，学习不止。然而，五十岁之后的夫子发现，并非努力就一定能达到期许的结果，总有些不可抗的偶然的东西时常会左右我们的生活，甚或让我们的愿望难以达成。不过，在夫子那里，“知天命”是坦然地面对偶然性，绝不是放弃努力。无论发给我们的是什么牌，也无论怎样洗牌，我们都要认真地去打——这才是“知命”。“天命之谓性，率性之谓道”，夫子五十学《易》，乃知天命，知命而不顺命，知命能立命，这才是夫子！

六十岁的夫子变得可以包容一切，与这个世界没有了丝毫的违逆与冲突，欣欣然接受一切，独立于世，而又“和而不同”。耳顺是心顺，不过，这不是超然物外，更不是随波逐流，相反，这是坦然接受一切的坚守。

《系辞传》：“易曰：自天祐之，吉，无不利。子曰：祐者，助也。天之所助者，顺也。”“祐”即“助”的意思，天所帮助的对象，正是能顺从天道的人。

夫子“七十而从心所欲，不逾矩”，此时的他，谙熟礼制，又不僭越礼制，“恢恢乎其于游刃必有余地矣”，达到了“大自在”的至高境界。

如此，从志学、而立、不惑、知天命、耳顺到从心所欲，由必然王国而自由王国，夫子完成了个体生命与宇宙秩序的完美融合。

2.4 孟懿子问孝。子曰：“无违。”

樊迟御，子告之曰：“孟孙问孝于我[①]，我对曰，无违。”樊迟曰：“何谓也[②]？”子曰：“生，事之以礼[③]；死，葬之以礼，祭之以礼。”

解词

①问孝于我：状语后置，按照现代汉语语序可以调整为“于我问孝”，向我询问孝道。

②何谓也：宾语前置，按照现代汉语语序可以调整为“谓何也”，说的是什么呢，意译为“什么意思呢”。

③事之以礼：状语后置，按照现代汉语语序可以调整为“以礼事之”，按照礼制侍奉。“葬之以礼”“祭之以礼”同此。

释句

孟懿子问什么是孝。孔子说：“不要违背礼的规定。”

樊迟替孔子赶车，孔子告诉他说：“孟孙向我询问孝道，我回答说，不要违背礼的规定。”樊迟说：“这是什么意思呢?”孔子说：“父母活着，按照礼制侍奉；去世了，按照礼制安葬，按照礼制祭祀。”

2.5 孟武伯问孝。子曰：“父母唯[①]其疾之忧。”

解词

①唯：只。

释句

孟武伯问什么是孝。孔子说：“父母只是担心孝子的疾病。”

2.6 子游问孝。子曰：“今之孝者，是[①]谓能养。至于犬马，皆能有养；不敬，何以别乎?”

解词

①是：指示代词，此。

释句

子游问什么是孝。孔子说：“现在所谓的孝，是说能够养活父母。至

于狗马，都能得到饲养；如果对父母不尊敬，那（养活父母与饲养狗马）有什么区别呢？”

2.7 子夏问孝。子曰：“色难。有事，弟子服其劳；有酒食，先生馔[①]，曾[②]是以为孝乎？”

解词

①馔（zhuàn）：食用，吃。

②曾（zēng）：副词，表示出乎意料，相当于“竟，却，简直”。

释句

子夏问什么是孝。孔子说：“在父母面前保持愉悦的脸色，这是件难事。遇有事情，年轻人效劳；遇有酒饭，年长的人先吃，难道这竟可认为是孝吗？”

通讲

夫子回答问题向来都是有针对性的，针对每个人的性格特点或角色定位给出答案。这里一连四个“问孝”，夫子就给出了不同的答复。

孟懿子是鲁国大夫，姓仲孙，名何忌，“懿”是他的谥号，因此夫子呼之“孟孙”。他的父亲是孟僖子，《左传》记载，孟僖子将死，遗嘱要儿子向夫子学礼。不幸的是，孟懿子没有听从父亲的嘱托，他作为鲁国大夫，“三家”之一，却僭越礼制，犯上作乱。故而，“无违”这里有两层含义，但又可以说是一个意思：作为周礼的“代言人”，夫子告诫他“孝”就是要于“礼”“无违”；作为父亲指定的教师，夫子也是在告诫他“孝”就是要于父“无违”——“你父亲不是说让你师从于我吗？‘孝’就是要听父亲的话，以我说的礼为准去做事情！”所谓“父在，观其志；父没，观其行；三年无改于父之道，可谓孝矣”。

也可以说“无违”就是“顺”，因此，后世的人们谈到“孝”，往往要在它的后面加上一个“顺”字。当然，“无违”也不意味着无原则地盲从，而是有所甄别地服从。

正所谓："生，事之以礼；死，葬之以礼，祭之以礼。"无违于礼，这只是起码的职责与尊重，是孝的底线，而非全部。

同样是问孝，夫子对孟武伯却给出了不同的答案。孟武伯是孟懿子的儿子，"武"是他的谥号。古代的谥号都是有褒贬的，"武"字意味着尚武精神，意味着武勇超常，而尚勇之人往往不能爱惜自己的身体。"慷慨捐身易，从容就义难"，情势所迫，这些人莫说是毁损发肤，甚至都可能殒身不恤。故而，夫子对他说"孝"就要爱惜自己的身体，让父母只为自己的疾病担忧。"子之所慎：齐，战，疾"，疾病常在于"命"，往往是不可控的，由不得自己，除此之外，但凡人为因素的事情都不能让父母操心，这才是孝道。

这一点，到了曾子有了进一步阐发。《孝经》有云："身体发肤，受之父母，不敢毁伤，孝之始也；立身行道，扬名于后世，以显父母，孝之终也。"

孟懿子问孝道，夫子以最基本的礼制告诫他，这是起点，也是底线；孟武伯问孝道，夫子指出孝道不仅是要对父母好，首先还要照顾好自己，爱惜自己，不让父母为自己担忧。这两个人悟性不高，慧根不深，夫子提的要求也就自然不高，而面对"子游问孝"就不同了——

子游胸襟广阔，位列文学科第一名，夫子盛赞："吾门有偃，吾道其南。"——夫子得子游，其学说才得以在南方传播。"响鼓用重锤"，对这样的弟子，夫子自然要提更高的要求。夫子对他特别强调一个"敬"字，"敬"比"顺"更难，因为它不只是外表的顺从，更要有内心的敬畏，需要有一颗仁心。"恭"在外表，"敬"存内心。"今之孝者，是谓能养。至于犬马，皆能有养；不敬，何以别乎？"狗马尚且能得到饲养，只是解决父母的温饱问题，即便是锦衣玉食这般更大的物质满足也还是不够的，因为这只是孝行，未必是孝心！《礼记·祭义》中说："孝有三，大孝尊亲，其次弗辱，其下能养。"养活父母不过是最基本的要求。而从某种程度上讲，孝心比孝行更重要。

"敬"就是一份心，它发自肺腑，又不可用物质去衡量。当然，也不需用物质衡量，其中滋味，父母总有体会，如鱼饮水，冷暖自知。

子夏才思敏捷，同样是夫子文学科的高才生，他对于"孝"曾经有

着这样的论述：

> 贤贤易色；事父母，能竭其力；事君，能致其身；与朋友交，言而有信。虽曰未学，吾必谓之学矣。
>
> （《论语·学而》）

他认为侍奉父母能竭尽全力就可以了。“竭其力”，自然有物质上的尽其所有，但也包含情感上的殚精竭虑。这样做，按理说真的已经差不多了，然而，夫子却提出了一个更高的要求——色难。

《礼记·祭义》有云：“孝子之有深爱者，必有和气；有和气者，必有愉色；有愉色者，必有婉容。”“孝”不只是物质上的满足，更是精神上的使其愉悦。

然而，有人要说，和颜悦色何难之有？没有体力之苦，不需财物之资，不就是面带笑容吗？那你就错了。仔细想想，生活之中，家庭成员之间往往很难克制感情，何况是被宠爱的子女，他们对父母的态度往往也最为无所顾忌。夫子曾说：“晏平仲善与人交，久而敬之。”人与人之间，短暂交往情绪尚可以掩饰，时间久了，天天在一起，相互之间就难免会懈怠、随性。从这个意义上说，越是对自己至亲至爱的父母，态度往往也越容易粗暴。也许还会一脸委屈地说上一句：我的态度是不好，可是我是一片好心啊！

当然了，年轻人火气旺，每每顶撞了父母，自己心里也不舒服，后悔了，可是迫于面子还是不愿意马上对父母施以好的脸色，反是在心里自我安慰：等着瞧吧，有一天我总会让你过上好日子的！殊不知，树欲静而风不止，子欲孝而亲不待，孝行就要在当下。孝心首先是敬心，表现出和颜悦色。色难，是一种人文的关爱，所谓“怡吾色，柔吾声”，这就是孝。

“孝弟也者，其为仁之本与！”夫子重视实用理性，他用形象而不抽象、具体而非逻辑的方法，对“孝”作了多元阐发。这里集中出现的四章，由易而难，由低而高，步步深入，将“孝”的精义演绎到了极致，语言朴实，却让人醍醐灌顶，幡然醒悟。

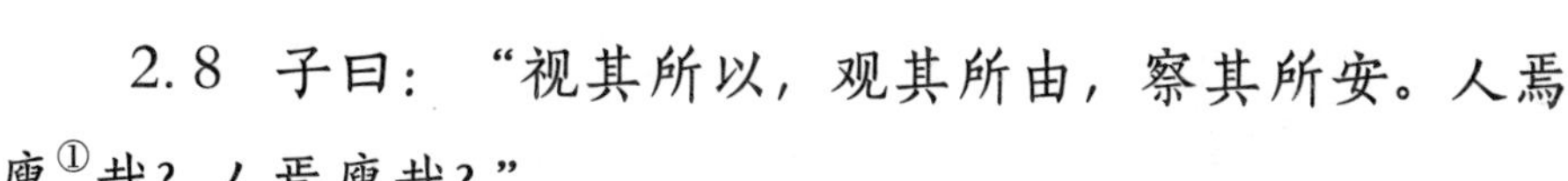

2.8 子曰："视其所以，观其所由，察其所安。人焉廋[①]哉？人焉廋哉？"

解词

①廋（sōu）：隐藏，藏匿。

释句

孔子说："看他的行为，观察他做事的由来（目的），了解他做事时的心情（安与不安）。这个人到哪里隐藏呢？这个人到哪里隐藏呢？"

通讲

俗话说得好："画虎画皮难画骨，知人知面不知心。"东野圭吾也说："世界上有两样东西不可直视，一是太阳，二是人心。"肉眼凡胎，我们的眼光实在有限，而人心又复杂无边。对人的评价，夫子也有过走眼的时候："吾以言取人，失之宰予；以貌取人，失之子羽。"

利口善辩的宰予，夫子将他视为言语科第一，位在子贡之前，然而他大白天睡觉，夫子骂他"朽木不可雕"；形貌丑陋的澹台灭明，夫子错以为他资质低下，不会成才，然而从师之后，他修身实践，处事光明正大，最终向南游历至长江，使夫子思想得以在江南广为传播。

作为社会上的人，没有谁会在生活中本色出演，总要带上各种面具。知人不易，夫子一生阅人无数，总结人生经验，给出一个"识人三法"的小妙招，足以让对方"原形毕现"，无处遁形。

一视，"视其所以"。"所以"有多种解释：一说"所用"，即所用的方法；一说"所与"，即所交的朋友；一说"所为"，即所作所为。首先，我们可以从做事的手段认识一个人。夫子说："富与贵，是人之所欲也；不以其道得之，不处也。贫与贱，是人之所恶也；不以其道得之，不去也。"夫子看重一个人达到目标时所凭借的手段，认为那些不背弃原则、不迷失本心的人才值得交往。其次，我们可以通过一个人所交往的朋友了解其为人。物以类聚，人以群分。最后，我们可以直观地从他的所作所为中发现其为人，正如前面所说的宰我，他能说会道，行动力却很差，

白天睡大觉，夫子很生气，他说："始吾于人也，听其言而信其行；今吾于人也，听其言而观其行。于予与改是。"当初我对于别人，是听到他的话就相信了他的行为；现在我对于别人，是听到他的话还要观察他的行为是否与他所说的一致。关于"所以"，三种说法都可以，夫子语录，微言大义，以上义项或许都包括也未可知。这是"一视"，"视"包含两层意思：一是不用深入，从表面一看就知道；二是不用全面，从一点一滴就可以明了。

二观，"观其所由"。"所由"也有多种解释：一说"由，经也，言观其所经从也"（何晏《论语集解》），这个理解就是前面说的手段、方式；一说"所由者，言其事迹来历从由也"（元人《四书辨疑》），也就是说，做事的初心和目的。在夫子看来，我们对一个人的评价不要只是盯着结果，还要观察其初衷。结果糟糕，不一定意味着做事的人就糟糕。举个例子，父母因为孩子不争气而用严厉的方式教训了孩子，孩子此时评价父母就要考虑父母为什么发这么大的火，而不是一味地指责父母的行为。这是"二观"，"观"是观察，对事物的观察分为眼观与心观。从程度上看，"观"较之"视"更为深入，且更需要理性分析。

三察，"察其所安"。按照《四书辨疑》的说法，"所安者，言其本心所主定止之处也"，也就是说，他这样做了，但其内心是不是有所不安呢？比如一个人做了坏事，是迫于无奈，其内心栖栖惶惶，还是安之若素，乐此不疲呢？这是我们评价一个人的重要指标，这一点称得上是诛心之论。这是"三察"，"察"要从细微处着眼，细致观察。《说文解字》说："察，复审也。""察"就需要反复思考，不可轻易定论。

从"视"到"观"再到"察"，层层深入，都是经验之谈。夫子通过观察对方的行为，从动机、手段和情绪识别一个人，一百年后的孟子将眼睛视为心灵的窗户，在夫子的基础上，提出还要学会透过一个人的眼睛去识别一个人的内心："存乎人者，莫良于眸子，眸子不能掩其恶。胸中正，则眸子瞭焉；胸中不正，则眸子眊焉。听其言也，观其眸子，人焉廋哉？"

然而，世事变化无穷，即便我们看得清一个人的现在，又怎么能看得出他的将来呢？正如白居易《放言》中所写："赠君一法决狐疑，不用

钻龟与祝蓍。试玉要烧三日满，辨材须待七年期。周公恐惧流言日，王莽谦恭未篡时。向使当初身便死，一生真伪复谁知?”“日久见人心”，人心叵测，绝非易事啊!

旁观者清，然而，旁观者也未必清，大多数时候，认识别人和认识自己一样困难。

2.9 子曰：“温①故而知新，可以为师矣。”

解词

①温：温习，复习。

释句

孔子说：“在温习旧知中开悟新知，就可以做老师了。”

通讲

对于夫子所说的话，后世存在太多脱离历史语境的曲解、断章取义的别解，以及“六经注我”式的新解，然而，这样的解释虽然有的矮化，有的窄化，有的泛化，甚至有的扭曲化，但最终也被大家广泛地认可了，且也不乏现代价值。

“温故而知新”就是这样。我们常提夫子这句话，多是指要温习旧知识，以更好地接受新知识。如果我们回归其历史语境，我们就会发现，这样的理解固然不错，然而也存在着太多的窄化。

钱穆先生说得好，这一章是“新故合一，教学合一”，我们平时只看见“新故合一”而不见“教学合一”。所谓“可以为师矣”，就是说如果能做到这一点才算有了做老师的资本，看来为师之人不是简单地传承，而是要在传承旧知的基础上有所开悟，具有这样的能力才能胜任教师的岗位。换句话说，只知固守，陈陈相因，是不可以为师的。和我们今天常说的教师仅仅就是知识的传递者是不同的，他认为教师还应该是知识的创造者。如果用今天的话语方式表述：教师自身就是课程，我们有对课程的理解，更有对课程的建设。仅仅停留在“传道”这个层面的教师

就是“教书匠”，夫子所讲的教师有着更高的担当与创造，也正因如此，夫子成为万世师表，成为伟大的教育家。

就“新故合一”这个层面看，我们平时的理解也是浅薄的。中国人重视传统文化的传承，重视历史经验的价值，我们详细地记述本民族的历史，甚至家族的历史，这一点是其他民族所不具备的。然而，后世的腐儒只知“温故”而不“知新”，守旧而不知变通，与夫子的距离就太大了。《周易》有云：“穷则变，变则通，通则久。”面临不能发展的局面时，必须改变现状，进行变革。迷信教条、刻板守旧、墨守成规，就如韩非子所说的卜妻为裤、郑人买履的寓言一样可笑。我们今天只是谈学习文化知识的“温故而知新”，显然是“大材小用”了，严重矮化了这句话的价值。

即便是对“温故”本身，我们的理解也远远不够。夫子说：“学如不及，犹恐失之。”学习不能急于求得新知，更要注意不能丢掉旧知，要瞻前顾后，吃紧用力。于是，弟子子夏进一步阐发说：“日知其所亡，月无忘其所能，可谓好学也已矣。”然而，长期以来，我们又忽视了对“温”字内涵的思考。钱穆先生说：“温，温燖义。燖者以火熟物。后人称急火曰煮，慢火曰温，温犹习也。”由此看来，复习旧知识不可操之过急，一要求得对旧知的熟识，二要求得与新知的贯通。

2.10 子曰：“君子周①而不比②，小人比而不周。”

解词

①周：亲近，相合。这里指用道义来团结人。

②比：旧读“bì”，勾结，这里指以因暂时的共同利害互相勾结。

释句

孔子说：“君子团结而不勾结，小人勾结而不团结。”

通讲

朱熹说，周就是“普遍”，比就是“偏党”。在我看来，周就是

“和”，其中包含着中华文化的精髓。所谓“礼之用，和为贵。先王之道，斯为美”，这种和谐不是简单的调和，“知和而和，不以礼节之，亦不可行也”，要合乎礼，依乎义，同时还要尊重各方的个性，不能为了求得同一，而失去多样化、多元性。这是百花齐放，百家争鸣，是八仙过海，各显神通，而非失去自我、没有个性的随波逐流，没有原则与秉持的一团和气。

“君子喻于义，小人喻于利。”君子为何能“周”？因其心存大义。小人何以要“比”？无非贪图私利。“周”是包罗万象，是办事周全——心存大义，就不会介意别人与自己的差异，不会计较别人的小节，海纳百川，有容乃大；“比”是偏袒阿私，同而不和——为利而趋同，故而面和心不和，因利而来，就会为利而散。

“君子周而不比，小人比而不周。”夫子语言精练、精准、精辟、精彩。他常常这样，将君子与小人对举，以显示二者的优劣高下、是非曲直。如此，虽不免会以偏概全，但往往也会击中要害，直观地反映出问题之大端、事物之常态，且上口易记，故能让人永世不忘、世代相传。

2.11 子曰：“学而不思则罔①，思而不学则殆②。”

解词

①罔：迷惘无所得。

②殆：疑惑。

释句

孔子说：“学习而不思考，就会迷惘无所得；思考而不学习，就会疑惑不解。”

通讲

“学而不思则罔”，可以理解为学习而不思考就会迷惘，也可以说学习而不思考就容易受骗。两个解释看似不同，其实又相通。学习不思考，

往往不能内化，只得皮毛，不得精义；不加分析，囫囵吞枣，盲从于人；不知变通，生搬硬套，按图索骥；不会创造，陈陈相因，故步自封；不得要领，邯郸学步，难成正果……读书最怕本本主义，“尽信书则不如无书”，只有把学习和思考结合起来，才能学以致用。

“思而不学则殆”，可以理解为思考而不学习就会有疑惑，也可以说思考而不学习就很危险。两个解释都能说得通，但我更倾向于后者。夫子重视“学”，人非生而知之，焉能不学？且学海无涯，学无止境，故而学就得永不停歇，所谓“学不可以已”。夫子说：“吾尝终日不食，终夜不寝，以思，无益，不如学也。”看来，夫子说这样的话不是空穴来风，是自己的经验之谈。在此之后，子夏提出：“博学而笃志，切问而近思，仁在其中矣。”荀子也强调：“吾尝终日而思矣，不如须臾之所学也。”不学习的思考便是空想，不学无术，不学无知，不学无礼，不学无德……一个人不学习，什么都不知道，不就只剩下想当然的胡思乱想了吗？当然就很危险了！

学思结合，不可偏废。对于这一章，朱熹说：“不求诸心，故昏而无得；不习其事，故危而不安。程子曰：‘博学、审问、慎思、明辨、笃行五者，废其一，非学也。’”钱穆先生说：“仅学不思，将失去了自己。仅思不学，亦是把自己封闭孤立了。”其阐发都不可不说警策。

2.12 子曰：“攻①乎异端②，斯③害也已。”

解词

①攻：指责，抨击，攻击。一说“治”，即“专攻、致力”的意思。

②异端：儒家称其他持不同见解的学派。泛指不同的学说。一说事物的“一端”。

③斯：指示代词，此，这。

释句

孔子说：“攻击与自己观点不一致的言论或学说，这是有危害的。”

通讲

对这一章的理解，自古众说纷纭，莫衷一是。不过正因如此，也让这一章变得更有意思了——不同的人，会从中读出一个截然不同的夫子。

首先看这个“攻”字。当前，我们大多认定“攻”是“攻击”，朱熹偏偏认定为是“钻研”，据他理解，“钻研异端邪说，那就很危险”。没错，这是他为捍卫夫子学说而提出来的，目的在于用圣人之口维护儒家思想，不过，从当代考古发现看，古版《论语》中又确有将“攻”写作“功”的情况，如此看来，朱熹似乎也并非郢书燕说。然而，朱熹未必见过这个版本，毕竟作为经文，汉代之后的《论语》早已被官方统一了，显然朱熹是“歪打正着”罢了。

“异端”一词也有很大争议，以朱熹为代表的大多数人认为，“异端”就是“异端邪说”，夫子之道是正道，其他学说就是异端，所谓“非圣人之道，而别为一端”。清代学者焦循不以为然，他在《论语补疏》中说：异端是“各为一端，彼此互异”，二者秉持不同，各不相同，就会相悖，相悖就会生害。这个说法比朱熹温和一些，也客观一些。钱穆先生在此基础上进一步阐发，“一事必有两头，如一线必有两端”，“若专就此端言，则彼端成为异端，从彼端视此端亦然”，何况“孔子时，尚未有杨、墨、佛、老，可见本章异端，乃指孔子教学为人，不当专向一偏”。这个说法不像朱熹，有着浓浓的火药味。到此，我们就可以比较肯定地说，朱熹之说真的是“六经注我”，他的解释不符合夫子原意，却也是在极力维护夫子的地位。

综上所述，按照朱熹的理解——“如果钻研异端邪说，这是有危害的”，这句话错了一半。确切的解释应该是“攻击与自己观点不一致的言论或学说，这是有危害的”，这个理解更接近夫子的思想——“叩其两端而竭焉”。叩其两端，允执其中，就是中庸之道。“君子之中庸也，君子而时中”，夫子深谙通权达变的道理，权衡利弊，能进能退。他一生都以四绝“毋意，毋必，毋固，毋我”要求自己，做事从不偏离中道。孟子说“执中无权，犹执一也”，此言较之夫子虽有些偏激，却也是很懂夫子的。

不过对这一章的解释，杨伯峻先生似乎比朱熹还要激烈，他说“批

判那些不正确的议论，祸害就可以消灭了”。他是将“已”理解为“止也”，即“停止、结束”，应该说《论语》中的确有这样的意思，如“令尹子文三仕为令尹，无喜色；三已之，无愠色”“死而后已，不亦远乎”。然而在《论语》中，当“也”与“已”连用的时候，无一例外都是放在句末表示语气的，如“可谓好学也已”“可谓仁之方也已”“其可谓至德也已矣”“其余不足观也已”……这样的用法不胜枚举。如此看来，杨先生的解释似乎有些不妥。

当然，钱穆先生的逻辑前提是夫子的时代尚无“异端”，于是他将“异端”理解为“一端”了。而朱熹则是就现世而言，将“异端”理解为“异端邪说”。然而，我们也可以作这样的假设，若是夫子的时代真的有不同的“异端”学说，夫子又将采用怎样的态度？

《中庸》有云：“万物并育而不相害，道并行而不相悖。”既然夫子主张中庸，提倡和而不同，也定然不会“攻乎异端”的。

事实也是如此。对于那些隐士，夫子一方面说“鸟兽不可与同群”，一方面又对那些隐士毕恭毕敬；对于法家思想的鼻祖管仲，夫子一方面批判他“小器”，一方面又称赞他“大仁”；对于道家的无为，夫子一方面说要知其不可而为之，另一方面，他又强调“无为而治”，倡导“为政以德，譬如北辰，居其所而众星共之”；对于农家思想，他一方面批判有农家倾向的弟子樊迟是“小人”，另一方面又对“禹稷躬稼而有天下”称赞不已……由是观之，夫子的实用理性使得他彰显出巨大的包容力。这一点对于后世儒家乃至于中国文化影响巨大。他开创了兼容并包的传统，也使得中华文化延续几千年而香火不绝。

2.13 子曰：“由！诲①女②知之乎！知之为知之，不知为不知，是知也③。”

解词

①诲：教导，教诲。

②女（rǔ）：同“汝”，你。

③是知也：是，这。知，知道。一说同“智”，智慧，读作“zhì”。

释句

孔子说："仲由啊！我教你什么是'知'吧！知道就是知道，不知道就是不知道，这才是真正的知道（智慧）啊。"

通讲

"由"就是仲由，夫子的弟子子路。朱熹说"子路好勇"，"强其所不知以为知"，故而有了夫子这一番教导。从夫子因材施教的一贯作风来看，这样说不无道理。

我们大可不必因此贬低子路，"强不知以为知"又何尝不是大多数人的通病？一者，我们好面子，害怕露怯，害怕别人说自己无知，最终，虚荣心驱使自己变得更加无知；二者，知与不知之间并不是泾渭分明的，很多时候，原以为自己是知，实际上却是无知，因为现有的认知，受到主客观的限制也未必是真"知"。庄子说："吾生也有涯，而知也无涯。"的确如此，谁都不要说自己是"全知"，有限的生命永远追不上无限的知识。面对浩瀚无涯的知识，儒家主张"学不可以已"，而道家却告诫我们"以有涯随无涯，殆已"！

孔子说："生而知之者，上也；学而知之者，次也；困而学之，又其次也；困而不学，民斯为下矣。"夫子把人分为四类，他承认有"生而知之"的人存在，只是他从来没有说过谁是这样的人。我们今天将夫子推向圣坛甚至神坛，然而夫子自己却将自己定义为普通人，所谓"我非生而知之者，好古，敏以求之者也"，显然，夫子虽不承认自己是天才甚或圣人，但他对自己的"敏以求之"——勤奋、好学反倒是很自信的。夫子又说："十室之邑，必有忠信如丘者焉，不如丘之好学也。"就算是在只有十户人家的小地方，也一定有像我这样忠心、守信的人，却没有谁像我这样好学。这是他给自己的定位，似乎是自谦，又似乎是自负，事实上是自知。

一个人只有对自己有清楚认识、清晰定位才能有进步的可能；更多的人，出于虚荣，为遮人耳目将自己扮演成"全知"，有的连自己都骗过了，最终只能是自欺欺人，故步自封。我们从"子不语""子罕言""不知生，焉知死"等一系列表述中不难看出夫子的态度，不知道就是不知

道，不知道就不说，就少说，这便是夫子的自知之明、人生智慧。

有人问爱因斯坦："您是物理学界空前绝后的人，何必还要学习？"爱因斯坦先在纸上画上一个大圆和一个小圆，然后说："目前情况下，在物理学这个领域里可能我比你懂得略多一些。正如你所知的是这个小圆，我所知的是这个大圆，然而，整个物理学知识是无边无际的。对于小圆，它的周长小，即与未知领域的接触面小，你感受到自己的未知就少；而大圆与外界接触的周长大，所以感到自己的未知东西就更多。这就是我更加努力的原因。"

我们往往是先有所知，然后才能知道自己所不知，而且越是知道得多，也就越能发现自己不知道得更多，从而越能觉悟到自己的渺小，越能产生对于知识的敬畏。这也便是我们平常所看到的，越是那些"半瓶子醋"的人越嘚瑟、越是有学问的人越谦卑的真实缘由。有学问的人更清醒，更懂得敬畏，故而也更通透。

2.14 哀公问曰："何为[①]则民服？"孔子对曰："举直错诸枉[②]，则民服；举枉错诸直，则民不服。"

解词

①何为：如何，怎么样。

②举直错诸枉：错，同"措"，置，安放。诸，相当于"之于"。枉，邪曲，不正直。选拔正直的人，把正直的人置于不正直的人之上。

释句

哀公问道："怎么样做百姓才会服从呢？"孔子回答说："选拔正直的人，把正直的人置于不正直的人之上，百姓就服从；选拔不正直的人，把不正直的人置于正直的人之上，百姓就不服从。"

通讲

鲁哀公，姓姬，名将，鲁定公之子，春秋时期鲁国第二十六任君主，在位二十七年。他和父亲鲁定公都没少向孔子问问题，对此，《论语》

《庄子》《韩非子》《荀子》《说苑》《论语家语》等很多书中都有记载。从历史真实的角度看，《论语》中的记载更为可信，其他的记录多是道听途说或是寓言故事罢了。

在《论语》中，鲁哀公曾问夫子哪个弟子最爱学习，问宰我立社（土地神）用什么木头最合适，问有若收税收多少钱恰当，如此等等。而他老爸却问夫子君主如何使唤臣子，臣子如何侍奉君主，问会不会一言兴邦，一言丧邦，如此等等。学生水平高低很大程度上要看学生问的是什么问题，从问题的“含金量”就不难看出二人的关切所在，也很容易辨别出二人的高下——显然，老爸还是要高于儿子一个层次的。

鲁定公虽然是一个傀儡，但他能接受夫子“君君臣臣”以及“仁政”思想，能认同夫子联合齐国的看法，参与“夹谷之会”，之后又任用夫子为大司寇，使得鲁国出现过一段时期的小繁荣。尤其是他接受了夫子隳三都的建议，更让我们觉得他还是有些魄力的。然而哀公不行，他在位期间，完全丧失了军政大权，公室用度的掌控权也基本都归“三桓”所有了，他想用夫子而不能。

鲁哀公执政失德，百姓不服，故有此问。哀公的父亲尚能任用夫子，而哀公却做不到，这不得不说是一件让夫子遗憾的事情。不过夫子还是告诫他治国在用人，提醒他任贤用能的重要性。民服在于德行，而不在于武力；君主固然会误国，臣子也会误国；只有用对了人，才有国之兴盛之可能。

子夏曾向樊迟解释“举直错诸枉，能使枉者直”的内涵：“富哉言乎！舜有天下，选于众，举皋陶，不仁者远矣。汤有天下，选于众，举伊尹，不仁者远矣。”（这话的内容好丰富呀！舜有了天下，在众人中挑选，选拔出皋陶，不仁的人就被疏远了。汤有了天下，在众人中挑选，选拔出伊尹，不仁的人就被疏远了。）君主举直错诸枉，不仅直者服，枉者也服。

不难看出，这就是诸葛亮思想——“亲贤臣，远小人，此先汉所以兴隆也；亲小人，远贤臣，此后汉所以倾颓也”——的源泉。

2.15 或[1]谓孔子曰："子奚不为政？"子曰："《书》云：'孝乎！惟孝友于兄弟，施[2]于有[3]政。'是亦为政，奚其为为政？"

解词

①或：有人。

②施：延续，延及。

③有：助词，放在名词前，无实义。

释句

有人对孔子说："您为什么不参与政治？"孔子说："《尚书》说：'孝啊！只有孝顺，友爱兄弟，把这种做法延续到政治上去。'这也就是参与政治，为什么只有做官才算参与政治？"

通讲

朱熹认为这是夫子得不到参与政治的无奈之语，我的理解不是这样，夫子是认真的，也是有依据的。

"孝乎！惟孝友于兄弟，施于有政。"《尚书》中的这句话出自《周书》（"惟尔令德孝恭，惟孝友于兄弟，克施有政"），是周成王对大臣君陈说的。君陈要到洛邑这个地方治理殷商的顽民，成王用这句话告诫君陈，旨在让他继承周公的德政。

儒家强调修齐治平，《大学》中说："自天子以至于庶人，壹是皆以修身为本。"《孝经》说："君子之事亲孝，故忠可移于君；事兄悌，故顺可移于长；居家理，故治可移于官。"如此，修身便成了为政。在古代中国，伦理就是政治，"夫孝，德之本也"。一切德都是从孝展开、延伸的，搞好了家政，就搞好了国政。家风与国运相关，《大学》对此阐发得非常细致："一家仁，一国兴仁；一家让，一国兴让；一人贪戾，一国作乱。"统治者有什么样的修为，就将得到一个什么样的国家，这就是夫子的类推思维。

如此看来，夫子的这一章，有两层含义：一个人，如果能做到"学而优则仕”，那就将自己的修身齐家之法推而广之，由家而国，运用到整个地方的管理上来，这当然是参与政治；如果不能做官，那就居家修身齐家，家是社会最小的细胞，每个人都能齐好家，国家不也就海晏河清了吗？这照样是参与政治。

这就是孟子所说的“穷则独善其身，达则兼济天下”的真实内涵：不论穷达，都是在“善其身”，也都是在“济天下”。

家国同构，政治伦理不分，这是儒家的思维方式。对于我们今天而言，这一点依然有其存在的价值。国是大家，家是小国，爱国从爱家开始，治国从治家发端，“是亦为政，奚其为为政”！

2.16 子曰：“人而①无信，不知其可也。大车②无輗③，小车④无軏⑤，其何以行之哉？”

解词

①而：表示假设，相当于“如果”。

②大车：一说指牛车。

③輗（ní）：大车车辕前端与车横木衔接处的销钉。

④小车：一说指马车。

⑤軏（yuè）：小车车辕前端与车横木衔接处的销钉。

释句

孔子说：“人如果不讲信用，就不知道该怎么办了。（如同）大车没有安横木的销钉，小车没有安横木的销钉，它怎么行走呢？”

通讲

夫子重视“信”，民无信不能立。夫子将“信”作为“仁”的重要体现，是贤者必备的品德，甚至把“信”上升到了国家政权的高度，提出治国“三要”，即“足食，足兵，民信之”，也就是说，国家的根本，要让人民安居乐业，要有强大的国防力量来保护胜利果实，国家要用“信”来维系整个统治体系。

何为诚信？诚者，诚实；信者，守信。“人而无信，不知其可也。”人又常言：“一言九鼎”“一诺千金”“一言既出，驷马难追”……足见重然诺、讲信义向来是中华民族的传统美德、精神财富。

于是，古有周公姬旦忠心辅佐幼主成王，不惧飞短流长、积毁销骨，开一代诚实守信之先河；门客程婴为救赵氏孤儿，隐忍负重抚孤十五年，终待赵武身世大白于天下血洗前仇，毅然自刎以谢义士公孙杵臼，立一代诚实守信之楷模；武侯诸葛受命白帝城，担当托孤重任，鞠躬尽瘁死而后已，传一代诚实守信之美谈……泱泱大国，漫漫历史，为一个诚信而殚精竭虑耗尽毕生心血者岂止一人？因一个诚信而彪炳史册千古流芳者确是不胜枚举。

儒家的世界由宗亲而至朋友，由朋友再至陌生人，宗亲中有孝悌，而对于毫无血缘的朋友甚至陌生人就需要用“信”这一道德规范来维系。然而，自古以来，凡失信多是“名利”二字从中作梗。

巨龙在腾飞，民族在复兴。我们有理由相信，随着文明程度的提升，道德建设的跟进，那些被搁浅、遗弃的传统美德还会被重新拾起并不断传承，那些被蒙翳、淡忘的精神财富仍将散发出迷人的光彩。

八佾篇第三

3.1 孔子谓季氏："八佾[①]舞于庭，是可忍[②]也，孰[③]不可忍也？"

解词

①八佾（yì）：佾，古代乐舞的行列，每八人一行，为一佾。八佾就是八行，六十四人。

②忍：忍心，狠心。一说"容忍，忍受"。

③孰：什么。

释句

孔子评论季氏："在自己的庭院表演天子享用的舞蹈，这都可以忍心做出来，什么事不可以忍心做出来呢？"

通讲

礼乐是形式，包括礼仪、音乐。在儒家的世界里，礼乐既是仁的外化，也是人伦和谐的保证。

中国是礼乐之邦（或者说礼仪之邦），礼乐始于夏商，完善于周朝。夫子是礼乐思想的继承者，也是完善者。他整理完善了记载古代礼乐文明的儒家经典——"六经"，同时又以礼乐为解说对象，进一步阐发了礼乐的精义，强调礼乐文明的人伦教化和治世功能。

首先，夫子主张借助礼乐来提升自我修为，协调人与人之间的关系。"恭近于礼，远耻辱也"，故而"非礼勿视，非礼勿听，非礼勿言，非礼勿动"。

其次，夫子更强调用礼乐来治国安邦。弟子子游在武城为官，夫子就鼓励他要用礼乐教育来完成治理。夫子以为，国家要长治久安，就必须合乎礼、正乎乐。"道之以政，齐之以刑，民免而无耻；道之以德，齐

之以礼，有耻且格。”礼乐是治国的基本要素。

《八佾篇》都是写礼乐的，礼乐是“为学”“为政”的根本，一旦礼崩乐坏，一切都会化为乌有。夫子所处的时代，原有体制土崩瓦解，周礼有名无实，这是致使犯上作乱事件频发的根本原因。按照《周礼》规定，只有周天子才可以使用八佾，诸侯为六佾，卿大夫为四佾，士为二佾。季氏是正卿，只能用四佾，然而季氏目无礼乐，用八佾舞于庭院，是公然破坏周礼，故而才引起夫子极大的愤慨。

“是可忍也，孰不可忍也”一句，历来有两种解释：一是“这都可以容忍，那还有什么事不可以容忍”；二是“这都可以忍心做，什么事不可以忍心做”。作为成语，今天我们多是取前者的意思；不过，放在历史的语境中，夫子这里似乎是在痛心疾首地声讨、指责季氏，还没有达到（也没有能力）讨伐他的地步，故而这里的“忍”应理解为“忍心”。《红楼梦》中薛宝钗说得好：“尧舜禹汤周孔时刻以救民济世为心，所谓赤子之心，原不过是‘不忍’二字。”

“这都可以忍心做，什么事不可以忍心做呢?”礼乐是约束，也是保证，僭越就意味着混乱无序。如今，季氏忍心不顾周礼，八佾舞于庭，之后，便有家臣公山弗扰、阳虎忍心“以费畔季氏”——这就是不遵守礼乐的下场。

3.2 子曰：“君子无所争。必也射乎！揖让[①]而升，下而饮。其争也君子。”

解词

①揖让：宾主相见时的礼节。

释句

孔子说：“君子没有什么可争的事情。如果有，那就是射箭比赛了。相互作揖行礼然后登堂，（完毕后）下来喝酒。这竞争是君子的竞争。”

通讲

《周礼·保氏》：“养国子以道，乃教之六艺：一曰五礼，二曰六乐，

三曰五射，四曰五驭，五曰六书，六曰九数。”“射”是西周官学内容之一，也是夫子“六艺”之一。夫子这里所说的“射”特指古代的射礼，它不但是一种体育活动，更是一种濡养君子之风的方法。

首先，君子要争，争的是礼。

“君子无所争”，君子不争名，不争利，更不争气，然而要争礼！礼是夫子思想的核心，它相当于一种典章制度、道德规范，使人和社会群体达到某种合理性，用来维护社会政治秩序，巩固社会等级制度。礼乐是治国之重器，化民之必由：周公制礼作乐，辅佐成王，一匡天下，维系社会安定，享国八百年之久；礼乐又非为统治阶级所垄断，“乐也者，圣人之所乐也，而可以善民心”。

射，是有礼可言的。《礼记·射义》中指出，射关乎礼，“进退周还必中礼”，“此可以观德行矣”，“射者，仁之道也。射求正诸己，己正而后发，发而不中，则不怨胜己者，反求诸己而已矣”。关乎道德仁义的问题，君子一定要争，故而，就有了“见义不为无勇也”，“当仁不让于师”。争的目的指向培养君子之风——通过射礼，完成教化作用，使之做一个谦谦君子。

其次，君子要争，要以礼争。

夫子说“君子无所争”，并非不争，而是说即使要争，也要彬彬有礼地争。对此，清人陆陇其《松阳讲义》中阐发道：“世间有一等人，惟知隐默自守，不与人争，而是非可否亦置不论。此朱子所谓谨厚之士，非君子也。有一等人，惟知阉然媚世，将是非可否故意含糊，自谓无争；此夫子所谓乡愿，非君子也。又有一等人，激为高论，托于万物一体，谓在己在人，初无有异，无所容争。此是老庄之论，亦非君子也。是皆不可不辨。”一等人表面谨厚，对一切外物都不置可否，殊不知“唯仁者能好人，能恶人”，这种没有立场的人算不得君子；一等人好好先生，殊不知“乡原，德之贼也”，这种没有原则的人也是道德的祸害；一等人貌似站位很高，故作高远之姿态，高蹈出尘，觉得什么也不屑争，这是缺乏担当与责任，更非君子所为！此三者，或木讷，或圆滑，或冷漠，貌似不争的君子，实际上都是缺乏人文精神表现，有悖于夫子对于“争”的理解。

“礼之用，和为贵。”毋庸讳言，儒家与道家相似，都不怎么强调相互之间的竞争。可能有人会说：如今是竞争社会，我们一方面依然要鄙视无礼且不公正的竞争；另一方面也不要过分强调谦让，以至于与竞争对立起来，不然，就会成为社会发展的道德阻力。

这样说固然有道理，但是我们还要意识到，如果我们像西方世界那样，过分强调竞争又不免会催生出社会达尔文主义。其结果是，零和博弈，陷入无边的内卷，无视生命的尊严，将别人物化，也将自己物化，于人于己，都缺乏应有的尊重。与此同时，还会让人心丧失那一缕脉脉的温情，变得冰冷而坚硬，最终心为物役，增加自我痛苦。

3.3 子夏问曰：“‘巧笑倩兮，美目盼兮，素以为绚兮①。’何谓也？”子曰：“绘事后素。”

曰：“礼后乎？”子曰：“起②予者商也！始可与言《诗》已矣。”

解词

①巧笑倩（qiàn）兮，美目盼兮，素以为绚兮：巧笑，美好的笑。倩，笑靥美好的样子。盼，眼睛黑白分明。素，白色。一说“素粉之饰”，古人绘画，先布五彩，再以粉白线条加以勾勒。绚，绚丽而有文采的样子。

②起：启发。

释句

子夏问道：“‘美好的笑啊，酒窝醉人；美丽的眼睛，黑白分明；白色的底子上，绚丽的图画（美丽的图画，素粉勾勒）。’这是什么意思？”孔子说：“先有白色的底子，再画绚丽的图画（先绘画，再以素粉勾勒）。”

子夏说：“（就是说）礼在（仁义）后面？”孔子说：“启发我的是卜商啊！现在可以与你讨论《诗经》了。”

通讲

子夏从夫子对“巧笑倩兮，美目盼兮，素以为绚兮”的解释——“绘事后素”中，领悟到仁先礼后的道理，受到夫子盛赞。

若是没有仁心，徒有礼乐又有什么价值呢？不过，反过来讲，即便有了仁心，依然需要礼制来达成自我约束。内心的情志是仁，外在的体制是礼，仁内而礼外。仁与礼正如水与容器，仁是水，礼是器，器养水，也存水，水要通过器来表现自己的形态。然而，仁心从何而来？是拥有了仁心成就了礼，还是礼成就了仁心呢？二者相互关联，或许都有道理。孟子认为仁心是先验的，人自有善端；荀子以为仁心是后天而来，靠礼涵养所得。李泽厚先生说：“礼乃人文，仁乃人性，二者实同时并进之历史成果，人性内容（仁）与人文仪式（礼）在源起上本不可分割：人性情感必须放置于特定形式中才可能铸成造就，无此形式即无此情感，无此‘饰’即无此‘欢’此‘哀’此‘敬’此‘威’也。”与夫子一样，先生似乎更强调礼乐之于仁心的作用。

与“人而不仁，如礼何？人而不仁，如乐何?”一章一样，这里的“绘事后素”倒不是说仁先于礼、礼后于仁，而是在强调外表礼节仪式要与内心情操一致。这就如同绘画一样，先有白色的底子，再画绚丽的图画，或者说，先绘画，再以素粉勾勒。

“巧笑倩兮，美目盼兮，素以为绚兮”，前两句见《诗经·卫风·硕人》，后一句应该是逸诗，有人说出自《鲁诗》。一方面，夫子说“不学《诗》，无以言”，在夫子生活的时代，外交活动、生活交流往往需要引用《诗经》，需要运用《诗经》中的句子进行类比推理；另一方面，夫子又倡导举一反三的教学观。故而，这里他对子夏“举一隅以三隅反”，能由“绘事后素”迁移类推到仁与礼的关系深感欣慰。这一点又与《学而篇》中“赐也，始可与言《诗》已矣，告诸往而知来者”如出一辙，值得深思。

3.4 祭如在，祭神如神在。子曰："吾不与[①]祭，如不祭。"

解词

①与（yù）：参加，参与。

释句

祭祀祖先时就像祖先真在面前，祭神时就像神真在面前。孔子说："我如果不亲自参加祭祀，如同没祭祀一样。"

通讲

夫子对于自己不知道的事物一般是采用存而不论的态度，因此，他"敬鬼神而远之"。然而，夫子对于关乎礼乐的祭祀又常常存有一种虔诚谨慎的态度。夫子的祭祀是道德层面的、礼制层面的，而非宗教层面的、迷信层面的。

在夫子那里，祭祀指向心理结构，是从情感角度完成教化，实现人与人关系的融洽、社会秩序的和谐、人心的温润。于是，就有了"非其鬼而祭之，谄也"，有了"祭神如神在"。祭祀是礼的一部分，祭祀自然要合乎礼法；而祭祀源自情感，祭祀自然更要近乎人情。因为合乎人情，所以祭祀祖先或鬼神，就要觉得祖先和鬼神就在眼前。对于心灵而言，只有发自内心地敬畏，感受神明的威严，祭祀才有意义。若是只重外在形式，没有灵魂出席，忘记活动的本质，就无异于买椟还珠，舍本逐末。

祭祀不是向神明去乞讨，去索求，而是去反省，去期许。陆九渊说："吾心便是宇宙。"神明也是心的映象。人心向善，神明也便慈眉善目；人心邪恶，佛祖也会面目可憎。与其说祭祀神明，不如说是在打扫一片心灵的净土，在匆匆的时光中，按下暂停键，在香火缭绕中，让自己的心灵趋于平静，臻于澄澈。

与夫子不同，我们早已知道了祖先与鬼神的"虚妄"，然而，我们依然需要对那些现实不存在的，或是存在的超自然现象，保留一份虔诚与敬意。因为只有心存敬畏，才会让我们的行为具有约束的边界，让我们

的心灵存有一片宁静的天空。

今天，我们为时代的洪流所裹挟，越来越不愿意花时间与先人进行一场心灵的交流；而庙宇里那些行色匆匆的游人，也多是些或走马观花、或乱抱佛脚的过客，少有虔诚的信徒。殊不知，没有厚实的基石，精神的高楼就会摇摇欲坠。祭祀的形式固然重要，然而没有了精神的内核，机械的流程就等同于热闹的作秀。

3.5 子贡欲去告朔①之饩羊②。子曰："赐也！尔爱③其羊，我爱其礼。"

解词

①告朔：诸侯于朔日（农历初一）告祭祖庙。

②饩（xì）羊：用作告庙祭品的活羊。

③爱：爱惜。

释句

子贡提出去掉每月初一告祭祖庙用的活羊。孔子说："赐啊！你爱惜那只羊，我爱惜那种礼。"

通讲

祭祀源于原始社会先民对于超自然神秘力量的崇拜，目的在于祈求神灵佑护或者免除神灵责罚。古代用于祭祀的动物称之为"牺牲"，指马、羊、牛、鸡、猪、犬等牲畜，后世称之为"六畜"。商周时代，每逢重大祭祀，便会大量杀生，常常多达数百头，甚或还有用活人祭祀的。

朔，农历每月初一为朔日，按照周礼的规定，周天子在每年秋冬之际，就把第二年的历书颁给诸侯，诸侯把历书放在祖庙里，并按照历书规定，每月初一来到祖庙，杀一只活羊祭庙，表示每月听政的开始。到子贡的时候，鲁国君主已不亲自去"告朔"，于是，子贡提出去掉"饩羊"。对此，夫子大为不满，对子贡加以指责，表明了夫子维护礼制的立场。

对于礼的执行，夫子的态度并非铁板一块，他有原则性，也有灵活性。例如："子曰：'麻冕，礼也；今也纯，俭。吾从众。拜下，礼也；今拜乎上，泰也。虽违众，吾从下。'"用麻制帽子，符合礼的规定，现在大家都用丝制，因为这样比过去节省，夫子就赞成大家的做法，不再有那么多的讲究。相反，先在堂下磕头，再到堂上磕头，符合礼的规定，现在大家都改为只在堂上磕头了，夫子认为这是骄纵的表现，虽然违背大家的做法，他还是坚持先在堂下磕头。那么，夫子变化的依据到底是什么呢？一句话，就是要"合情合理"。正如夫子说"礼，与其奢也，宁俭；丧，与其易也，宁戚"，礼不在于铺排，更在于简朴，丧事不在于隆重周到，更在于内心的真正悲伤。

中庸，既考虑到符合道德礼法，更考虑到符合心理情感：入情入理，这就是中国人理解的至高境界！

3.6 定公问："君使①臣，臣事②君，如之何？"孔子对曰："君使臣以礼③，臣事君以忠。"

解词

①使：支配，使用。

②事：服侍，侍奉。

③君使臣以礼：状语后置，按照现代汉语语序可以调整为"君以礼使臣"，君主依礼使用臣子。"臣事君以忠"同此。

释句

鲁定公问："君主使用臣子，臣子侍奉君主，应该怎样呢？"孔子回答说："君主依礼使用臣子，臣子用忠心侍奉君主。"

通讲

这一章，鲁定公问得直接，夫子回答得巧妙。仔细分析这一问一答，足见两个人用心、站位、格局、目的之迥异，相形之下，更见夫子的思想境界与说话艺术，让人折服，令人惊叹。

鲁定公要的是“霸道”，夫子回答的是“王道”。鲁定公的居心，从“使”与“事”二字就可以看得出，他最想知道的是如何更好地支配、使唤百姓，以及如何让百姓俯首帖耳地侍奉自己。鲁定公处处从自己出发，一心想着享受权利，根本无心承担义务。

显然，这与夫子的民本思想是完全对立的。夫子主张“道之以政，齐之以刑，民免而无耻；道之以德，齐之以礼，有耻且格”，以为“为政以德”才是正道，“居上不宽”死路一条。但是，温良恭俭让的夫子此时却没有直接驳斥对方的观点，而是顺着对方的问题给予了这样的回答：“君使臣以礼，臣事君以忠。”

首先，他回答得简洁之至。夫子举重若轻，在鲁定公问话中，各增加两个字——“以礼”“以忠”，就凭借这几个字，充分表达了自己的仁爱思想与等级观念。要知道，没有了仁心，只强调等级，一心只想着役使百姓，无异于天方夜谭。

其次，他回答得巧妙之至。对方问“君使臣，臣事君”，强调的是“我怎么使唤你，你怎么侍奉我”；夫子答“君使臣以礼，臣事君以忠”，强调的是“你先怎么尊敬我，我之后怎么对待你”。同样的语序，却透露出伦理与政治的逻辑，强调将心比心，反求诸己——倘若没有“君使臣以礼”，就没有“臣事君以忠”，这与“父慈子孝，兄友弟恭”是一个道理，统治者不可不知。

南怀瑾先生说：“鲁定公所问的，是领导术或领导的方法，而孔子答复他的，是领导的道德，撇开了鲁定公所问的方法。换言之，乃是在驳鲁定公。认为用方法——手段——是错误的，所谓领导应该是以‘德’领导人。”

鲁定公问的是“术”，夫子回答的是“道”。避开无聊的低端问题，导之以“大道”，入我彀中，一剑封喉——这样“偷梁换柱”的艺术后来在孟子那里被发挥到了极致。而这样的讨论，其宗旨不在自我炫耀，也不在兜售思想，更在于对统治者的教化引导。

夫子的回答虽没有明讲，然而，他对待君主的态度已经比较明晰了。夫子这么想也是这么做的：当鲁、齐对夫子的态度有所冷淡时，夫子就黯然离开了；当夫子发现卫灵公只是把自己作为一个“金字招牌”，随着

自己与南子的车驾“招摇过市”时，就绝尘而去了。

在这个问题上，后世的孟子显得就更为高傲，因为夫子尚能“事君尽礼”，“尽礼”的程度甚至让人误以为“谄也”，而孟子干脆提出“民为贵，社稷次之，君为轻”——可以想象，这样的思想家是很难被君主接受的。

3.7 子曰：“《关雎》，乐而不淫[①]，哀而不伤。”

解词

①淫：过分，过度。

释句

孔子说：“《关雎》这首诗，快乐而不过分，忧愁而不痛苦。”

通讲

在春秋时期，《诗经》是宴享、祭祀的歌辞，是对外交往或日常言谈表情达意的工具，更是学习礼乐的教材。夫子提出《诗经》可以“兴、观、群、怨”，关注它的教化功能：兴，指文学作品可以感发情志，激发联想，使人从诗篇中获得美的享受；观，指人们可以从《诗经》中“观风俗之盛衰”；群，通过与他人交往、切磋，促使自己前进；怨，是批评时政，发挥政治功用。

在这一章里，夫子侧重谈对于“兴”的看法。“兴”就是兴发，《毛诗序》中说：“诗者，志之所之也。在心为志，发言为诗，情动于中而形于言，言之不足，故嗟叹之，嗟叹之不足，故咏歌之，咏歌之不足，不知手之舞之足之蹈之也。”诗歌是用来激发自己的情志的，这就是所谓的“兴于《诗》”；然而情感一旦被激发出来，又需要用“礼”来约束，不能任其发展，滥情纵情，这就是所谓的“立于礼”。

夫子说：“《诗》三百，一言以蔽之，曰‘思无邪’。”《诗经》最大的特点就是思想真挚，然而真挚地表达就容易走向放纵。《关雎》是《诗经》之首，夫子曾说：“《关雎》之乱，洋洋乎盈耳哉！”也曾对儿子孔鲤说："女为《周南》《召南》矣乎？人而不为《周南》《召南》，其犹正墙面而立也与！"鲁迅先生在《汉文学史纲要》中说："风者，闾巷之情诗。"《周南》《召南》多写闾巷之间的男女之情，而按照上古礼制，夫妇关系为人伦之始，天下一切道德的完善都以夫妇之道为基础，其次才是父子、君臣关系。而在男女情欲的问题上，人又很容易变得难以自控，恣意妄为。故而，夫子特别就篇首的《关雎》强调"乐而不淫，哀而不伤"的问题。

对于这一篇的理解，朱熹将之定义为"后妃之德，宜配君子"，显然是无稽之谈，不过，他对于乐与哀都应该适度的看法却是准确的："淫者，乐之过而失其正者也。伤者，哀之过而害于和者也。""求之未得，则不能无寤寐反侧之忧；求而得之，则宜其有琴瑟钟鼓之乐。盖其忧虽深而不害于和，其乐虽盛而不失其正，故夫子称之如此。欲学者玩其辞，审其音，而有以识其性情之正也。"

《中庸》中说："喜怒哀乐之未发，谓之中；发而皆中节，谓之和。"哀乐应有节制，这是中庸之道的外化，也是礼的表现。食色，性也，男女情爱无可非议，但是情感的表露应当以礼节之，把握情感的尺度，不过分哀乐。

在政治生活或社会生活中，君子对情感的处理都将遵循这个原则，追求适度适中。这正如君子对淑女的感情，追求时，辗转反侧，寤寐思之；得到时，钟鼓乐之，琴瑟友之。

《礼记·经解》："温柔敦厚，《诗》教也。"温柔敦厚、含蓄内敛是中国诗的特征，最终这也成为民族性格的特质。

3.8 子曰："管仲之器小哉！"

或[①]曰："管仲俭乎？"曰："管氏有三归，官事不摄[②]，焉得俭？"

"然则管仲知礼乎？"曰："邦君树[③]塞门[④]，管氏亦树塞门。邦君为两君之好，有反坫[⑤]，管氏亦有反坫。管氏而知礼，孰不知礼？"

解词

①或：代词，有人。

②摄：兼职。

③树：立，建立。

④塞门：屏，影壁。

⑤反坫：放置酒杯的土台。周代诸侯宴饮时，相互敬酒后，将空酒杯放置在土台上，为当时的诸侯宴饮之礼。

释句

孔子说："管仲的器量真小！"

有人说："管仲节俭吗？"孔子说："管仲有多处府邸，他手下的人很少兼职，怎么能说节俭呢？"

那人说："那么管仲懂得礼制吗？"孔子说："国君建立宫殿影壁，管仲也建立影壁。邦君为外交国宴，设置放置酒杯的土台，管仲也设置放置酒杯的土台。管仲懂得礼制，那有谁不懂礼制？"

通讲

取威定霸、折冲樽俎的管仲在夫子眼里不是"大器"是"小器"，夫子的批判不遗余力，就在于管仲的"不俭"与"不知礼"。

"不俭"指"管氏有三归，官事不摄"。"三归"有很多种说法：一说是"娶三姓女"；一说是家祭用"三牲之献"（古代以牛、羊、猪为大三牲，以猪、鱼、鸡为小三牲）；一说是台名，为藏财货的地方；一说是三处采邑；一说是市租；一说是三处府邸。从语境来看，应该是府邸更为符合"不俭"这一语境。"官事不摄"是说供职人员庞杂，机构臃肿，人浮于事。

"不知礼"体现在管仲僭用国君才配享的影壁以及放置酒杯的土台上——夫子最不能接受的就是破坏礼制，僭越规制，因此，这里的语言也格外犀利。

《论语》中夫子评价管仲有四处，唯有这一次言辞激烈，一点也不客气，连管仲的私生活也戳了出来。

在后人看来，管仲最让人诟病的在于他的背叛：

公子纠是齐桓公（公子小白）的哥哥，兄弟俩争夺君位互不相让，最终公子纠为弟弟所杀。管仲原本和召忽一起扶助公子纠，公子纠死后，召忽为尽人臣礼节，便自尽而亡，而管仲却在生死之交鲍叔牙的力荐下，服务于杀死自己主子的仇敌——齐桓公，还帮助齐桓公成就千古霸业。这种人还能叫仁？简直就不是人！

然而现实却是，夫子不仅评价管仲是人，更赞誉管仲的仁。要知道，获得夫子这样称誉的人少之又少，“当代”的颜回是“三月不违仁”，历史上，夫子只将其许以管仲等六个人。

有人问起管仲，夫子说：“人也。夺伯氏骈邑三百，饭疏食，没齿无怨言。”管仲剥夺了伯氏骈邑三百户的采地，让人家只能吃粗粮，却没有怨恨自己，这是怎样的手腕、才能？又是怎样的仁德与威望？

而对管仲的背叛，子路和子贡两位高徒都曾深表怀疑，他们将管仲视为贰臣，将他的变节看成是政治污点：

> 子路曰：“桓公杀公子纠，召忽死之，管仲不死。”曰：“未仁乎?”子曰：“桓公九合诸侯，不以兵车，管仲之力也。如其仁，如其仁。”
>
> 子贡曰：“管仲非仁者与？桓公杀公子纠，不能死，又相之。”子曰：“管仲相桓公，霸诸侯，一匡天下，民到于今受其赐。微管仲，吾其被发左衽矣。岂若匹夫匹妇之为谅也，自经于沟渎而莫之知也?”
>
> （《论语·宪问》）

两位弟子分别向夫子发难：子路说他贪生怕死，子贡说他卖主求荣。而夫子从不这样理解，他似乎更看重事功而非德行：管仲不借助武力就能九合诸侯，一匡天下，不仅如此，他还是中华文明的守护神，让后世脱离野蛮，从而延续了中华文明的香火。

于是，在夫子那里，管仲成了“大仁”与“小器”的统一体，他客观公正，有褒有贬，辩证认识，大局着眼，不以私德绑架公德，也不会

以公德美化私德。

不过，即便是大圣人如此反复强调，管仲还是不能被后世接受，除了如永嘉学派这样致力于“事功之学”的少数派之外，诸如孟子、朱熹等都曾极力反对管仲，甚或充满痛斥以至敌视。如此看来，古来圣贤皆寂寞，真正读懂夫子、达到夫子境界与层次的人实在是少之又少啊！

3.9 仪封人①请见②，曰：“君子之至于斯③也，吾未尝不得见也。”从者④见之。出曰：“二三子何患于丧⑤乎？天下之无道⑥也久矣，天将以夫子为木铎⑦。”

解词

①封人：官名。管理边疆的官。

②请见（xiàn）：见，引见。请求把自己引见给孔子。

③斯：此，这个地方。

④从者：从，跟随。随行的人。

⑤丧（sàng）：失去，这里指失去官职。

⑥无道：指残暴不行仁义。

⑦木铎（duó）：用木做铃舌的大铃，比喻宣扬教化的人。

释句

管理仪地的官员请求把自己引见给孔子，说：“凡是到这里来的君子，我没有不会见的。”随行的人把他引见给孔子。他出来后说：“诸位何必为没有官位而担忧呢？天下无道已经很久了，上天将借孔子来宣扬大道。”

通讲

古来圣贤皆寂寞，夫子在他所处的时代，影响虽大，但是真正能理解他的又有几人呢？尤其是在那些隐士眼中，他是“知其不可而为之者”，是踽踽独行的斗士，是温文尔雅的理想主义者，“道不同，不相为谋”，是极难理喻的。

夫子说："贤者辟世，其次辟地，其次辟色，其次辟言。"贤人逃避动荡的社会而隐居，次一等的逃避到另外一个地方去，再次一点的逃避别人难看的脸色，再次一点的回避别人难听的话。夫子又说："这样做的已经有七个人了。"哪七个人呢？据说是长沮、桀溺、荷蓧丈人、石门晨门、接舆楚狂人、荷蒉人，还有这个仪封人。

七个人都是隐士，然而对待夫子的态度又不尽相同。长沮、桀溺日出而作，日落而息，凿井而饮，耕田而食，潇洒自足，与鸟兽同群，他们主张避世，不愿意与世间众生在一起，根本无法懂得夫子的选择；荷蓧丈人更倾向于之后的农家，他不顾长幼之节、君臣之义，"欲洁其身，而乱大伦"，他嘲笑夫子，也与夫子没有任何对话；石门晨门思想倾向于道家，主张无为，他不能理解夫子的"仁以为己任"，更想不通夫子的"死而后已"；接舆楚狂人、荷蒉人似乎有过与夫子相同的经历，也曾汲汲于事功，然而统治者的行为让他们彻底失望，他们不希望夫子重蹈覆辙，于是极力劝诫夫子深厉浅揭，回头是岸……相对而言，七人中只有这仪封人是夫子真正的知音，他与石门晨门、接舆楚狂人、荷蒉人一样都是隐于市甚或隐于朝的大隐，然而不同的是，他却是夫子的知音，他古道热肠，热血未凉，也更能懂得夫子存在的价值。"天将以夫子为木铎"，他以为天纵圣贤，上天将以孔夫子为圣人号令天下——从中可见他对夫子的无比敬佩，更可见他的远见卓识！

作为管理边疆的官员，仪封人可以说是阅人无数；加之"君子之至于斯也，吾未尝不得见也"——他有结识天下贤人的癖好：如此，由他之口得出"天将以夫子为木铎"这样的结论，最有说服力，也更见夫子的贤能。

身在江湖，心存魏阙，难以忘情于国家，总与政治相连，这是夫子的担当，是儒家的传统，也是中国知识分子的文化心理特征之一。对此，知之者少之又少，而能如仪封人一般理解尊重、惺惺相惜者更是凤毛麟角了。

里仁篇第四

4.1 子曰：“里仁①为美。择不处②仁，焉③得知④？”

解词

①里仁：居住在仁者所居之里，与仁人为邻。

②处（chǔ）：居住。

③焉：疑问代词，怎么。

④知（zhì）：同“智”，明智，聪明。

释句

孔子说：“居住在仁者所居之里，与仁人为邻，这才是美。选择住处没有仁德，怎么能算聪明呢？”

通讲

《论语》的篇章布局看似随意，其实大有道理。第一篇讲“学”，强调“学不可以已”，且“学”的内涵极为广泛。第二篇讲“政”，所谓“学而优则仕”，毋庸讳言，在儒家世界里，学的旨归就是“仕”，就是做官。而为政之核心又在德（仁）、在礼，所谓“道之以德，齐之以礼”，于是第三篇便直接讲“礼”。该篇中，谈礼崩乐坏的境况，以及恢复周礼的必要性、急迫性。接下来，在第四篇里，便渐入佳境，涉及夫子的核心思想——仁。

如果说《论语》前四篇的“学”“政”“礼”“仁”是全书的总纲，那么，第四篇的“仁”就是全书总纲的“纲”了。

中国重视礼乐，我们的文明是礼乐文明，我们的文化是礼乐文化，我们的制度是礼乐制度，我们的政治是礼乐政治。于是，我们就产生了与之相关的诗教、礼教和乐教，有了“兴于《诗》，立于礼，成于乐”。周公制礼作乐，基本指导思想是“敬德保民”；而夫子的伟大之处在于他不断追问诗、礼、乐背后的文化精神，明确地提出“仁”的思想。他一方面强调克己复礼，另一方面又将行动直接指向弘扬仁心上来。“皮之不存，毛将焉附?”试想，没有了“仁”这个核心，何来诗、礼、乐呢?

“仁”是《里仁篇》的内核，在这一篇中，夫子围绕着仁，谈义、利、孝、言行、交友等。不过他很少直接说什么是仁，一般都是在谈怎么做就算是仁。“里仁为美”，择仁而处就是仁。对于这句话，常见的有两种理解：一是居住在有仁德的地方是美的，即朱熹所言“里有仁厚之俗为美”；二是宅心仁厚为美，也就是说内心充满仁德、居于人道是最美的，即孟子所言“仁，人之安宅也”。其实两种理解都可以。前者强调周围环境之于人的价值，儒家重视交友与居住环境，所谓“德不孤，必有邻”“毋友不如己者”，主张主动向君子靠近，故有孟母三迁的美谈，故有“行有好伴，居有好邻”的俗谚。后者强调向善的价值，主动提升自己的道德修养，求仁得仁，不自我放纵，在夫子那里，“仁”是一种信仰，每个人都应该通过指引来完成自我超越、自我救赎。

那么，什么是“仁”呢?仁者，二人是也，也就是人与人的关系。“仁”主要包含忠恕之道和正名思想：忠恕之道提出了我们做人的底线与上限，是仁者便要“己欲立而立人，己欲达而达人”；正名思想旨在维护人伦关系，“君君，臣臣，父父，子子”让社会稳定而有序。忠恕之道的思想基础是推己及人、将心比心，这样的精神境界充满了博大的人文关怀；而正名思想指导下的政治伦理思想以孝悌亲情为基础，“能近取譬”，由亲情、爱情、友情扩展到一切道德情感，构成了中国政治伦理思想的依据。

4.2 子曰：“不仁者不可以久处约①，不可以长处乐。仁者安仁，知者利仁。”

解词

①处约：约，穷困。处于穷困的境地。

释句

孔子说：“不仁的人不可以长久地处于穷困的境地，不可以长久地处

于安乐的环境。有仁德的人安于仁道，聪明的人利于仁道。”

通讲

仁是儒家世界的根本，以仁为本是儒家的根本价值选择、道德操守。仁是儒家的最高价值标准，这是大德、大善，而非小德、小善，这是一个人生命中的定海神针。

子贡曾问夫子，人能“贫而无谄，富而无骄”，怎么样？夫子说，这样差不多了，但是不如“贫而乐，富而好礼”的人。子贡是夫子的得意弟子，夫子显然是用仁者的标准来要求他的。

夫子的结论来源于他对人性的理解，更来源于他长期的人生体验。从人性的角度看，贫穷容易走向两个极端，或谄媚或为乱；富贵也容易走向两个极端，或怠惰或骄奢。然而，相对而言，为富不仁易，安贫乐道难。故而，夫子特别强调说：“富与贵，是人之所欲也；不以其道得之，不处也。贫与贱，是人之所恶也；不以其道得之，不去也。君子去仁，恶乎成名？君子无终食之间违仁，造次必于是，颠沛必于是。”持有环境决定论的人认为，“穷山恶水多刁民”，事实上，物质匮乏固然容易让人罔顾道义，但换个角度看，越是艰难困苦也越能辨别一个人是否具备真正的仁德之心。如此说来，夫子自己能“饭疏食，饮水，曲肱而枕之”而不改其乐，便是一个真正的仁者。

“仁者安仁，知者利仁”，这一句可以作正反两方面解释：正面解释是“仁者能安仁，知者能利仁”，即“有仁德的人安于仁道，聪明的人利于仁道”；反面也可以说“安仁者为仁，利仁者为知”，即“做安于仁道的人是仁人，做利于仁道的人是聪明人”。所谓“求仁得仁”，做不做仁人都在自己，不在别人。

儒家有“三达德”的说法，即智、仁、勇三大优秀品行，“知者不惑，仁者不忧，勇者不惧”。惑、忧、惧是人的三大困苦，有了“三达德”就可以顺利化解了。“三达德”中仁的地位最高，它是“全德”，是儒家思想的主体，故而，能利仁的算是聪明人——这已经是不简单了，但还是不够的，若能安于仁，一如既往地实施仁，那就是真正的仁人了。

4.3 子曰："唯仁者能好人，能恶[①]人。"

解词

①恶（wù）：憎恨，厌恶。

释句

孔子说："只有仁人能够喜欢人，憎恨人。"

通讲

乍一听这句话觉得无理，好恶之心谁人没有？

首先，固然人人都有好恶，然而，好恶存在对不对的问题。有没有仁心，好恶自是不同。《论语集注》中引用游氏的话说："好善而恶恶，天下之同情，然人每失其正者，心有所系而不能自克也。惟仁者无私心，所以能好恶也。"不仁之人有私心，被私欲蒙蔽双眼，他眼中的好人未必真好人，他眼中的坏人未必真坏人——那些对他有利的即为好人，阻挡了他私欲的即为坏人，如是而已。只有仁者，没有私心，心如明镜，不会见风使舵，不会临阵倒戈，才能真正做到好善恶恶。

其次，固然人人都有好恶，然而，好恶存在敢不敢的问题。即便有正确的好恶观，没有仁心也不敢表现自己的好恶。仁人不是好好先生，不是和事佬，更不是冰冷的铁板一块。鲁迅先生有诗云："无情未必真豪杰，怜子如何不丈夫？知否兴风狂啸者，回眸时看小於菟。"爱憎分明才是真性情，敢爱敢恨才是真仁者。在圆滑的小人身上，我们很难看出其好善恶恶，唯有仁者才敢于将自己的好恶直接表现出来。

要知道，能分清好恶是"智"，敢表现好恶是"勇"。不能分清真正的好恶是"惑"，不敢表达自己对好恶的态度是"惧"。能分清、敢表达，这是"仁"。智者无惑，勇者无惧，而仁者无忧。不能分清，不敢表达，是乡愿，是冷漠。

爱人不难，而要爱对人不容易；恶人不难，而要恶对人也不容易。爱人不难，敢爱不容易；恶人不难，敢恶不容易。仁人便是这样的智者和勇者，他能明辨是非，也能做到客观公允。《礼记·曲礼上》说："爱

而知其恶，憎而知其善。”这才是大仁。而对好恶作出明确的判断，就必须做到天下为公，心中装着忠恕之道、百姓苍生。

然而，也正因为仁者敢爱敢恨，所以仁者并非都是有口皆碑、人人称赞的。于是下面这段话就不难理解了：

> 子贡问曰：“乡人皆好之，何如？”子曰：“未可也。”
>
> “乡人皆恶之，何如？”子曰：“未可也；不如乡人之善者好之，其不善者恶之。”
>
> （《论语·子路》）

儒家有“三达德”——智、仁、勇。仁者需要具备这“三达德”，便可以做到“能好人，能恶人”。夫子好恶观不是完全理性的，是有温度的；然而也不是完全感性的，又是冷静的。钱穆先生在《论语要略》中说：“知当知识，仁当情感，勇当意志。而知情意三者之间，实以情为主。情感者，心理活动之中枢也。真情畅遂，一片天机。”换句话说，有了这真性情，才能有真好恶，也才能显示出真好恶。夫子价值判断的内核是以情为主体的，没有了仁，也就无所谓智和勇了。

钱穆先生说得好：“桃杏之核亦称仁，桃杏皆从此核生长，一切人事可久可大者，皆从此心生长，故此心亦称仁。若失此心，将如失去生命之根核。浅言之，亦如失去其可长居久安之家。”仁主情，西方人以智为第一位，我们以情为第一位，这也就是中国人重情重义的由来，中国人重感情的根源。

4.4 子曰：“富与贵，是人之所欲也；不以其道得之，不处[①]也。贫与贱，是人之所恶也；不以其道得之，不去[②]也。君子去仁，恶乎[③]成名？君子无终食之间违仁，造次[④]必于是，颠沛[⑤]必于是。”

解词

①处：享有。

②去：舍弃，去掉。

③恶乎：恶，疑问代词。乎，语气词，无实义。怎么，如何。

④造次：匆忙，仓促。

⑤颠沛：困苦。

释句

孔子说："发财和做官是人所想要的；不用正当的方法获得，君子不享有。贫穷和卑贱是人所厌恶的；不用正当的方法抛掉，君子不舍弃。君子去掉了仁德，怎么成就名声呢？君子连一顿饭的工夫也不能违背仁德，就是仓促的时候一定是这样，困苦的时候也一定是这样。"

通讲

后世喜欢把夫子理解为一个轻视名利的圣人，这是对夫子的误读。欲富恶贫、高官厚禄是人所向往的，而重视名声是一般人的心态，夫子也是人，所有的这些当然也是夫子所向往的。儒家不是道家，轻视名利；也不是佛家，清心寡欲。儒家是强调事功的，是要做官的，所谓"学而优则仕"；儒家也是看中富贵的，夫子说"富而可求也，虽执鞭之士，吾亦为之。如不可求，从吾所好"；儒家是重视名节的，故而夫子说"君子疾没世而名不称焉"。

在这一章中，夫子对自己的发财、升官、成名的思想毫不讳言，然而，面对"仁"这个核心问题，夫子觉得没有任何商量的余地。夫子以为：为了仁，名利可去；有了仁，名声自来。

财富和权力地位都是人们想要的，但要记着"君子爱财，取之有道"，不能不择手段。"不义而富且贵，于我如浮云"，正如弟子子张所言："士见危致命，见得思义，祭思敬，丧思哀，其可已矣。"仁，是准绳，什么时候都不能舍弃。

从这个角度看，富贵、贫贱、名声、造次等都是考验一个人的试金石。仁，不是时时刻刻都不能舍弃的，"君子无终食之间违仁"，这样看来，能做到仁真的不容易。事实上，整部《论语》，被夫子评价为仁人的不过殷商三人（微子、箕子、比干）、孤竹国二人（伯夷、叔齐）和管仲一人，就连夫子最欣赏的颜回也不过能做到"三月不违仁"罢了。做到

仁是很难，然而也不难，所谓“仁远乎哉？我欲仁，斯仁至矣”，求仁得仁，只要努力，仁是可求的！

夫子阅人无数，他把人心看透了：平时道貌岸然，人模狗样，貌似谦谦君子，伪装一下不难，不过，一旦到了富贵、贫贱、名声、造次的时候，那些伪装者就会马上“穿帮”——为富容易不仁，贫穷可能作乱，为名往往不择手段，慌不择路反而露出马脚。

这一章近七十字，夫子为我们描述了他的理想人格。在夫子那里，道德问题的仁被放大到了第一位，而要达到仁的境界就得时时提升自我修为；尤其是在富贵、贫贱、名声、造次的时候，更要格外小心——要提醒自己：考验自己定力的时候到了。

4.5 子曰：“人之过也[①]，各于其党[②]。观过，斯知仁矣。”

解词

①人之过也：之，助词，用于主谓之间，取消句子独立性，无实义。人犯错误。

②党：偏私。一说“类”，同类。

释句

孔子说：“人犯错误，各有种类（是因为人心有所偏袒）。观察一个人所犯的错误，也就知道他仁德的程度了。”

通讲

对于这一章，有两种常见的解释：一种说这是夫子通过观察一个人的过错而考量其仁德的程度，一种说这是夫子通过观察一个人的过错来认识一个人。相对而言，前者更合理一些。

朱熹在《论语集注》中引用程子的话说：“人之过也，各于其类。君子常失于厚，小人常失于薄；君子过于爱，小人过于忍。”也就是说，人的过错之所以有党类，是因为站位不同：君子失于厚，因为有爱人之心；

小人失于薄，因为只着眼于一己私利。夫子的弟子子路丧姊，服丧结束了，还不愿除去丧服，这不合礼仪，遭到夫子责备。而子路却说自己“不忍除之”，这就是君子的过错。同样，夫子的弟子颜回去世了，夫子哀毁过礼，弟子们也埋怨夫子说：“子恸矣!”孔子却说：“有恸乎？非夫人之为恸而谁为?”——太悲伤了吗？我不为他悲伤，还为谁悲伤呢？显然，这是夫子不讲理（礼)，是夫子的“狡辩”，是夫子的过错，然而这样的过错不也正是夫子仁心的表现吗？这样看来，观察一个人的过错，也的确能从反面看到一个人仁心所达到的程度。

观察一个人的方法是很多的，夫子曾提出“视其所以，观其所由，察其所安”（看他的行为，观察他做事的由来，了解他做事时的心情)，这不失为一个观察人的良方。而为什么对仁心的认识，夫子偏偏要通过他的错误来观察呢？

要知道一个人的善良容易伪装，或心血来潮偶尔为之，或处心积虑长期伪善，都不容易为人所识，无法从中看到他仁德的真实水平。而一个人展现出来的过错甚或邪恶，一般不会是伪饰的，往往是其最真实的一面，因此能体现一个人的仁德程度。

当然，如果按照朱熹这样理解，就必须承认一个前提：君子也会“各于其党”。然而，我们都知道，夫子说过“君子不党”！如此看来，将“人之过也，各于其党”翻译为“人犯错误，各有种类”，又会与夫子的立场相抵牾。

“党”，在古文中有“勾结”之意，也有“偏私”的意思，这是君子所不齿的。君子偏私出于“爱”，小人偏私出于“忍”。既然如此，我们似乎也可以将这一章解释为：“人犯错误，是因为人心有所偏袒。观察一个人所犯的过错，也就知道他仁的程度了。”

至于说“通过一个人的错误来认识一个人”的这一看法，是把“仁”扩大了，等同于“人”，（当然，“仁”即“人”的情况在《论语》中是很多的）也可以说得通。按照这样的说法，这一章无疑教授了我们一个独特的识人方法。所谓人以群分，什么样的人就会犯什么样的过错；相应的，犯什么样的过错也可以看出他是什么样的人。就是说，从一个人的过错不仅仅能看出一个人仁德的高低，还可以了解一个人的其他问题。

不过，人是由多种性情组成的复杂个体，若仅仅从过失来判断一个人，恐怕又是不全面的。

至于南北朝皇侃，将这一章理解为人的过失各有其类，不能一概而论，不要拿对君子的要求去考量农夫，这也是符合夫子行事之道的，不可不深思慎取。

4.6 子曰："朝闻道①，夕死可矣。"

解词

①道：这里应指"仁道"。

释句

孔子说："早晨得知仁道，就是当天晚上死去也心甘。"

通讲

中华文化中的"道"是一个极其丰富的概念，也是极其模糊的概念。儒家、道家、法家等都有关于"道"的说法，然而内涵也各不相同；即便是同一家反复提及"道"，表达的内涵也未必一致。所谓"道可道，非常道"，便是如此。

人们大多将这里所说的"道"翻译为"真理"。这样翻译固然可以，但是有必要澄清一点，中国人所说的"真理"和西方人的理解还是有所不同的。西方强调的多是事物本身的特质、规律，而中国更强调对于人自身的自我认识。前者是"放之四海而皆准"的"真"；后者强调人道、仁心、将心比心，是立身之法、交往之道、处事原则的"善"。

这一章被放到《里仁篇》中，也可以看出编者用心——同样是将这里的"道"定义为"仁道"的。该篇中另有一章同样重要，阐发了"道"的具体内涵：

> 子曰："参乎！吾道一以贯之。"曾子曰："唯。"
>
> 子出，门人问曰："何谓也?"曾子曰："夫子之道，忠恕而

已矣。”

何为“忠恕”?《周礼注疏》中解释得好：“如心曰恕”“中心曰忠”。前者是消极意义上的“仁”，后者是积极意义上的“仁”。前者是底线，后者是上限。李泽厚先生认为前者是社会性公德，后者是宗教性私德。社会性公德是维持人与人关系的基本准则，而宗教性私德是对于天地、君长、父兄无条件的服从。前者是基本原则，后者是最高准则。

即便是跳出这一篇，在夫子那里还有很多“道”——天道、人道、先王之道、君子之道、中庸之道、大同之道等，然而，一言以蔽之，都是仁道。

夫子对仁道恪守不渝。子贡评价夫子说：“夫子之言性与天道，不可得而闻也。”子贡认为，夫子所说的人性和天道，是很难听到的。夫子不是天天谈道，然而夫子却始终心存大道。“君子食无求饱，居无求安，敏于事而慎于言，就有道而正焉，可谓好学也已。”在夫子看来，仁道远比食物和居住条件重要。所谓“朝闻道，夕死可矣”“志士仁人，无求生以害仁，有杀身以成仁”，即便是在造次之中、颠沛之时，夫子也没有放弃对仁道的追求。他把仁道视为生命，甚至重于生命。

“人能弘道，非道弘人。”夫子是为道而生的，在他身上，我们看到了使命与责任。“君子谋道不谋食”，“君子忧道不忧贫”，“君子无终食之间违仁”……这就是夫子的坚守与秉持。李泽厚先生在解释这一章时说：“生烦死畏，不如无生，此是佛家。生烦死畏，却顺事安宁，深情感慨，此乃儒学。”然而，我却觉得这样的解释并不妥当。与之相反，夫子不“烦生”，而是“尊生”，因为他要用生命去践行仁道，用生命去“弘道”；夫子也不“畏死”，只要能达成仁道，“夕死可矣”，死不足惜。夫子一生最大的遗憾在于在生命结束的时候，仁道尚未完成，只得空余一声浩叹：“泰山其颓乎！梁木其坏乎！哲人其萎乎!”

当然，“闻”在文言中还有“传播、传布”的意思，如此，“朝闻道，夕死可矣”就会被理解为“早上若能布道，让大道广播于天下，晚上死掉也能含笑九泉了”，此说足见得夫子的历史责任感与使命感，也未尝不可。

4.7 子曰："士志于道，而耻恶衣恶食者[1]，未足与议也。"

解词

①耻恶（è）衣恶（è）食者：耻，意动用法，以……为耻。恶，坏，不好。以衣食不好为耻。

释句

孔子说："读书人有志于仁道，却以衣食不好为耻，这样的人不值得与他讨论了。"

通讲

"朝闻道，夕死可矣！""志士仁人，无求生以害仁，有杀身以成仁。"一个人为了仁道，生命都可以舍弃，还在乎别的吗？

道是精神层面的追求，衣食不过是物质方面的享受。"君子食无求饱，居无求安"，恶衣恶食虽不堪，但尚能遮羞避寒、果腹充饥，这也就足够了。夫子说即便丢掉了性命都不能舍弃仁道，而现在还能活着，如此，条件差点就差点，又何必在乎呢？于己不要重享受，于人不要重面子；于己可以将就，于人也不必讲究。

夫子赞扬子路："衣敝缊袍，与衣狐貉者立，而不耻者，其由也与？'不忮不求，何用不臧？'"（"穿着破旧的乱麻为絮的袍子，与穿着狐貉裘的人站在一起，却不感到耻辱的，大概只有仲由吧？《诗经》说：'不忌恨，不贪求，还有什么更好的呢？'"）现实生活中，追求仁德与生存问题之间往往会存在矛盾，"志于道"就意味着道高于一切，志于道的人自然就更看中精神取向而忽视物质价值。

夫子这样说，也这样做。他从来没有因为自己曾经是鲁国大夫而顾忌面子，讲究排场。相反，他带领弟子周游列国、推行仁道时常常都饿得面有菜色。在夫子看来，"饭疏食，饮水，曲肱而枕之，乐亦在其中矣"。尤其是绝粮陈蔡之时，跟随的弟子一个个都疲惫不堪，饿得站不起来，夫子却能靠着对仁德的信仰弦歌不绝，镇定自若。一个真正追求人生真谛的人，会把所有的心思都用在对真理的探索上而无视衣食的优劣，在仁德面前，温软华丽的轻裘与破烂不堪的褐袍、精细的美味与粗粝的茶饭没有什么区别。

“士而怀居，不足以为士矣。”（读书人留恋安逸，就不配做读书人。）正是因为有了追求仁德的使命，才会有孟子“贫贱不能移”的豪情，有陶渊明“不为五斗米折腰”的呐喊；相反，若是一心想着享受，又何来这孟子的骨头和陶渊明的腰杆？

随着时代的变迁，物质的诱惑早已渗透到了精神的领域，夫子的观点也遭到了严重挑战，我们有的时候很难分清精神追求与物质追求之间的边界。更多的时候，吃穿已然不再是物质的问题，而是转化成了精神方面的享受，这就更需要我们协调好二者关系。

4.8 子曰：“君子之于天下也，无适[①]也，无莫[②]也，义之与比[③]。”

解词

①适（dí）：主，专主。

②莫（mò）：同“漠”，冷淡，持怀疑态度。

③比：亲近，靠近。旧读“bì”。

释句

孔子说：“君子对于天下的事情，没有一定这么做的，也没有一定不能这么做的，只要合理就行。”

通讲

对这一章中的“适”与“莫”的解释有很多版本。“适”，或读作“dí”，解释为“专主”，也有人认为同“敌”，解释为“敌对”；或读作“shì”，解释为“适合，适宜”，也有人将之意译为“亲近，厚待”。“莫”，或读作“mò”，解释为“冷漠，怀疑”，也有人意译为“反对”；或读作“mù”，同“慕”，解释为“羡慕”。如此等等，不一而足。

然而，夫子说话的重心不在于前边，而在于最后一句“义之与比”。前面怎么理解似乎都可以——我们没有必要规定干什么，不干什么；要怎样干，不怎样干；要敌视什么，羡慕什么；专主什么，反对什么；嗜好偏见，厚薄亲疏……关键是后者，即做什么都一定要有正当合理的标准才好。

“义”者，宜也。我们固然可以把“义”翻译为“适宜”，然而，在夫子那里，适宜的一定是符合道义的，二者是统一的。夫子坚守中庸之道，中庸不是不讲原则的折中主义，而是以仁义为准绳的稳健主张。

中华文化讲求系统思维，这不同于西方的因果思维。正如中医有辨证施治，很少头疼医头脚疼医脚；战争策略中有围点打援，绝不单一解决问题。我们有一套自己的系统理论：任何事情都不是孤立的，是相互关联的，如同太极图一样，有阴有阳，阴阳互根，此消彼长。这就使得我们解决问题的方法变得非常灵活，往往会具体问题具体施治，且是综合施治。事实上，生活中很多事情没有绝对的对错，我们没有必要任何时候都要分个是非清白的。但我们又不能肆意妄为，我们要有一个标准，而这个标准绝不是唯一的、稳定的，而是动态平衡的，那就是“中庸”，就是“义”。

显然，我们很难界定这里的“义”，它是模糊的，如果一定要将这个“义”变得清晰化，我们可以将之看作“道义”“仁义”。道义就是公道，如果我们有了一颗公道心，超越了狭隘的个人，那很多问题就自然解决了。

4.9 子曰：“君子怀德①，小人怀土②；君子怀刑③，小人怀惠④。”

解词

①怀德：怀有德行。

②怀土：怀念故乡。

③怀刑：关心法度。

④怀惠：感念君上的恩惠。

释句

孔子说："君子怀有德行，小人怀念故乡；君子关心法度，小人感念君上的恩惠。"

通讲

这一章是对"君子喻于义，小人喻于利"的最佳注脚。

这里所说的君子和小人，不是道德层面的概念，更像是身份上的概念。君子讲"义"，"义"者，宜也，那如何才算得上是适宜呢？"怀德"是义的上限，"怀刑"就是义的底线。换句话说，君子要做到上求仁德，下不触犯刑法。对不能接受礼制的人，要以刑法来惩治他，对于君子而言，受到刑法显然就是极大的耻辱。

小人讲"利"，利就是好处。正如朱熹所言，小人"怀土，谓溺其所处之安"，"怀惠，谓贪利"。也就是说，小人一般只是关心日常的生活，对于他而言，其上限是"所处之安"，其下限是君上的恩惠。小人喻于利，小人懂得利，故而就要用利让他明白，就得晓之以利，而非晓之以义。不过夫子又说："无欲速，无见小利。欲速，则不达；见小利，则大事不成。"一个人总是着眼于利，没有大局，不见大义，就难成大事。

显然，这里的君子与小人是两个不同层面的人。君子关注内在生活，看重精神追求；小人关注外表，看重物质生活。君子所好无形，而小人见不到无形的美好。

如果将经典照进生活，对于今天的我们而言，这一章恐怕对于每一个人都有价值。我们要以君子的标准来要求自己，将仁德作为自身的最高追求；相反，我们要以小人的标准来要求别人，对别人怀念故乡、感恩君上的恩惠要有最大程度的理解。用最高标准要求自己，用最低标准要求别人；或者可以更进一步，用道德要求自己，用法律要求别人。

4.10 子曰："放①于利而行，多怨。"

解词

①放（fǎng）：依循，依据。

释句

孔子说："只依据利益来行事，就会多有怨恨（招致很多怨恨）。"

通讲

这一章又是对"君子喻于义，小人喻于利"的具体阐发。夫子根据他对于"小人"（这个"小人"不是道德层面的，而是阶层层面的概念）的了解，作出了这样的判断。

"放"有两种理解：一是"放纵"，如此，整个句子的意思就是"放纵自己谋利，就会招致怨恨"；二是"依据"，如此，整个句子的意思是只依据利益来行事，就会多有怨恨（招致很多怨恨）。前者固然也可以说得通，但更像是一句正确的废话。这个似乎谁都明白，夫子无须这样说，如果真是那样，《论语》就真是西方人眼中的"格言集"了。夫子的话，大都有着很高的含金量，既是生活经验所得，更是人生智慧结晶。

"小人喻于利"，然而，一味地盯着利益，凡事都要讲个利，就会变得无利不为，就会见利忘义。所谓"志于道，据于德，依于仁"，我们需要有正确的行事标准，要以道义、仁德为圭臬，而非紧盯利益。

在夫子看来，紧盯着利益会怎么样？会"多怨"。《论语集注》中说："程子曰：欲利于己，必害于人，故多怨。"显然，程朱认为"多怨"是因为依据利益行事招致怨恨。只想着谋利，自然会悖于"恕道"，无视别人的存在，损害他人的利益，怎能不"多怨"呢？然而，同上所说，如果夫子是这个意思，还是比较浅表化的。或者说，这个理解依旧是共识，尽人皆知。

正如钱穆先生所说："《论语》教人，多从自己一面说。若专在利害上计算，我心对外将不免多所怨。"夫子的表达习惯，多是说自己会怎样，少说别人会怎样——夫子讲的是"里子"，而非现在中国人的讲"面子"。或许，在夫子看来，有了"里子"自然就有了"面子"。

"求仁而得仁，又何怨？"若是自己以仁道为依据去做事，而不是计较功利，那不论得与失都少有怨恨，因为不论得失都不会丢掉道义、仁德。相反，若是以利益为依据，就必然会患得患失：得之则乐，失之则怨；多得则乐，少得则怨。"然则何时而乐耶？"

不“放于利”，就要“放于义”。义者，宜也。不过，夫子绝对不会用“义”来道德绑架，义利之间并不对立，不是说符合义就“宜”，符合利的就“不宜”，夫子的义利观是辩证的。《吕氏春秋》中有这样一个故事：鲁国法律规定，鲁国人在其他诸侯国中做奴隶，有能把他们赎出来的人，可以到国库中领取赎金。孔子的弟子子贡在一个诸侯国中赎了一个鲁国人，回国后却拒绝收下国家给他的赎金。孔子说：“赐呀，你错了。圣人所做之事，可以改变风俗习惯，影响老百姓的行为，不只是个人的事情。现今，鲁国富人少而穷人多，你收受国家的赎金并不会损害你的行为的价值，而你拒绝拿赎金，从今以后，鲁国人就不肯再替沦为奴隶的本国同胞赎身了。”相反，子路救起一名落水的人，那人为感谢他，送了一头牛，子路收下了。孔子大加赞赏：“这样鲁国人一定会有许多救落水者的人了。”

这个故事中，夫子的通达是后世的道德家难以领悟的。至于程朱理学将“义利之辩乃人禽之别”的绝对说法，以及将人欲与天理、小人与君子绝对对立的理念，更不可与夫子的通权达变同日而语。

4.11　子曰：“参乎！吾道一以贯之。”曾子曰：“唯。”子出，门人问曰：“何谓也[①]？”曾子曰：“夫子之道，忠恕而已矣！”

解词

①何谓也：宾语前置，按照现代汉语语序可以调整为“谓何也”，说的是什么意思。

释句

孔子说：“曾参啊！我的学说有一个基本思想贯穿着。”曾子说：“是。”

孔子出去后，学生们问：“说的是什么意思？”曾子说：“老师的思想，就是忠和恕罢了！”

通讲

曾子意会了，是因为他的慧根，更是因为他对夫子的理解，对忠恕的认识。夫子追求仁。仁，一言以蔽之，就是“忠恕”二字。朱熹说：“尽己之谓忠，推己之谓恕。”这是我见过的最简洁也最到位的解释。曾子要是活着，我相信他一定会高度赞赏的，说不定也会发出“吾与参也”的慨叹。

忠是尽一己之力为人，恕是将心比心，推己及人。子贡问“有一言而可以终身行之者乎”时，夫子回答：“其‘恕’乎！”夫子对于恕的解释是“己所不欲，勿施于人”，忠是恕的积极的一面，夫子说：“己欲立而立人，己欲达而达人。”这是夫子之道，所谓“一以贯之”，是说贯穿在夫子的一切言行之中。夫子对此恪守不渝，丝毫不爽，“无终食之间违仁”。

不过有一点我们必须看到，曾子是个老实人，他做事谨慎认真，但不喜欢多问，最终他这样理解夫子之道却没有得到夫子的认可。夫子评价曾子说“参也鲁”，鲁钝之人对夫子的理解可信吗？他的阐发能让夫子放心吗？何况，夫子去世的时候曾子尚未到而立之年，他理解的可信度就更低了。

今日之《论语》可以说是曾氏学派之《论语》，我们也可以大胆想象一下，若是其他学派也辑录夫子或夫子弟子的言行编写一本《论语》，又会是怎样的呢？或许，对这件事会有别样的记载，甚或他们还会对“夫子之道”作出别样的解释，也未可知。

然而正如《中庸》中所说，“忠恕违道不远”，曾子的看法大体而言还是八九不离十的，“虽不中不远矣”（钱穆语）。

4.12 子曰：“君子喻①于义，小人喻于利。”

解词

①喻：明白，知道。

释句

孔子说：“君子明白道义，小人明白利益。”

通讲

自古及今，义利之辩从生活到学术从未停止。很多时候，我们都将这一句作为区分君子和小人的一个重要指标，换言之，讲义的即为君子，讲利的即为小人。这样的解释未尝不可，但是太过单一化了。

首先，要明确君子、小人的概念。这里的君子和小人固然可以是道德层面的概念，也可以就身份而言，指上位者与百姓。

其次，要清楚这句话的历史语境。语境是模糊的，那就意味着，这句话可以是一个事实，也可以是一个观点。

如果是事实，就可能指现实生活中，君子懂得大义，而小人只懂得小利，于是“君子怀德，小人怀土；君子怀刑，小人怀惠”（君子怀有德行，小人怀念故乡；君子关心法度，小人感念君上的恩惠）。君子关注内在生活，看重精神追求；小人关注外表，看重物质生活。

如果是观点，那就意味着夫子是用义利来区分君子与小人的。既然君子懂得大义，那对于君子，我们就得“喻之以义”；同样，既然小人只懂得小利，那对于小人，我们就得“喻之以利”。

就是因为这里的君子、小人内涵难以界定，这句话是事实句还是观点句不好确定，所以留给我们太多思考的空间。然而，不论怎样理解，有两点是明确的：一者，义与利夫子都很重视，夫子主张两者兼顾，希望以义取利，协调发展。二者，在二者不可兼得的时候，夫子又重大义，轻小利，正所谓：“君子之于天下也，无适也，无莫也，义之与比。”

4.13 子曰：“见贤思齐焉，见不贤而内自省①也。”

解词

①省（xǐng）：检查，反省。

释句

孔子说：“看见贤人，便想如何向他看齐；看见不贤的人，便自我反省（有没有类似毛病）。”

通讲

夫子说："德不孤，必有邻。"为什么会"必有邻"？因为人们大多有向善之心，"里仁为美。择不处仁，焉得知"？大家都会主动向贤人靠近，以图汲取榜样的力量。于是夫子提出"见贤思齐"，倡导谦虚地向贤人学习。

反之，对于那些不贤之人，夫子似乎也并没有说什么敬而远之之类的话（也许夫子觉得这样做缺乏仁心），而是提出要自我观照，从反面得到启迪，引以为戒。

夫子说："视其所以，观其所由，察其所安。人焉廋哉？人焉廋哉？"（看他的行为，观察他做事的由来，了解他做事时的心情。这个人到哪里隐藏呢？这个人到哪里隐藏呢？）读《论语》我们不难发现，夫子有慧眼，深得识人之法。识人是"思齐"与"自省"的前提，唯有如此，才不会错下功夫，误入歧途。

读《论语》我们又不难发现，夫子所识之人不仅仅局限于现实生活中的人，更包括读书所见之人。对那些历史人物，从夫子臧否人物、评骘高下中不难看到他的眼力与卓识。要知道，当世之贤人毕竟有限，历史之积淀更为广阔。也正因如此，夫子遍览群贤，在不断的"思齐"与"自省"中成长，最终成就了今日所知之夫子。

当然，对于这一章，我们似乎还有另一种解读。所谓"三人行，必有我师焉。择其善者而从之，其不善者而改之"，即便"三人行"，夫子也觉得其中"必有我师"。在他眼中，再好的人身上也不免存在缺点和不足，再坏的人身上也会有闪光点。管仲是他心目中少有的仁人，然而夫子也能看到他的"小器"；颜回是他挚爱的弟子，然而夫子仍旧批评他"非助我者也，于吾言无所不说"。人无完人，夫子的包容让我们油然生敬，夫子对待别人身上优缺点的做法更让我们钦佩不已。

4.14 子曰："事父母几①谏，见志不从，又敬不违，劳②而不怨③。"

解词

①几（jī）：轻微，婉转。

②劳：忧愁。

③怨：心怀不满，埋怨，抱怨。

释句

孔子说："侍奉父母时，（如果他们有不对的地方）要委婉劝告，看到自己的心志没有被听从，仍然恭敬而不违背，虽然忧愁却不埋怨。"

通讲

这一章所讲的内容，貌似愚孝，实则温情脉脉；貌似不科学，实则最艺术。何以言之？

所谓"父在，观其志；父没，观其行；三年无改于父之道，可谓孝矣"。孝顺，这是出于对父母的尊重，更是出于情感的考量。故而，对于父母，儒家主张"隐而无犯"："隐"就是不张扬父母的过失，不让他们难堪；"无犯"就是不犯颜而谏，尊重他们的观点，保护他们的颜面。正因如此，就有了"几谏"与"不怨"。

朱熹说："几，微也。微谏，所谓'父母有过，下气怡色，柔声以谏'也。见志不从，又敬不违，所谓'谏若不入，起敬起孝，悦则复谏'也。""几谏"后若还是不听从，也不要强谏。

但是，如果父母真是错了怎么办？我们总不能以讹传讹、将错就错，甚至亦步亦趋吧？《荀子·子道篇》说："从道不从君，从义不从父。"不从，也不意味着对抗。《礼记·内则》提出："父母怒不说，而挞之流血，不敢疾怨，起敬起孝。"子女委婉地劝告父母，不能恶语相向；如果父母不听劝告，做子女的应该"敬而不违，劳而不怨"（恭敬而不违背父母的意愿，心里感到忧虑却不怨恨父母）。王引之《经义述闻》解释说："劳，忧也。"忧虑，可以看出自己的是非观；"不怨"，可以看出自己的孝顺心。《礼记·曲礼下》中也提出："子之事亲也，三谏而不听，则号泣而随之。"同样，"号泣"可见其是非观；"随之"，可看出其孝顺心。

儒家重视亲情，故而在处理父母问题的时候，就显得隐约而委婉。

当然，“又敬不违，劳而不怨”也不意味着盲目顺从，而是要对父母的观点持有保留态度，毕竟我们不知道自己的观点是否一定正确，何况我们也不能让父母为此而愠怒、伤心。至于后世说什么“天下无不是之父母”，无视真理，完全遵照父母的观点去做，恐怕就是愚孝无疑了。

4.15 子曰：“父母在，不远游。游必有方①。”

解词

①方：方向，方位。

释句

孔子说：“父母在世的时候，不要远游。如果远游，一定要告诉父母自己的去处。”

通讲

这是流传极广又极容易被误读的一章。

“父母在，不远游”，这里的远游不是居无定所的漂泊，而是一种确定的、已知的远行。父母在，为什么就不远游呢？古代的交通不便利，通信也落后，若是离父母太遥远，父母思念而不得见，父母有事也不得召，就不能及时尽孝，甚至还会有终天之恨，故而夫子有了“父母在，不远游”的说法。对此，我们要设身处地为古人着想，不要“居今笑古，徒自陷于轻薄”（钱穆语）。

然而，难道为了父母，我们就不要到外面打拼了吗？或是为了生计，或是为了梦想，子女毕竟还是少不得“远游”的。如此看来，夫子此言岂非绝对？后人也多以此诟病夫子。事实上，此乃断章取义之故，因为我们往往忽视了“游必有方”四字。

“游必有方”就是说“如果远游，一定要告诉父母自己的去处”，也就是说，夫子并非完全反对父母活着的时候远游，而是说要尽量陪伴罢了。人生就是一场陪伴，毕竟我们和父母一起生活的岁月太过有限，不应留下太多遗憾。然而，当我们真的要远游的时候，也必须要“有方”。

这个“方”可以是“方向”，让父母知道我们去哪里，不让他们挂念，同时，这个“方”也可以是“方式、方法”等，即尽可能告诉父母我们远游的所有信息，包括时间、空间、方式、缘由等。抑或干脆把“方”定义为“法度、准则”，也就是说，我们的远游要适度，要在父母的心理承受范围之内。要知道，离开家庭而远行不是一种解脱，相反，它更应该是一种不舍，一种牵挂。

在《论语集注》中，朱熹引用范氏的话说：“子能以父母之心为心，则孝矣。”夫子不是不赞成远游，而是说当我们不得已要远游的时候，必须要站在父母的角度考虑问题，向父母明确自己远游的方向与方式，且要合情合度，以便让父母更好地接受，避免他们更多地牵挂。

这是孝道的具体而微者，然而，就是这么一个小小的考量，却折射着夫子完全站位于父母的“忠恕之道”。细细品味，让人动容。即便是今天，这句话依然有着非凡的价值，值得我们反思。

4.16 子曰：“父母之年，不可不知也。一则以喜，一则以惧①。”

解词

①惧：害怕，恐惧。

释句

孔子说：“父母的年龄，不可以不知道。一方面（因其长寿）而欢喜，一方面（因其衰老）而忧惧。”

通讲

“尧舜之道，孝弟而已矣”，《里仁篇》中有不少集中涉及孝道的文字，这一点与《为政篇》有些类似。然而，与《为政篇》中大多针对某一个人（如孟懿子、孟武伯、子游、子夏）解答孝道不同，这一章没有标明对象，也就是说，这些篇目大多是符合所有人的常理。此外，与《为政篇》中大多写孝道的较为笼统的原则（如无违、敬心、色难）不

同，这一章多是些生活小事，诸如委婉地劝解、不轻易远离父母、记住父母的年龄等。一方面，孝顺无小事；另一方面，从小事中才更见孝心。

孔安国注："见其寿考则喜，见其衰老则惧也。"一般人都认为，夫子说的是父母年老之时——要记住父母的年龄，一方面为他们的长寿高兴，另一方面为他们日渐衰老而忧惧。其实也未必，珍惜与父母一起的时光，何必要等到父母年老之时？一来黄泉路上无少长，人生原本就有许多无常，不要总是把孝顺期许给未来；二来年轻人没有做父母时往往不能深切理解父母，故而不懂得早尽孝道。故而，此时就更需要提早明白"父母之年，不可不知也"的道理。

鲁迅先生说，西方的家庭是以弱者和幼者为本位的，故而，西方人更多关注的是父母对孩子的爱。美国心理学家、哲学家弗罗姆写过《爱的艺术》——一本拥有数亿读者、至今畅销不衰的小册子，书中有一节题为"父母与孩子之间的爱"，重点关注和讲述的只是父母对孩子的爱。与西方的认识不同，中国人更关注孩子对父母的爱——"孝"。应该说，父母对孩子的舐犊之情，这是一种天性和本能；而孩子对于父母的乌鸟之情，则是一种更高层面的道德与境界。此二者不可偏废，都非常重要。

4.17 子曰："君子欲讷于言而敏于行①。"

解词

①讷（nè）于言而敏于行：讷，说话谨慎，寡言。敏，勤勉，努力。状语后置，按照现代汉语语序可以调整为"于言讷而于行敏"，对言语迟钝，对做事勤勉。

释句

孔子说："君子要言辞谨慎，行动勤勉。"

通讲

这一句话与《学而篇》中的"敏于事而慎于言"近似，然而却非重复，这里单独成章，是强调，更是前者的升级版。

同样是谈言行的问题，于事都是“敏”，即要勤勉、努力，于“言”却有不同，这里不是“慎”，而是“讷”。相较而言，“慎”是谨慎，不一定意味着说话少，但“讷”一定意味着说话少。

夫子这样厌恶语言，就在于他“耻躬之不逮也”，甚或“耻其言而过其行”。多做少说，做了不说，这才是夫子喜欢的。于是，“南容三复白圭，孔子以其兄之子妻之”；于是，他告诫爱表达的司马牛，“仁者，其言也讱”。甚至也可以说“讷”就是木讷——质朴而不善言辞，因此，夫子说：“刚、毅、木、讷，近仁。”

不过，这个“木讷”绝非后世的死板呆滞。“讷于言”是说得少，说得慢；“敏于行”是做得多，做得快。说到底，就是要提高行动力，强调一直努力地做下去，低调做人，高调做事。

4.18 子曰：“德不孤，必有邻①。”

解词

①邻：邻近，接近。

释句

孔子说：“有道德的人不会孤独，一定会有人来亲近。”

通讲

《里仁篇》开篇是：“里仁为美。择不处仁，焉得知？”而在这一篇快结束的时候，又有“德不孤，必有邻”，这无疑是对本篇开头一章的呼应。

“德不孤，必有邻”，固然可以被理解为对于有仁德的人，我们就应该主动去接近；不过从语气上看，这一章似乎更指向我们自己——当我们自己成为有仁德的人的时候，我们还会孤单吗？不会。一定会有很多人主动前来亲近的。如此看来，本篇开头一章是我们皈依仁德，这一章则是“修文德以来之”——每个人都有向善之心，我们要努力把自己变成一个有仁德的人，当我们拥有了仁德，自然就会有人接近。“君子敬而

无失，与人恭而有礼。四海之内，皆兄弟也——君子何患乎无兄弟也?”无疑，拥有仁德，就可以四海皆兄弟，天涯若比邻。

仁德在谁那里，人心就在谁那里。正如百川归海，天经地义，不可阻挡。从这个意义上讲，这句话似乎也有点夫子自道的意思：夫子有仁德，故而有三千弟子的追随——要知道在夫子生活的时代，三千弟子可不是一个小数字。春秋战国时期，人口约两千万至三千万，也就是说，夫子弟子至少约占总人口的万分之一，而这万分之一都是当时最优秀的人才。再如，夫子有仁德，故而有仪封人请求见到夫子，并发出千古慨叹：“二三子何患于丧乎？天下之无道也久矣，天将以夫子为木铎。”

不过话说回来，“不孤”不意味着众多，“有邻”也不等于所有人都会虔诚追随。毕竟古来圣贤皆寂寞，夫子思想高远，故而和者寥寥。叔孙武叔就曾或直接向子贡质疑或背后在朝中诋毁夫子，陈子禽也曾一再怀疑夫子的为人和贤能，还好，最后发言的永远是时间和历史。“德不孤，必有邻”，千百年来，夫子早已成为无数人仰慕的精神灯塔。

4.19 子游曰：“事君数①，斯辱矣；朋友数，斯疏矣。”

解词

①数（shuò）：次数过多，频率过高。

释句

子游说：“侍奉君主太烦琐，就会招致羞辱；对待朋友太烦琐，就会被疏远。”

通讲

儒家的“五伦”之中，君臣与朋友是没有任何亲缘关系的，较之父子、夫妻、兄弟而言，相处起来自然也是比较难的。不过，大体而言，相处的基本原则是一样的。

后世之人，对于君主，往往会拼死相谏；对于朋友，往往会冒死劝告。事实上，这与夫子的想法大相径庭。夫子以为，每个人都有其独立

性，我们虽是一片好心，然而，过多干涉，反而让人觉得自己是在与其作对，反而会疏远自己，最终自取其辱。

在劝诫别人这个问题上，夫子做事是很讲方法的。对别人的问题，夫子强调要“忠告而善道（同‘导’）之”。

子贡问交友之道，夫子说：“忠告而善道之，不可则止，毋自辱焉。”“忠告”是内容，是讲真话；“善道”是形式，是用心讲。二者相得益彰，缺一不可。如果讲的是真话，同时是真心地讲，艺术地讲，对方仍然不能接受，那就不要再讲了，毕竟我们谁都无法导演别人的人生，更无法叫醒一个装睡的人。

子路问事君之道，夫子说：“勿欺也，而犯之。”不要欺骗他，要真诚地对待他，正是因为真诚，为对方着想，所以不妨触犯他。但是和交友之道一样，触犯不等于没有底线，甚至以死相逼。真心相告本来是君主的“救命的稻草”，运用不当，反而成了压死我们自己的“最后一根稻草”——这岂不成了笑话！

“忠告”是“修辞立其诚”，“善道”是说话的艺术。对父母而言，“几谏”（委婉劝诫）便是“善道”；对朋友而言，“切切偲偲”（相互督促）便是“善道”；对兄弟而言，“怡怡”（和和睦睦）便是“善道”；对君主而言，“事之以礼”便是“善道”。“善道”也是做人的艺术，“取象于钱，内圆外方”：做人要方正，做事要圆通；心中有方正，外在要灵活。这也是夫子的中庸之道。

以上说的是臣子一方，劝诫的朋友一方。那么，对于被劝诫的一方也要懂得其中的道理，明白对方的良苦用心才好，正所谓：

子曰：“法语之言，能无从乎？改之为贵。巽与之言，能无说乎？绎之为贵。说而不绎，从而不改，吾末如之何也已矣。”（合乎礼仪原则的话，能不接受吗？能改正错误才是可贵的。恭顺和赞美的语言，能不高兴吗？能分析出来事理才是可贵的。只知道高兴但不去分析事理，只知道接受但不改正错误，对于这种人，我不知道该怎么办啊。）

（《论语·子罕》）

公冶长篇第五

5.1 子谓①公冶长，“可妻②也。虽在缧绁③之中，非其罪也”。以其子④妻之。

子谓南容，“邦有道，不废；邦无道，免于刑戮⑤”。以其兄之子妻之。

解词

①谓：评论，议论（人物）。

②妻（qì）：把女儿嫁给某人。

③缧绁（léixiè）：监狱。

④子：孩子，兼指儿子和女儿。这里指女儿。

⑤刑戮（lù）：指遭受刑罚或被处死。

释句

孔子评论公冶长说，“可以把女儿嫁给他。他尽管被关在监狱里，但不是他的罪过”。把自己的女儿嫁给了他。

孔子评论南容说，“国家政治清明，他不被废弃；国家政治黑暗，他能避免遭受刑罚和杀戮”。把哥哥的女儿嫁给了他。

通讲

《公冶长篇》所写内容大多是夫子臧否古今人物的。夫子的思想核心是“仁”，前面几章都是“理论”，这里重在“实证”，通过对具体人物的评骘，印证他的思想。

这一章开篇巧妙，先从夫子的择婿标准谈起，这是关乎他自身的大事，夫子不可能不慎重，就是这样的切身关切，更能让我们从中看到夫子的价值观、夫子的人格魅力。

夫子时代，子女的婚事要听从父母之命、媒妁之言，夫子给自己女儿挑选的佳婿，竟然是尚在监狱服刑的公冶长。夫子周游列国，阅人无数，其中也不乏贤能之辈、高官贵人，为什么偏偏选中了他？公冶长虽然也是七十二贤之一，然而翻遍《论语》，对于他的记载，却只有这一次，显然，无论功业还是才能，相较颜回、子贡、子路、曾子，他都是“平平”的。

再翻看史书，我们发现，公冶长与别人最大的不同之处，就是他能听懂鸟语。然而，夫子选中公冶长，真是因为他懂鸟语吗？显然不是。公冶长一生治学，鲁国国君多次请他做大夫，他都没同意，最终却选择了继承老丈人的遗志，杏坛论道，成为著名文士。从中我们看到两点：一者是夫子的大度与公允，他不以众人成见来评价别人，也不被世俗左右；二者是夫子视野广阔，不被名利所困，更不攀龙附凤。

与给自己的女儿择婿不同，夫子给侄女挑选的人，是“国家政治清明，不被废弃；国家政治黑暗，不致被刑罚”的南容——南宫适（kuò），字子容。《先进篇》中说：“南容三复白圭，孔子以其兄之子妻之。”南容反复诵读白圭篇，孔子把侄女嫁给了他。白圭，冰清玉洁，不能有污点。这个典故来源于《诗经·大雅·抑篇》：“白圭之玷，尚可磨也；斯言之玷，不可为也。”白圭上的污点可以被磨掉，语言上的污点没法挽回，这是告诫我们说话一定要谨慎，不可太过信口随意。南容能做到“邦有道，危言危行；邦无道，危行言孙”，“邦有道，则知；邦无道，则愚”，故而才能明哲保身，远祸全身。

5.2 子贡问曰：“赐也何如①？”子曰：“女②，器也。”曰：“何器也？”曰：“瑚琏③也。”

解词

①赐也何如：也，用在句中，表示语气的停顿，不翻译。何如，怎么样。赐怎么样？

②女：同“汝”，你。

③瑚琏（húliǎn）：瑚、琏都是古代祭祀时用以盛黍稷的器皿。因其贵重，

常用以比喻才干高、能胜任大事的人。

释句

子贡问道："我怎么样？"孔子说："你好比是一个器皿。"子贡问："什么器皿？"孔子说："瑚琏。"

通讲

这一章记录的是一个庄重的玩笑。

端木赐，复姓端木，字子贡。他是孔门七十二贤之一，更是孔门十哲之一。

他是孔门言语科的优等生，聪明机智，善于言辞。他善于经商，"不受命，而货殖焉，亿则屡中"，在商场上，料事总是能与实际相符，于是成为夫子弟子中的首富，后世儒商之祖，夫子周游列国，相当一部分的经费来源于子贡；同时，他又长于外交，《史记·仲尼弟子列传》中评价子贡，"故子贡一出，存鲁，乱齐，破吴，强晋而霸越。子贡一使，使势相破，十年之中，五国各有变"，他叱咤风云，被视为纵横家的鼻祖。

他与夫子感情笃厚，《史记·孔子世家》记载，夫子临终之前，还要"负杖逍遥于门"，苦苦等待，想要见他一面："赐，汝来何其晚也？"向他吟唱一曲："太山坏乎！梁柱摧乎！哲人萎乎！"唱完后"因以涕下"。而《礼记·檀弓上》在此基础上又增加了一个富有生命温度的细节——"既歌而入，当户而坐"。夫子去世之后，其他弟子守孝三年，子贡更是在墓前守孝六年。

这样优秀的人才，在夫子眼里却只是一个"器"，看似有点不公。

夫子说："君子不器。"夫子反对专业化、职业化，他要培养的是"通识教育"人才。子贡如此优秀还是个"器"——不是说夫子不待见他，只能说夫子对弟子的要求很高。

夫子是公允的。对此，我们可以与夫子最喜欢的颜回相比：夫子一方面说颜回"闻一知十"，说子贡"闻一知二"；一方面又看到颜回不懂经济，"屡空"断炊，而子贡则头脑灵活，精通商道。对于子贡的缺点，比如"子贡方人"——好评论、讥笑别人，夫子就曾批评他："赐也贤乎哉？夫我则不暇。"所谓"闲谈莫论人非"，端木赐，你贤能吗？要我就

没有那个闲工夫。此外，夫子以为，在“我不欲人之加诸我也，吾亦欲无加诸人”（己所不欲，勿施于人）这方面，他做得还远远不够。由是观之，将子贡看作是“器具”，固然是一个玩笑，同时也是客观评价。

话说回来，瑚琏是古代祭祀时盛放粮食的器皿，这是相当尊贵的祭器。看来子贡虽说是个“器”，也不是一个一般的“器”啊！绝对是一个“大器”。

5.3 子曰：“道不行，乘桴浮于海①。从我者，其②由与？”子路闻之喜。子曰：“由也好勇过我，无所取材。”

解词

①乘桴浮于海：乘桴，乘坐竹木小筏。浮于海，状语后置，按照现代汉语语序可以调整为“于海浮”，在海上漂流。乘坐竹木小筏在海上漂流。

②其：副词，表示推测，大概，或许。

释句

孔子说：“主张行不通，我就乘坐竹木小筏在海上漂流。能跟随我的大概只有仲由吧？”子路听了很高兴。孔子说：“仲由啊，好勇超过了我，却不知道如何裁剪自己。”

通讲

关于夫子“乘桴浮于海”，后世多解释为避世，故而便有了韩愈的“怀糈愧贤屈，乘桴追孔丘”，苏轼的“小舟从此逝，江海寄余生”，曹植的“乘桴何所志，吁嗟我孔公”。然而夫子真是这个意思吗？我觉得这是对夫子的误读，也是对儒家之误读。

夫子是“避人之人”，而非“避世之人”，何况儒家即便避世也是在独善其身，他们往往是在韬光养晦，伺机而动；同时，儒家讲修身齐家，所谓“‘孝乎惟孝，友于兄弟，施于有政。’是亦为政”——齐家也是治国平天下。如此看来，这并非夫子的颓唐，钱穆先生说，这里固然有无

奈的戏谑之意，然而又“绝非高蹈出尘，绝俗辞世之意”。正如《子罕篇》中：子欲居九夷。或曰：“陋，如之何？”子曰：“君子居之，何陋之有？”夫子是讲，他要去蛮夷之地推行其大道。夫子坚信，即便是蛮夷之地，只要施行大道，也照样能成为“郁郁乎文哉”的东周。

子路听说夫子让自己跟着去漂流，自然很高兴。因为这句话可能有两种理解：一种是夫子在赞美自己勇气十足，膂力过人；还有一种，那就是夫子意在说，浊世之中，即使自己的思想不能被所有人理解，弟子们都作鸟兽散，子路也会不弃不离地跟随自己的。前者就足够让子路自豪的了，若是后者，子路岂不是更得意了？

子路是一个率真且城府不深的人，喜怒哀乐都会挂在脸上，即便是对夫子，他也会直接亮明自己的态度：夫子说为政要先“正名”，子路直接批评夫子迂腐；乱臣佛肸、公山弗扰召唤夫子去做官，夫子动了心，子路就站出来公开反对；夫子拜见南子，子路极为不满，公然怀疑，逼得夫子向他发誓；陈蔡绝粮，大家饿肚子，子路就给夫子脸色看……同样，每次受到夫子表扬，他也会马上膨胀起来，夫子夸他“衣敝缊袍，与衣狐貉者立，而不耻者，其由也与？‘不忮不求，何用不臧？’”，子路就得意不已，且“终身诵之”。

那一次，夫子就怕他太过得意忘形，于是紧接着补充一句：“是道也，何足以臧？”（只做到这样，怎么能说够好了呢？）这一次，夫子也是怕他骄傲，于是又补充了一句：“由也好勇过我，无所取材。”

对于“由也好勇过我，无所取材”，历来也有不同的解释。杨伯峻先生认为是（其他）“就没有什么可取的呀”，钱穆先生说是“没处去弄到这些木材”，前者有些过激，后者又太过玩笑。《论语集注》中，朱熹引用程子的解释说：“夫子美其勇，而讥其不能裁度事理。”也就是说，讥笑他不能剪裁、约束自己，似乎更合适一些。

“野哉，由也！”从一个草莽英雄到一个翩翩君子，子路侍奉夫子时间最长，与夫子关系最密切，当然，夫子对他付出的心血也最多。

5.4 宰予昼寝。子曰："朽木不可雕也，粪土之墙不可杇①也。于予与②何诛③？"子曰："始吾于人也，听其言而信其行；今吾于人也，听其言而观其行。于予与改是。"

解词

①杇（wū）：粉刷墙壁。
②与（yú）：语气助词，用于句中，表示停顿。
③诛：谴责，责备。

释句

宰予白天睡觉。孔子说："腐朽的木头无法雕刻，粪土似的墙壁不能粉刷。我对宰予，责备还有什么用？"孔子说："开始我对人，听他的语言就相信他的行为；现在我对人，听他的言语，还要观察他的行为。在宰予这里，我改变了做法。"

通讲

宰予，字子我，与子贡一样，都是夫子言语科的高徒。一般人对他的印象不好，主要因为这一章。

我们常常会按照今人的学习情形，将"昼寝"理解为课堂上睡觉。上课睡觉，夫子自然会大发雷霆。事实上，夫子的教学不似后世的课堂组织形式，他多是于生活之中随时、随地、随机展开的，课堂睡觉的可能性不大。

然而，对于"昼寝"还有一种说法，认为这是"畫（画的繁体）寝"的误写。从梁武帝萧衍到唐朝韩愈，再到清朝文学家周亮工，都持这一看法。周亮工的解释貌似最有意思，他说他的父亲告诉他，"昼"当读"画"，"寝"也不是睡觉，而是"庙也"。诸侯画其寝庙，大夫用红色，士人和庶民用白色，宰予不讲礼法，"画寝"，乱了礼法，就是僭越，夫子因此而生气。

大家之所以这样理解，或有依据，然而，我以为大概还是因为他们打心底不能接受夫子与宰予的做法，多少有点为圣人讳、为贤人讳的

意思。

可能大家觉得，夫子是圣人，即便弟子白天睡觉，他也不至于说出这么难听的话啊！何况宰我还是孔门七十二贤之一，名列孔门十哲呢？王充《论衡·问孔篇》中就曾鲜明地指出："昼寝之恶也，小恶也；朽木粪土，败毁不可复成之物，大恶也。责小过以大恶，安能服人？使宰我性不善，如朽木粪土，不宜得入孔子之门下，序在四科之列；使性善，孔子恶之，恶之太甚，过也。'人之不仁，疾之已甚，乱也。'孔子疾宰予，可谓甚矣。"王充以为宰予犯的错小，孔子说得太重，如果宰予真那么不堪，孔子就不该收他为徒，更不该把他列入四科之中。他甚至用夫子的话"人而不仁，疾之已甚，乱也"来质疑夫子。

钱穆先生还提出过一个大胆的猜想："或此章仅见于《齐论》，或《齐论》此章语句不同于《鲁论》。"也就是说，该章只见于《齐论》而不见于《鲁论》，这是《齐论语》在有意抹黑宰予的。

依我看来，我们大可不必这样曲解，宰我并非完人，他身上的问题本身就很多，他曾用"井有仁焉"的问题刁难夫子，他对"三年之丧"的做法充满怀疑，他甚至因"周人以栗""使民战栗"而质疑周礼……他善于言语，但也因巧言善辩，常常让夫子无言以对。这样的弟子，说得好，行动差，夫子批评他完全可以理解。

当然也有人会问，"昼寝"不可以吗？今天我们不是也有午休吗？古人是日出而作，日落而息，照这样看来，他们平均休息的时间要比现代人充足得多，因而，对于古人而言，中午休息便是浪费时间。"昼寝"是不合天道的，在勤勉的夫子眼中，这分明是浪费生命，他生气也便在情理之中。正如《韩诗外传》中批判"卫灵公昼寝而起，志气益衰"，宋玉在《高堂赋》中写"楚王昼寝于高堂之台"一样，在古人看来，昼寝令人志气昏惰，为人所不取。

夫子对说到就能做到的人，"听其言而信其行"；对于"言过其行"的人，"听其言而观其行"。宰我是言语科的高才生，这就可以看出他超强的语言表达能力。然而就能力而言，他似乎远不及子贡，如今他又"昼寝"，夫子自然不能容忍，出此恶言——"朽木不可雕也，粪土之墙不可圬也"，这是恨铁不成钢，痛恨他言行不一，痼疾难返，"可见圣门教规之严”（康有为语）。

正如何晏在《论语注疏》中所说：“此章勉人学也……喻人之学道，当轻尺璧而重寸阴。今乃废惰昼寝，虽欲施功教之，亦终无成也”，“以宰予尝谓夫子言已勤学，今乃昼寝，是言与行违”。朱熹也同意这样的观点，他在《论语集注》中同样指出：“宰予能言而行不逮，故孔子自言于予之事而改此失，亦以重警之也。”

响鼓也要重锤，正如面对冉有为季氏横征暴敛，夫子冲冠一怒：“非吾徒也，小子鸣鼓而攻之可也。”夫子这里同样厉声大喝，可见，他对自己的得意弟子往往会提出更高的要求，也更为严厉。

此时，也许唯有厉声大喝才能让他幡然醒悟，痛改前非。夫子的“教”往往是因材施教的，对于那些天资差的，自然没有必要生这么大的气，而在那些承受力有限的弟子面前，自然也看不到夫子“其言也厉”的一面。

从这个角度上来看，宰我是可塑的，是夫子重点培养的对象，当然也是幸运的。

5.5 子曰：“吾未见刚者。”或①对曰：“申枨。”子曰：“枨也②欲，焉③得刚？”

解词

①或：代词，代人或代事物，有人，有的。

②也：用在句中，表示语气的停顿。

③焉：疑问代词，哪里，怎么。

释句

孔子说：“我没有见过刚强的人。”有人回答说：“申枨（就是这样的人）。”孔子说：“申枨欲望太多，怎么能做到刚强？”

通讲

申枨（chéng），在《论语》中仅见于这一章，而在《史记》中，对

他的介绍也不过四个字："申党，字周。"（古代"党"与"枨"读音相近）史料有限，使得我们对申枨的了解极为有限，这也让近代史学家对申枨与申党是不是同一个人产生了怀疑。

不过，由这一章我们可以看出，申枨一定是一个刚强的人。但夫子不这么认为，理由是他尚有太多的欲望。为什么说有欲望就不能做到真正的刚强呢？欲望就是欲求，外求越多，就越容易患得患失。

夫子这里所说的"刚"，是心气的"刚"，而非气血的"刚"；是内在的"刚"，而非外在的"刚"。夫子说君子有三戒，其中有"及其壮也，血气方刚，戒之在斗"，就是血气的"刚"，外在的"刚"。生活中，欲望过多，受欲望引诱，就容易屈服，也就无法真正做到至刚了。因此，才会有朱熹"人有欲则无刚，刚则不屈于欲"这样的解读，才会有林则徐"海纳百川，有容乃大；壁立千仞，无欲则刚"这样的自勉。

固然，无欲则刚，无坚不摧，然而，我们终究不能为了至刚而放弃一切欲望。相反，正如恩格斯所说，恶劣的情欲乃是推动历史发展的杠杆。从原始社会一步步地步入资本主义社会，每次进步无不是为了满足一部分人的贪欲。康有为说得好："一有嗜欲，气即馁败，神明消沮。故周子谓，圣人可学，在无欲。盖欲者纯魄，刚者纯魂，二者相反相成而日相争。若魂纯胜者，神明纯清，气自刚大；若魄纯胜者，嗜欲纯掩，气已奄奄；其魂魄互胜者，半欲半刚则为中人。其魂魄相胜分数之多寡，以为其欲刚之多寡，即为人之高下也。"看来要协调好"欲"与"刚"的关系，同样需要中庸的智慧。

夫子的道德形貌有着明确的指向，其主要特征是克制和内敛。夫子的可贵就在于把对社会理想的追求与社会成员的自律结合起来，对社会的各层面个体都提出了严格的要求，所以才会强调"无欲"，但这里所说的无欲是少欲，而非"灭人欲"。

当今世界，物欲横流，诱惑也多，依然需要我们思考好"欲"与"刚"的关系。我们可以将物质上的欲望削减一点，让精神上的追求更多一些；在蜗角虚名、蝇头微利上的欲望减少一点，在立德、立功、立言上的追求更多一些。

5.6 子曰："晏平仲善与人交①，久而敬之。"

解词

①交：结交，交往。

释句

孔子说："晏平仲善于与人交往，与人交往时间越久越尊敬对方。"

通讲

晏平仲是和夫子同时代的政治家，姓晏，名婴，字仲，"平"是他的谥号。后世尊称之为"晏子"，而夫子这里称之为晏平仲，说明此时晏子已经去世了，也看得出夫子对他的尊重。

"善与人交，久而敬之"，历来有两种解释，一说"交往时间越长，人们就越是尊敬他"，一说"与人交往，时间越久越尊敬对方"。两种解释都说得通，但后者更贴切。

"久"，就容易暴露弱点。刚交朋友，双方都会"伪装"，所谓"日久见人心"，慢慢地大家都会"露出马脚"来，正如张居正所言："人之交友，起初皆知相敬，至于既久，则习狎而怠忽矣！"更何况大多数人骨子里多少都有点自我、自私，如此看来疏远也就不难理解了。事实上，一者，"水至清则无鱼，人至察则无徒"，于是，越是时间长了，对对方就越要学会认同，也越要学会包容。二者，正如明朝散文家张岱在《陶庵梦忆》中所说："人无癖不可与交，以其无深情也；人无疵不可与交，以其无真气也。"一个人若没有什么嗜好，说明他对生活没有太多兴趣，缺少真情；而一个人若没有缺点，做什么都不偏不倚，又说明他缺少真气，成了不食人间烟火的"神"，同样也让人觉得可怕。明白了这些，我们就不会喜新厌旧，就能欣然接受对方的缺点了。不仅如此，还能做到"久而敬之"——越发尊敬对方了。

"久"，就容易产生懈怠。越是自己亲近的人，包括老朋友，越是容易忽视，因此，我们常常看到有些人，极力寻找、呵护新朋友，却漠视了眼前的老朋友，更是将父母亲情视为理所当然，任意挥霍、消费。事

实上，真正喜欢（爱）一个人，时间越长就越害怕失去，如此，“久而敬之”就不难理解了。

晏子与他的妻子琴瑟和鸣，交心知己，妻子年老色衰之后，齐景公想把自己的女儿嫁给晏子。晏子认为，与自己共度几十年岁月的妻子，无论怎样看，都还是年轻美丽的，何况妻子将她的终身托付给自己，自己又怎能背弃这种托付呢？——“君虽有赐，可以使婴倍其托乎？”于是“再拜而辞”，拒绝了君主的厚爱。《晏子春秋》中记载的这个故事，不正是晏子“久而敬之”的最佳注脚吗？

夫子说：“故旧不遗，则民不偷。”《论语正义》中郑注有语：“敬故，不慢旧也。”晏子懂得这个道理，因此得到夫子赞誉，不过，晏子“善与人交”，但他与夫子的关系却不是很好，“道不同，不相为谋”，甚至还曾经向齐景公建言不要任用夫子。

夫子并没有因为私交而否定晏子，相反，却能在他死后给予这样的认可，其格局之大，让人感慨。

5.7 季文子三①思而后行。子闻之，曰：“再②，斯③可矣。”

解词

①三：多次。

②再：两次。

③斯：助词，不译。

释句

季文子多次考虑才行动。孔子听到了，说：“考虑两次就可以了。”

通讲

《论语》是一座思想宝库，也是成语宝库，今天我们使用的许多成语都来源于《论语》，如温故知新、既往不咎、兄弟阋墙、当仁不让、诲人不倦、不耻下问、欲速则不达、四海之内皆兄弟等，不胜枚举。

同样，这一章中也“孕育”出一则成语——三思后行。然而，与其他成语不同的是，这一则成语却是对夫子思想的误读，而非总结。

“三”是多次，并非实指。三思而行，今天指经过反复考虑，然后再去做，强调慎重，生怕造次。而夫子当年的看法似乎正好与此相反，夫子纠正季文子的做法，认为“再，斯可矣”——考虑两次就足够了。

做事要慎重，少不了前思后想，如此方可减少过失。夫子也说：“不曰‘如之何，如之何’者，吾末如之何也已矣。”《中庸》中说：“有弗思，思之弗得，弗措也。”——要么不想，想了没有想通决不罢休。然而，想是要想，如果想多了也未必是好事。一者，虽曰慎重，但也容易错失良机，当断不断，必受其乱；二者，反复思量容易让人首鼠两端，最终变得或优柔寡断，或畏葸怯懦；三者，做事来回揣摩也容易让人变得圆滑世故，正如《论语稽》中所说的——“世故太深，过为谨慎”，反而失去果断爽直，缺乏豪迈天性。

夫子行事，以中庸为准绳，执其两端而用其中，故能不偏不倚，允执其中。须知虑多必失，过犹不及，何况万事难料，天下也不存在无死角的计划。

不过有一点必须指出，这一章同样也是有针对性的，夫子谈的是季文子。季文子，就是季孙行父，春秋时期鲁国正卿，他曾辅佐鲁宣公、鲁成公、鲁襄公三代君主，执掌鲁国朝政和财富，忠心社稷，克勤于邦，克俭于家，开一代俭朴之风，也促进了鲁国的改革发展。凡事必须做到有备无患，这是季文子的性格特征。《左传》记载，鲁文公六年（前621），季文子将要出使晋国，让属下“使求遭丧之礼以行”。所谓“遭丧”就是遭遇丧事，也就是说，出一趟门，他都要考虑万一有个不测，死在他乡的问题。随从不理解个中缘由，季文子解释说：“备豫不虞，古之善教也，求而无之，实难。过求何害。”“过为谨慎”也许正是他成就事业的缘由，然而，也正因为他的“祸福利害之计太明”，使得鲁国三桓日后发展成为凌驾于鲁君之上的强势卿家。

夫子英明，他的批评是有道理的，他的“因材施教”也又一次得到了印证。由此，我们不得不提到《先进篇》中的那个典型事例：

子路问："闻斯行诸?"子曰："有父兄在，如之何其闻斯行之?"

冉有问："闻斯行诸?"子曰："闻斯行之。"

公西华曰："由也问'闻斯行诸'，子曰'有父兄在'；求也问'闻斯行诸'，子曰'闻斯行之'。赤也惑，敢问。"子曰："求也退，故进之；由也兼人，故退之。"

同一个问题，针对不同的弟子，夫子有着不同的解决方案。试想一下，就"思"这个问题而言，若是对冉有讲，夫子一定会说"再思"都不用；而若是对子路讲，夫子一定会说"三思而行"。

这么看来，"三思而行"似乎也不错，绝非误传，关键要看我们面对的是谁。

5.8 子曰："伯夷、叔齐不念旧恶①，怨是用希②。"

解词

①恶：宿怨。

②希：同"稀"，稀疏，少，罕见。

释句

孔子说："伯夷、叔齐不记念宿怨，别人对他们的怨恨就很少了。"

通讲

生活中，我们能做到不计前嫌就相当不错了，伯夷、叔齐能做到的是不计旧恶，那就更了不得了。

"恶"，在《古汉语词典》中的一个义项是"罪过，罪恶"，清初学者毛奇龄将之解释为"宿怨"，从上下文来看，这一解释是比较合适的。较之化解嫌隙，消弭仇恨就更难了，这对别人而言是宽恕，其实对于自己而言也是饶恕。毕竟，总是惦念着别人的罪过，也会让自己活得逼仄而不通透。

儒家重"和"，有子说："礼之用，和为贵。先王之道，斯为美；小大由之。”做事讲究一团和气，他们常常会着眼于现在与未来，既往不咎；即便有过错误，改了就好，从不过分追究。《周易·咸·象》说：“圣人感人心而天下和平。”《礼记·礼运》说：“圣人耐以天下为一家，以中国为一人。”（圣人把天下看成是一个家，把整个国家当成是一个人）而《中庸》中更是明确地提出：“致中和，天地位焉，万物育焉。”事实上，不仅是儒家主张平和，还有道家讲求“不争”，墨家崇尚“非攻”“尚同”——同样致力于人与人之间的均衡协调。

伯夷、叔齐是夫子眼中的仁者，夫子评价他们“求仁而得仁，又何怨”，正因为他们能做到“仁”，所以才能拥有这样的姿态，才能如此大度与包容。“怨是用希”，是伯夷、叔齐对别人的怨恨少，当然，正因他们的包容，别人对他们的怨恨也少。

然而，伯夷、叔齐的大度与包容却是有限度的，他们有着自己的秉持与操守——这便是他们的底线。伯夷、叔齐是孤竹君的儿子，在父亲死后，他们因为谦让君位而逃离国家。周灭商之后，他们认为吃周朝的粮食可耻，便隐居在首阳山采野菜度日，最终饿死在首阳山。周武王起兵，他们也曾拦住车马，劝诫周武王不要犯上作乱，如今，面对坐拥天下的武王，他们却不能做到“不念旧恶”，与武王达成谅解。从他们的终极选择中，我们不难看出，他们这一次是有“怨”的，而且是含怨而死的。

这样的选择有点像后世坚守道义的墨家，而对于这个问题，夫子又怎么看呢？通过对《微子篇》的学习，我们发现，夫子对于伯夷、叔齐“不降其志，不辱其身”的选择是持有怀疑态度的：“我则异于是，无可无不可。”

夫子虽反对犯上作乱，主张维持秩序，然而他推崇周礼，崇尚大道，同样也反对昏君。显然，对于伯夷、叔齐的极端选择，夫子是尊重的，但不赞成。

正如谭嗣同没有责备康有为、梁启超的逃走是一样的，“去留肝胆两昆仑”，从夫子的“无可无不可”中，我们看到了夫子的智慧，夫子的变通，更看到了夫子的中庸。

5.9 子曰："孰谓微生高直？或乞醯焉[①]，乞诸其邻而与之[②]。"

解词

①或乞醯（xī）焉：或，代人或代事物，有人。乞，求，讨。醯，醋。焉，相当于介词结构"于之"。有人向他讨醋。

②乞诸其邻而与之：诸，相当于"之于"。与，给予。向他的邻居讨醋给人。

释句

孔子说："谁说微生高这个人直爽呢？有人向他讨醋，他却向邻居讨醋给人家。"

通讲

微生高，鲁国人，就是传说中那个与女子相约，遇到洪水也不离开，最终抱柱而死的尾生（尾生高）。我们大多赞美他对于爱情的守望，对于承诺的坚持，标榜他的"直"，然而夫子却对于微生高的"直"深表怀疑。

借醋，小事一桩，有就是有，没有便是没有，我们完全可以直言相告，微生高却要转借他人，这叫什么直率？我们不禁要问，是迫于面子，还是为了赢得美名，抑或是为了博得别人的感激呢？

那在夫子眼中什么才是真正的"直"呢？卫国大夫史鱼临终嘱咐儿子，不要在正室治丧，以此来劝诫卫灵公任用贤才蘧伯玉，斥退佞臣弥子瑕。用这种"尸谏"的方式，可以说"直"到头了，与射出去的箭无异。因此，夫子评价说："直哉史鱼！邦有道，如矢；邦无道，如矢。"

不过，夫子的"直"也非冰冷的直来直去，《子路篇》中有这样一章：

> 叶公语孔子曰："吾党有直躬者，其父攘羊，而子证之。"孔子曰："吾党之直者异于是：父为子隐，子为父隐，直在其中矣。"

可见，夫子的“直”是温情的，有人情味的，有其伦理哲学基础的。

夫子从生活小事中看到了抱柱而死的尾生高对于“直”的误读，而尾生高最终也为自己的“直”付出了生命的代价。或许，在夫子看来，尾生高完全可以先远离洪水，待洪水过后，等到女子，再以事实相告，不也很好吗？对尾生高，“众好之，必察焉”，了不起的夫子！

夫子被视为圣人，然而后世能听从夫子教诲的又有几人呢？纵观历史，相较而言，反是魏晋时期的中国人最率直。友人到陶渊明家做客，吃过饭后，陶渊明说：“我累了，想要睡觉，你可以走了。”貌似不近人情，反而被后世传为佳话，孩子的率真反成了成年人的奢望。

开门七件事，柴米油盐酱醋茶。借醋是多么微不足道的小事，然而，细细想来，也正是因为其微不足道，我们才更不好意思推辞——因为我们生怕对方会想：这点东西都不舍得，好不小气！正如别人向我们借一百万，我们可以断然拒绝，而别人向我们借一百块钱，我们就难以回绝。

不过，当我们学习了这一章之后，是不是学会说“不”了呢？

5.10 颜渊、季路侍①。子曰：“盍②各言尔志？”

子路曰：“愿③车马衣轻裘④与朋友共敝⑤之而无憾⑥。”

颜渊曰：“愿无伐⑦善，无施⑧劳。”

子路曰：“愿闻子之志。”

子曰：“老者安⑨之，朋友信之，少者怀⑩之。”

解词

①侍：陪从在尊长身边。

②盍（hé）：何不。

③愿：愿意，希望。

④衣轻裘：“轻”是后加上去的，唐代以前的本子没有这个字。衣裘，这里指“皮衣”，当时高档的衣服。

⑤敝：破旧，破烂。

⑥憾：遗憾，不满。

⑦伐：夸耀。

⑧施劳：夸耀自己的功劳。

⑨安：安乐，安逸。

⑩怀：想念，怀念。

释句

颜回、子路陪从在孔子身边。孔子说："你们何不谈谈自己的志向？"

子路说："我愿意把自己的车马衣服与朋友共同享用，即使用坏了也不遗憾。"

颜回说："我愿意不夸耀自己的好处，不夸耀自己的功劳。"

子路说："希望听听老师的志向。"

孔子说："我希望老年人安乐，朋友信任我，年轻人怀念我。"

通讲

与《先进篇》中的《侍坐》章一样，这也是夫子与弟子之间的一次关于人生志向的讨论。场面同样温馨，不过，与那一次不同的是，这一次，夫子本人在子路的邀请下谈及了自己的理想。

三种志向，相较之下，不难看出各自的站位、眼界、气度与格局。

程子概括得精练："夫子安仁，颜渊不违仁，子路求仁。"子路有着与生俱来的侠气，犹如后世的墨家，他在"求仁"——侠肝义胆，乐善好施；颜回深得夫子真传，低调做人，高调做事，他能"三月不违仁"——不自夸，不施劳。

能做到这些还不够吗？"愿车马衣轻裘与朋友共敝之而无憾"，有饭同食，有衣同穿——是如弟兄般待人；为人做事，默默奉献，丝毫不计得失——是如父子般照管。的确已经很了不得了啊！车马轻裘，视为粪土，这是"破利"；丰功伟绩，弃如敝屣，这是"破名"：一个不计名，一个不计利，已是常人所不及了。

尽管如此，较之夫子，却还有不足。钱穆先生说："子路徒有与人共之之意，而未见及物之功。颜渊有之，而未见物得其所之妙。"子路、颜回虽与夫子一样不存私吝之心，都有美好的初衷，但或尚来不及考虑结果，或未了悟这样做的价值，境界远不及夫子。此外，夫子志向虑及老者、朋友、少者，算得上是“博施于民而能济众”，有普度众生的慈爱，臻于圣人境界，弟子自然望尘莫及。

颜渊是孔门德行科的高才生，是夫子的“学委”；子路是孔门政事科的高才生，是夫子的“班长”。他们与夫子一起为我们演绎了一场关于理想的高层论坛，让2500年后的我们温暖不已。

雍也篇第六

6.1　子曰："雍也[1]可使南面[2]。"

仲弓问子桑伯子。子曰："可也简。"

仲弓曰："居敬而行简，以临其民，不亦可乎？居简而行简，无乃大[3]简乎？"子曰："雍之言然[4]。"

解词

①也：用在句中，表示语气的停顿。

②南面：指坐北朝南之位。古代天子、诸侯、卿大夫理政时皆南向坐，因称居帝王之位或其他尊位为"南面"。

③大（tài）：过分。

④然：正确，对。

释句

孔子说："冉雍，可以让他做官。"

冉雍问及子桑伯子。孔子说："可以，他简单。"

冉雍说："内心严肃，办事简单，以此治理百姓，不也可以吗？内心随意，办事简单，不就太简单了吗？"孔子说："冉雍的话很对。"

通讲

《雍也篇》前半部分仍旧是夫子评骘古今人物，后半部分是记录夫子关于人生哲理的言论。

这一篇的首章就是谈冉雍，第一句话便是"雍也可使南面"，谈冉雍可以为官一方之事，可见冉雍在夫子心中的地位之高。

冉雍比夫子小二十九岁，是夫子"四科十哲"中德行科的高才生，也是夫子的前期弟子。《论语》中有六七章提到他，且多是夫子对他的褒奖与指导。

冉雍出身贫贱，然而他却有着卓越不凡的政治才干。他曾向夫子问仁、问政：关于“仁”，夫子给予他的回答是“出门如见大宾，使民如承大祭。己所不欲，勿施于人。在邦无怨，在家无怨”；关于“政”，夫子给予他的答复是“先有司，赦小过，举贤才”。夫子对弟子的教育多是因材施教的，他总会根据对方的身份职位，尤其是性格特点来决定自己对他们的教诲。从他对冉雍的教诲中，我们不难看出，夫子对于冉雍的“人设”定位是“可使南面”的重量级人物：一是级别高，“先有司”“举贤才”，可不是小官员做的事情，“见大宾”“承大祭”，也不是一般人经历过的；二是要求高，颜回、子路、子贡、子张、子夏都向夫子问过“政”或“仁”，夫子的回答各有不同，然而夫子对冉雍提出的要求却比较高，可以看出夫子对他寄予厚望。此外，我们也可以由此大体推断得出，冉雍这个弟子的性格特点，他“居敬”有余，但“行简”不足，做事过分认真，对待下属比较刻薄，干预得多，越俎代庖，不能放手，是一个典型的“事务型”领导。所以夫子告诉他，要放开手脚，对属下应该“赦小过”，不求全责备，任人唯贤，不失其位；此外，要对人宽容一些，心存敬恕，以德服人，减少怨恨。

子桑伯子是与夫子同时代的人，《庄子·大宗师》《楚辞·九章·涉江》《说苑·修文篇》等篇章中对他有过简单提及：他是一个行为狂放倨傲的鲁国隐士，他喜欢裸体而行，然而夫子却认为他“质美而无文”，欣赏他的行事简单。夫子这里就是借不拘小节的子桑伯子来告诫冉雍处理政事要学会用减法：用恭敬负责的心态把复杂的问题以简洁果断的方式处理，这才是一等一的行政高手！

在古代，多有繁政扰民；而在现代，人们面对复杂的问题，治丝而棼，多用加法，甚至乘法、立方，最终却以粗简的方式草草收场，不也很可笑吗？

6.2 子谓[①]仲弓，曰：“犁牛之子骍[②]且角[③]，虽欲勿用，山川其[④]舍诸[⑤]？”

解词

①谓：评论、议论（人物）。

②骍：赤色。

③角：长着角。一说“长着整齐的角”。

④其：副词，表示反诘，岂，难道。

⑤诸：相当于“之乎”。

释句

孔子评价冉雍，说：“犁牛的儿子赤色的毛，还长着整齐的角，虽然不想用它祭祀，山川之神会舍弃它吗？”

通讲

何晏《论语集解》说：“犁，杂文。骍，赤也。角者，角周正，中牺牲。虽欲以其所生犁而不用，山川宁肯舍之乎？言父虽不善，不害于子之美。”冉雍的父亲固然出身低微，且品行不好，然而，夫子以为，这绝不应该影响冉雍出仕。夫子以“犁牛之子”打比方，牛，能不能用来祭祀，要看它的形态，与牛是谁生的有什么干系！周朝以赤色为贵，祭祀也要有赤色的牲畜。冉雍就是一头“赤色且长着整齐的角的牛”，祭祀不用这样的牛，神灵都不会答应。

一句话，夫子主张用人不问出身，英雄不问出处。这样的表述今天看来司空见惯，然而，不要忘了，这是在2500年前——一个强调血统、门第的时代。此时，夫子一语石破天惊，他要打破陈规，丢弃旧礼，这就了不得了。

荀子特别推崇冉雍，他说：“圣人之得势者，舜、禹是也。”“圣人之不得势者也，仲尼、子弓是也。”荀子把冉雍和舜、禹、夫子相提并论，一同将他们视为圣人。只不过，舜、禹有德且有位，夫子、冉雍却位不配德，荀子对此深表遗憾。

事实上，冉雍后来是得到了机会的，他被聘为季氏家宰。他满心欢喜，本想一展宏图，用夫子的话说是“思老其家”（上海博物馆藏战国楚竹书）——想给季氏干一辈子。然而，不想“仕三月，是待以礼貌，而谏不能尽行，言不能尽听”——他发现季氏不过是把他当作政治花瓶罢了，最终还是回到了夫子身边，一起做学问了。

据说夫子临终之时还在众弟子面前夸奖冉雍的贤能远超他人。只可惜生不逢时，这个居敬行简、可使南面的弟子，本想追求事功，有所作为，但最终也只能是青灯黄卷终其一生了。

6.3 子曰：“回也①，其心三月②不违仁，其余则日月③至焉而已矣。”

解词

①也：用在句中，表示语气的停顿。
②三月：这里指长时间。
③日月：这里指短时间。

释句

孔子说：“颜回呀，他的内心长久不违背仁德，其他人不过短期内做到一下罢了。”

通讲

颜回是夫子最得意的学生，也深得夫子思想精髓，因而被后世称为“复圣”。夫子对他推崇有加，他认为众弟子中没有一个能超过颜回。后世提及夫子三千弟子、七十二贤、孔门十哲，颜回总是会排在第一位；而在《论语》中，颜回更是前后出现了很多次，是“重现率”最高的弟子之一，由此也可以看出，他是夫子口头、心头最念念不忘的弟子。

为什么如此呢？原因就在于颜回的魅力，核心就是他的“三月不违仁”。我们知道，“仁”不易得，夫子所处时代，能长时间坚守的也只有颜回一人而已。仁，并非一时一地之举，而要“无终食之间违仁，造次

必于是，颠沛必于是”才行，颜回做到了，而这就是颜回最了得的地方。

颜回曾经向夫子“问仁”，夫子回答：“克己复礼为仁。一日克己复礼，天下归仁焉。为仁由己，而由人乎哉?”颜回想要知道具体内容，夫子说：“非礼勿视，非礼勿听，非礼勿言，非礼勿动。”颜回大悟：“回虽不敏，请事斯语矣。”

颜回有个特点，貌似呆傻，老师说什么就听什么，然而回去之后，他又总能对老师的思想有所发挥——闻一知十，聪慧过人。由此看来，先天的聪明，加上后天的自律，是颜回能成仁的重要原因。

然而，可惜得很，这样的人才却苗而不秀、秀而不实，英年早逝，的确让人惋惜。

6.4 季康子问：“仲由可使从政也①与？”子曰：“由也果②，于从政乎何有？”

曰：“赐也可使从政也与？”曰：“赐也达③，于从政乎何有？”

曰：“求也可使从政也与？”曰：“求也艺④，于从政乎何有？”

解词

①也：语气词。或用在疑问句句尾，加强疑问语气；或用在句中，表示语气的停顿。

②果：果断。

③达：通晓事理。

④艺：有技艺。

释句

季康子问：“子路，可以使用他治理政事吗?”孔子说：“子路果断，对于治理政事有什么困难?”

问：“子贡，可以使用他治理政事吗?”孔子说：“子贡通达，对于治理政事有什么困难?”

问:“冉有,可以使用他治理政事吗?”孔子说:“冉有多才多艺,对于治理政事有什么困难?”

通讲

这一次季康子的询问,让我们很容易想到《公冶长篇》中孟武伯与夫子的那次交谈:

孟武伯问夫子:“子路有仁德吗?”夫子说:“我不知道。”他又问。夫子说:“仲由啊,在拥有一千辆兵车的国家里,可以让他管理兵役、军政,(但)我不知道他是不是仁德。”

“冉求怎么样?”夫子说:“冉求啊,千户人家的公邑、百辆兵车的封地,可以让他当总管,(但)我不知道他是不是仁德。”

“公西赤怎么样?”夫子说:“公西赤啊,整饰衣冠系上腰带,在朝廷之上站立,可以让他接待贵宾,(但)我不知道他是不是仁德。”

同样是面对鲁国权臣的询问,被询问的对象大体相同,但夫子的回答却有很大差异。与孟武伯的交谈,夫子顾左右而言他,人家问德,夫子谈才;与季康子的交谈,夫子一语中的,干净利索,态度坚决。

从中我们窥见了夫子的忠实客观,更见夫子的表达艺术。道德难以量化,何况三个弟子也达不到仁德的程度,夫子要老实回答,但又怕弟子错过被“用人单位”录取的机会,于是面对孟武伯,他的回答似乎声东击西。至于对弟子的才能,夫子了如指掌,“果”“达”“艺”,都是高度概括,貌似不全面,实则这样才更容易被用人者记住,而且在鉴定完每个弟子的特点之后,都坚定肯定——“于从政乎何有”,果断坚决,体现出高度的自信。

仁德的要求很高,但从政不必苛求:子路生性率直,做事果断,“无宿诺”,“片言可以折狱”,就这一点足可以从政,至于他的“野”,他的“暴虎冯河”等,不必多虑;子贡是外交家,又是大富商,他必然豁达且善与人交,这又是从政的最好资本,如此,即便他好“方人”,也比不上颜回聪慧,却也无大碍;最后是冉有,从某种意义上讲,他缺少官德——在今天看来,或许这是最要命的,但是,他多才多艺,君子“志于道,据于德,依于仁,游于艺”,这又是为官最需要的,故而,夫子对

他从事政事同样信心满满。这就是夫子的从政观：扬长避短，发挥所长。

6.5 子曰："贤哉，回也[①]！一箪[②]食，一瓢饮，在陋巷，人不堪[③]其忧，回也不改其乐。贤哉，回也！"

解词

①贤哉，回也：谓语前置，按照现代汉语语序可以调整为"回也贤哉"，颜回真贤德啊。

②箪（dān）：古代盛饭用的圆形竹器，也有用芦苇制成。

③堪：经得起，能忍受。

释句

孔子说："颜回真贤德啊！一筐饭，一瓢水，住在破巷子里，别人经不住那样的忧愁，颜回却不改变自己的快乐。颜回真贤德啊！"

通讲

这一章的内容与夫子的"饭疏食，饮水，曲肱而枕之，乐亦在其中矣"结合在一起，这便是"孔颜乐处"。"孔颜乐处"倒不是说"君子固穷"，而是说要安贫乐道。

"邦有道，贫且贱焉，耻也；邦无道，富且贵焉，耻也。"颜回处于无道的乱世，贫穷没有什么，然而在贫穷之中尚且能坚守仁德，而且乐在其中，就了不得了。

要知道，"君子固穷，小人穷斯滥矣"，对于仁德，最难做到的是"造次必于是，颠沛必于是"。颜回能穷而不乱，安之若素，且无忧无虑，就在于他的"三月不违仁"。他是一个仁者，唯"仁者无忧"。

按照夫子的看法，在无道之邦，宁可穷困也要坚守道义；而在有道之邦，只需谋道就不愁吃饭问题（所谓"君子忧道不忧贫"）。相对而言，前者更难做到。颜回、原宪、曾参等人，都曾过着饥寒交迫的生活：原宪住着一丈见方的茅草屋，瓮牖绳枢，蓬草编织的房门残缺不全，房间用粗布隔成两室，屋顶漏雨，地面潮湿；曾参更是穿得破破烂烂，好像一个十足的乞丐，他十年不制衣，穿着用乱麻絮做的袍子，破烂不堪，分不清表里，戴上帽子便拉断了帽带，拉过衣襟就露出了手臂，穿起鞋子就露出了脚跟。不过原宪和曾参可以有钱，原宪为夫子做总管却不愿意受高达九百（石、斗或斛）粟的俸禄，曾参也曾拒绝鲁国国君赠送的封邑。而颜回不同，他没有做过官，也没有人救济，但他能做到沉浸大道恒久快乐，这就了不得了。

6.6 子谓[①]子夏曰："女为君子儒！无为小人儒！"

解词

①谓：对某人说。

释句

孔子对子夏说："你要做君子般的儒者！不要做小人般的儒者！"

通讲

对于"小人儒"的理解，有的说是为己而非为人，有的说是有专业技能而没有理想，有的说是知识扎实而道德不过硬，有的说是学问做得好却无实践能力，如此等等，不一而足。

这些说法固然都能讲得通，但大多是结合现实来谈的，当然有现实意义，但客观上说，最确切的理解应该结合子夏的特点以及成就。

从这个角度上说，钱穆先生《论语新解》中的提法更可信服：

> 推孔子之所谓小人儒者，不出两义：一则溺情典籍，而心忘世道。一则专务章句训诂，而忽于义理。子夏之学，或谨密有余，而宏大不足，然终可免于小人儒之讥。

简单地讲，就是做事严密，讲学理，但不知大义，情怀不足。不过，这里还要在钱先生的基础上补充一点——子夏虽然重理论也重实践，然而格局、情怀不足。

子夏出身贫困，是夫子晚年比较得意的学生，他在夫子去世之后广泛传播夫子思想，到魏国西河讲学，从而开创西河学派。当时，从学者有三百多人，战国时一批著名政治家、军事家如李悝、吴起及商鞅，俱出其门下，魏文侯拜他为师，而荀子、李斯、韩非也是其隔了两代或三代的再传弟子。

毋庸讳言，子夏有小气利己、急功近利的一面，所以才有夫子“无欲速，无见小利。欲速，则不达；见小利，则大事不成”的忠告。与颜回、曾参重道德不同，子夏的政治思想更关注实际、功利，注重儒家的术，所谓“孔子说礼法，曾参取礼，子夏取法”，表现出法家察势和用权的精神（西河学派既传授儒家经典“六艺”，同时也成为法家政术思想的先驱）。子夏说：“君子有三变：望之俨然，即之也温，听其言也厉。”从某种意义上说，这也让我们看到一个懂权术、有心计的君子形象，与夫子“温”“直”“坦荡荡”的主张是不太吻合的。此外，《论语》中出现了几十处“民”，大多出自夫子之口，均为利民、教民，只有一处“君子信而后劳其民”出自子夏，却为驭民。这些都能让我们看到，他的思想里有强调效忠和以服务权力为宗旨却忽视济世利民的一面——也许这些才是夫子所说的“小人儒”的真正原因。

《说文解字》中说：“儒，柔也，术士之称。从人，需声。”本来是以“六艺”之能而求仕于时的人，在夫子的时代由一种行业逐渐发展为一个学派。南怀瑾先生曾经不无玩笑地说：“儒”是“需人”，关注实用，是不可或缺的人；“佛”是“弗人”，不是人，是“超人”；而“仙”是“山人”，犹如高山流水。这样看来，儒家本身就应该结合实践，关注功利也无可厚非。不论如何，子夏格局虽小，但其思想的确是对重视道德而忽视事功的主体儒家文化的有益补充，对后世中华文化产生了重要影响。

6.7 子游为武城宰[①]。子曰：“女得人焉尔乎[②]？”曰：“有澹台灭明者，行不由径[③]，非公事，未尝至于偃之室也。”

解词

①宰：采邑的长官。

②女（rǔ）得人焉尔乎：女，你。焉，相当于介词结构，于是，于此。你在那里得到人才了吗？

③径：小路。

释句

子游做武城地方长官。孔子说：“你在那里得到人才了吗？”子游说：“有个叫澹台灭明的，走来不抄小路，不是公事，从来不到我的屋子。”

通讲

子游名言偃，以文学著名，他任武城宰，阐扬夫子学说，用礼乐教化百姓，使得武城弦歌之声不绝，深得夫子喜爱。子游是吴国人，也是孔门中唯一的南方弟子，所谓“北学中国，南方一人”，夫子盛赞他：“吾门有偃，吾道其南。”故而他又被后世誉为“南方夫子”。

周朝采用井田制，一块地分为九块，中间一块是公有的，外边八块是私田。井田外面的路叫“路”，里边“井”字形的路叫“径”。按照古代的规矩，路在“井”外，径在“井”内，行人由路而不由径，以保护农田。然而到了夫子的时代，人们往往会选择“捷径”而不顾及“大道”。澹台灭明固守周礼，不随波逐流，坚持“行不由径”，实在难能可贵。

澹台灭明走路不走小路——也可以理解为做事不走小路，或者说不走后门，没有公事就不到领导办公室，足见其堂堂正正，没有任何歪门邪道。

康有为在《论语注》中说：“非公事不至，则陈民间利病而无干谒请托之私。”讲人情，拉关系，这正是夫子及其弟子所反对的。不走正道，就会公私混杂，假公济私；走正道，才有公道可言，才有公正、公平之可能。

《史记·仲尼弟子列传》记载，夫子曾说：“吾以言取人，失之宰予；以貌取人，失之子羽。”说的是弟子宰予能说会道，开始给夫子的印象不错，时间长了才发现他既无仁德又不勤快，“朽木不可雕”。而鲁国的子羽，也便是澹台灭明，他想要追随夫子学习，夫子虽然之前听子游强烈推荐，但还是因为他相貌丑陋对他并不看好。没有想到，就是这个弟子，

日后游历长江，拥有三百多弟子，受到各诸侯国推崇，从而让夫子的思想得以在南方广泛传播。

从这个角度上说，夫子识人也有“打眼”的时候，至少在对澹台灭明的认识上，子游似乎高夫子一筹。

6.8 子曰：“质[①]胜文[②]则野[③]，文胜质则史[④]。文质彬彬[⑤]，然后君子。”

解词

①质：质朴，朴实。
②文：华美，文采。
③野：粗野，鄙俗。
④史：虚饰，浮夸。
⑤彬彬：文质兼备、配合适当的样子。

释句

孔子说：“质朴多于文采就粗野，文采多于质朴就浮夸（呆板）。文采和质朴配合适当，才是君子。”

通讲

这一章可以说是妇孺皆知。我们一般都用“文质彬彬”来形容一个人的儒雅，究其根源，夫子这里谈的应该还是礼仪问题。

夫子强调礼仪的重要性，特别强调两层关系：一是礼仪与仁德的关系，内心的情志是仁，外在的体制是礼，仁内而礼外；二是礼仪内部的关系，文与质要兼备，又要合理配合。

礼仪问题，忽视了就会变得粗野；但一味地强调礼仪，又会或者呆板，或者华而不实，流于形式。而“文质彬彬”，体现出了一种不偏不倚的中庸思想，夫子这里既是针对礼仪而言的，也是针对君子的理想人格而言的。事实上，这一句又可以作更多引申，比如可以谈文学、谈教育、谈美学等，不一而足。

6.9　子曰："知之者不如好之者，好之者不如乐[①]之者。"

解词

①乐：以……为快乐。

释句

孔子说："知道它的不如喜爱它的，喜爱它的不如以它为乐的。"

通讲

钱穆先生说这里的"之"都相当于"学"，一字之解让人豁然开朗。生活中，我们也常常用这两句话来强调兴趣的重要性，对于自己喜欢的东西，我们往往能学得很好。

而对此，朱熹在《论语集注》中的解释更有启发性。他引用尹焞之言说："知之者，知有此道也。好之者，好而未得也。乐之者，有所得而乐之也。"同时，他又进一步引用张敬夫（张栻，字敬夫，号南轩）的话说："譬之五谷，知者知其可食者也，好者食而嗜之者也，乐者嗜之而饱者也。知而不能好，则是知之未至也；好之而未及于乐，则是好之未至也。此古之学者所以自强而不息者欤?"

这些都是经验之谈，对于"知识"（在夫子那里，"学"的范畴更大）而言，往往是知晓得越多才越喜欢。对于不知道的东西，我们往往很难喜欢起来，那是因为每个人都有从已知领域向未知领域扩展认知的欲求。同时，往往也只有自己喜欢到了极致，才能有更多的收获。这就是《礼记·学记》中所说的："虽有嘉肴，弗食，不知其旨也；虽有至道，弗学，不知其善也。"

同时，张敬夫说的"知而不能好，则是知之未至也"，也表达出了对于夫子之学的自信与坚定：夫子之道，我们没有不喜欢的理由，你当前"知之"而不"好之""乐之"，那是因为你的见识浅薄、修为不足。正因如此，苏轼在其《中庸论》中提出，"乐之"与"知之"是"圣人"与"贤人"的区别所在。

夫子说“知之者不如好之者”，表达得比较模糊，语意多元。而张敬夫的这句“知而不能好，则是知之未至也”是把“知”拔高了，“知至”就是《大学》所说的“知本”或“知止”；到了王阳明，他进一步提出“知而不行，只是未知”，是将夫子意思彻底“明确”了——完全站在知行合一的高度上了。

“吾心自有乐，世俗岂能知?”至于究竟应该怎样认识夫子的原意，还是见仁见智，自己体会吧！

6.10 子曰：“中人以上，可以语①上也；中人以下，不可以语上也。”

解词

①语（yù）：告诉。

释句

孔子说：“中等水平以上的人，可以给他讲高深的学问；中等水平以下的人，不可给他讲高深的学问。”

通讲

夫子主张差等，他不相信什么所谓的凡事努力就一定能成功。作为教育家，他能看到人与人的差异性，能看到人从生下来就存在着各方面的差异，故而他说：“生而知之者，上也；学而知之者，次也；困而学之，又其次也；困而不学，民斯为下矣。”有人天生聪明，有人先天愚笨，当然更多的人是中等智商，夫子以为，即便自己也绝非天纵圣贤，所以他说“我非生而知之者”。

明确了这一点，夫子便不会强求自己，而且有利于认识自我，从而找到属于自己的努力方向，比如“我非生而知之者”，那么就要“敏以求之”。同时，也就不会苛责弟子，知道对于不同的弟子实施不同的教育，即因材施教。如夫子说“唯上知与下愚不移”，对于天才与蠢人，教育的力量是有限的，而每每是“中人可移”。这就是《礼记·学记》中提到的

两句话："学不躐等"——学习不能超越次第，应循序渐进；"不陵节而施"——不超越学习者的接受限度进行教育。

今天，我们强调教育平等，要求接受同样的教育，而真正的平等往往更需要尊重差异，对不同的教育对象开展不同的教育，尤其要关注其先天水平。在教育的问题上，我们还真的要多向夫子"讨教"才是。

有人说，夫子是大教育家，三千弟子，七十二圣贤，优秀率不过2.4%。殊不知，不同的人天赋不同，我们要看的，不是弟子都成为怎样的圣贤，而是要看每个弟子是不是达到了自己的人生极限。

也正因如此，我们常见夫子会针对个人特点来教育这个弟子，却很少见到夫子比照其他弟子来教育这个弟子：你看看人家颜回如何仁德，你看看人家子贡如何富有，你看看人家子路如何勇猛……更不会用"前几届"弟子来激励（或者说打击）现在的学生：你们看看你们的师兄们当年是何等努力……

6.11 子曰："知者乐水①，仁者乐山。知者动，仁者静。知者乐，仁者寿②。"

解词

①知（zhì）者乐（yào）水：乐，喜好。聪明的人喜欢水。

②寿：生存时间长久，长寿。

释句

孔子说："聪明的人喜欢水，仁爱的人喜欢山。聪明的人活跃，仁爱的人沉静。聪明的人快乐，仁爱的人长寿。"

通讲

对于这一章，推荐钱穆和李泽厚两位先生的解释。

钱先生说："道德本乎人性，人性出于自然，自然之美反映于人心，表而出之，则为艺术。故有道德者多知爱艺术，此二者皆同本于自然。《论语》中似此章富于艺术性之美者尚多，鸢飞戾天，鱼跃于渊，俯仰之

间，而天人合一，亦合之于德性与艺术。此之谓美善合一。……此乃中国古人所倡天人合一之深旨。”

李先生说：“用山、水类比和描写仁、智，非常聪明和贴切。作为最高生活境界的‘仁’，其可靠、稳定、巩固、长久有如山；作为学习、谋划、思考的智慧，其灵敏、快速、流动、变迁有如水。真正聪明的人之所以常快乐，不仅因为能够迎刃而解各种问题，而且因为了解人生的方向和意义而快乐。‘仁’则似乎更高一层，已无所谓快乐不快乐。他（她）的心境是如此平和宁静、无所变迁，成了无时间的时间：寿。‘乐山’‘乐水’是一种‘人的自然化’。”

夫子这个生动的比方，来源于他对生活的观察，将人与自然结合起来思考：生活中，越是聪明的人越是活泼好动，而越是仁厚的人往往越是像山一样稳重；聪明人往往懂得变通，而仁厚者常常心态平和；聪明人思想活跃，仁厚者又绝少冲动……

水是聪明灵气的化身，它随物赋形，周流无滞，“不凝滞于物，而能与世推移”。《道德经》中说：“上善若水。水善利万物而不争，处众人之所恶，故几于道。居善地，心善渊，与善仁，言善信，政善治，事善能，动善时。夫唯不争，故无尤。”智者洞悉一切，通达事理，心无烦恼，无挂碍，无杂念，从心所欲不逾矩，少有束缚与困惑，故而能快乐。

山是沉稳恒久的代表，它沉稳庄重，超脱平和。《道德经》中说：“死而不亡者寿。”这里的“寿”是长寿的意思，更有恒久之意。大山包容一切，以其伟大的情怀，承载万物，供养生灵，安静地诠释着“仁”的内涵。

将人之仁智与自然之山水对应，体现出夫子的自然观念。当然，在仁与智之间，夫子更倡导仁，正如李泽厚先生所言，智者固然乐，而仁者宁静平和，已经无所谓乐不乐了，也不单纯是乐不乐的问题了。

朱熹说：“知者，达于事理而周流无滞，有似于水，故乐水；仁者，安于义理而厚重不迁，有似于山，故乐山。”正如风景秀美之地必有山水相连一般，若要成圣成贤，也必仁智双全。

6.12 子曰："觚[1]不觚，觚哉？觚哉？"

解词

①觚（gū）：酒器名。长身细腰，口部呈大喇叭形，底部呈小喇叭形。盛行于商代和西周初期。

释句

孔子说："觚不像觚，这是觚吗？这是觚吗？"

通讲

古人善于运用类比与比喻，由此及彼，让思想变得更感性、生动，也更丰富，但也让主题更多元，更不好确定。

对于这一章中的"觚"，杨伯峻先生考证道：

> 音孤，gū，古代盛酒的器皿，腹部作四条棱角，足部也作四条棱角。每器容当时容量二升（或曰三升）。孔子为什么说这话，后人有两种较为近于情理的猜想：（甲）觚有棱角，才能叫做觚。可是做出棱角比做圆的难，孔子所见的觚可能只是一个圆形的酒器，而不是上圆下方（有四条棱角）的了。但也名为觚，因之孔子慨叹当日事物名实不符，如"君不君，臣不臣，父不父，子不子"之类。（乙）觚和孤同音，寡少的意思。只能容酒两升（或者三升）的叫觚，是叫人少饮不要沉湎之意。可能当时的觚实际容量已经大大不止此数，由此孔子发出感慨。（古代酿酒，不懂得蒸酒的技术，因之酒精成分很低，而升又小，两三升酒是微不足道的。《史记·滑稽列传》载淳于髡的话，最多能够饮一石，可以想见了。）

《论衡》中说："文王饮酒千钟，孔子百觚。"夫子海量，能饮百觚，自然也不会劝别人少饮。于是，我猜想，这里还有一种可能，那就是此时的觚其容量已不再是"两升（或者三升）"，与觚没有了棱角一样，都是夫子有感于规制的破坏，生发出名实不符的慨叹。

夫子说："名不正，则言不顺；言不顺，则事不成；事不成，则礼乐不兴；礼乐不兴，则刑罚不中；刑罚不中，则民无所错手足。"（如果名不正，言语就不顺理成章；言语不顺理成章，就搞不成事情；搞不成事情，礼乐就复兴不起来；礼乐不复兴，刑法就不恰当；刑法不恰当，百姓就连手脚都不知道该如何摆放。）夫子以为，周礼应该渗透在生活的方方面面，"觚不觚"，貌似只是对酒杯规制的破坏，实则却是深层价值观的动摇，夫子对酒器的维护实际上是其对价值观念的整顿。

遥想夫子当年，可能是在喝酒的时候，一边把玩手中酒杯，一边念念有词地絮叨——"这觚都不像觚了，这是觚吗？这是觚吗？"

酒杯的棱角就如人的棱角，这是底线，是秉持，更是规矩。人若没有了"棱角"就可能成为"乡愿"，还会随波逐流，也更容易放弃大道。

于是，夫子又喝了一杯。觚啊，觚啊，留住这些棱角吧！

6.13 宰我问曰："仁者，虽[①]告之曰：'井有仁焉。'其从之也？"子曰："何为其然也[②]？君子可逝[③]也，不可陷也；可欺也，不可罔[④]也。"

解词

①虽：连词，表示假设或让步关系。

②何为其然也：何为，宾语前置，按照现代汉语语序可以调整为"为何"，为什么。其，助词，用在句中，起调整音节的作用，无实义。然，指示代词，这样。为什么这样呢？

③逝：往。

④罔：陷害。

释句

宰我问道："有仁德的人，假设告诉他说：'井里掉下人了。'他会不会跟着下去救人呢？"孔子说："为什么这样呢？君子可以过去，但不能到井里去；可以欺骗他，但不能陷害他。"

通讲

宰我位列言语科第一，然而从他与夫子的日常交流来看，他是一个“捣蛋鬼”，经常会问一些奇怪刁钻的问题。

人掉到井里，救人便是“仁”，所以说“井有仁焉”。这里的“仁”是指“仁人”，也是指“仁事”。宰我的问题很尖锐，可能是针对夫子的“志士仁人，无求生以害仁，有杀身以成仁”而言的，就如孟子说“男女授受不亲”是“礼”，便有善辩之士淳于髡问“嫂溺，则援之以手乎?”一样离谱。

这不是抬杠吗？因此，夫子说：“何为其然也?”“怎么会这样呢?”显然，夫子表现出一种不满。我们也不禁要问，宰我是在向夫子求教呢，还是要陷夫子于两难呢？毕竟，用谎言去验证谎言，得到的也只能是谎言。以一种无理的假设得出的结论，又有多少意义呢？夫子这一句是对宰我的回答，也是对他的教育。

不过，接下来，夫子还是耐心地作出了自己的判断。“君子可以过去，但不能到井里去；可以欺骗他，但不能陷害他。”“君子义之与比”“义以为质”，仁者仁心，去救人是一定的，然而，真正的仁者却一定不会到井中。

为什么呢？仁者高于智者，“仁者必有知，知者不必有仁”（钱穆语）。举个例子，子贡是智者，颜回是仁者，子贡聪明，颜回仁德。然而，子贡不具备颜回的仁德，但颜回却具备子贡的智慧。且颜回“闻一知十”，其智慧远高于子贡的“闻一知二”。颜回看上去木木的，实际上，“退而省其私，亦足以发”，绝非一般的聪明。

6.14 子曰：“君子博学于文，约之以礼[①]，亦可以弗畔[②]矣夫！”

解词

①约之以礼：约，约束。一说简要。状语后置，按照现代汉语语序可以调整为“以礼约之”，用礼制约束自己。

②畔：同“判”，背叛，违背。

释句

孔子说：“君子广泛地学习古代文化典籍，用礼制约束自己，也可以不离经叛道了。”

通讲

这一章在《颜渊篇》中重出，不同的是《颜渊篇》中少了“君子”二字。由此看见，这句话是常常挂在夫子口头的，并且，夫子不但用“博学于文，约之以礼”来要求君子，也常用它来要求君子以外的其他人。

博学于文，是让人有学识；约之以礼，是让人有道德。夫子坚信，掌握了文献知识，又能用礼制要求自己，做事就不会违背道理了。

不过，用今天的眼光看，有些问题又让人费解：有学识，不讲道德，自然容易离经叛道；而有道德，没有学识，为何也会误入歧途呢？要知道，博学于文，是学识，是在丰富自己；而约之以礼，是道德，又是提升自己。有学识没有道德可怕，有道德没有学识又无用；有学识让人知道“为什么”，有道德又让人懂得“怎么办”。这样看来，一味地追求“约之以礼”，往往没有实际价值，而且，只是知道“怎么办”却不明就里——不知道自己为什么要这么做，故而容易走向邪路。

《子罕篇》中颜回曾经强调夫子对自己的教育是“博我以文，约我以礼”，有人认为这与夫子的这一章所指不同，事实上，我以为颜回的这句话确是在印证着夫子在这一章的说法。夫子真正做到了言行统一，他始终在践行着自己的思想，而且能通过自己的“循循然善诱人”，最终让学生“欲罢不能”。

6.15 子见南子，子路不说[①]。夫子矢[②]之曰：“予所否[③]者，天厌之！天厌之！”

解词

①说（yuè）：同“悦”，喜悦，高兴。

②矢：发誓。

③否：不。

释句

孔子拜见南子，子路不高兴。夫子发誓说：“我假若做了不该做的事，老天厌弃我！老天厌弃我！”

通讲

对于这一章内容的背景，《史记·孔子世家》中有较为详细的记录：

> 灵公夫人有南子者，使人谓孔子曰：“四方之君子不辱，欲与寡君为兄弟者，必见寡小君。寡小君愿见。”孔子辞谢，不得已而见之。夫人在𫄨（chī）帷（葛布做的帷帐）中。孔子入门，北面稽首。夫人自帷中再拜，环佩玉声璆（qiú）然。孔子曰：“吾乡为弗见（原来不愿见她），见之礼答焉。”子路不说。孔子矢之曰：“予所不（否）者，天厌之！天厌之！”

南子生性淫乱，她与宋国公子朝私通，以致卫国风言风语，太子蒯聩试图刺杀南子，没想到他的家臣戏阳速在刺杀南子时却被南子的美貌所惊艳，使事情败露，蒯聩被迫逃亡宋国，为之后卫国的动荡埋下了祸根。这样的南子，夫子居然要拜见她，南子还礼时，身上佩饰还发出清脆的响声，这在子路看来有些不可理喻，生性耿直的子路于是“仗义执言”，直接向夫子发难。夫子一向克己复礼，非礼勿动，但此时也有口难辩，于是只能对天发誓，连说两声“天厌之”。

朱熹为圣人讳，他解释说夫子是圣人“道大德全”，修为高，道行深，定力足，于是即便见恶人也不会受到侵扰，见美女也动不了“凡心”，而子路达不到圣人的境界，自然会以小人之心度君子之腹了。这绝对是将夫子神化后的曲解。此外，作为道德家的他，为了让夫子见南子得到合理化的解释，还进一步提出“盖古者仕于其国，有见其小君之礼”——就是说见君主的夫人是古礼，这更是无稽之谈（清代学者毛奇龄在《四书改错》中就说“遍考诸礼文，无见小君之礼”）。

夫子不是道德家，正如李泽厚先生所说，他是“生动活泼的活人，有脾气，有缺点”。见南子，不过是因为南子是卫国权力的实际拥有者，夫子出于自己政治抱负的考量；发毒誓，也不过是情急之下的表白，这与他是不是相信神灵没有任何关系。

6.16 子曰：“中庸之①为德也，其至矣乎！民鲜②久矣。”

解词

①之：助词，用于主谓之间，取消句子独立性，无实义。

②鲜：少。

释句

孔子说：“中庸作为道德，这是至极的了！人们缺少它很久了。”

通讲

中庸是中华文化几千年来的精神和行动主轴，然而，在《论语》中，提到中庸仅此一次。提及不多，但力度很大——所谓“其至矣乎”！

“庸”就是“庸常”，何晏《论语集解》：“庸，常也。”“庸”又指“使用”，《说文解字》：“庸，用也。”如此看来，中庸之德就是日用之德，简单点说，老百姓本应该做的就是中庸，正所谓“道在伦常日用中”。

“中庸之为德”原本就是个常理，就如同穿衣吃饭一样简单，万古不变，而今却成了“奢侈品”——“民鲜久矣”：最简单、最稀松的事情，现如今反而做不到，由此看出，当时的风俗已经败坏到了何等程度！

如此看来，如果将“至”翻译为“至高”是片面的，它“至高”“至大”“至广”，因此，应该翻译为“至极”。正如钱穆先生所言：“其所以为至者，言其至广至大，至平至易，至可宝贵，而非至高难能。”（钱穆先生这里说的“至高”有“至难”的意思）夫子的中庸，至极而非至难！

“庸”是“常”，是“用”，“中庸”简单讲就是“庸中”，即“常中”“用中”。凡事不偏不倚，执两用中，中和守正，对于这一点，夫子的孙子子思在《中庸》中一语道破：“喜怒哀乐之未发，谓之中；发而皆中节，谓之和。中也者，天下之大本也；和也者，天下之达道也。致中和，天地位焉，万物育焉。”

之后几千年，中庸一直被中国人奉为圭臬。我们做人做事，都要求自己守正不偏，无过无不及。《礼记》说：“君子中庸，小人反中庸。”中庸，这是中国人的处世原则，同时也是中华文化延续千年而不绝的缘由。中庸让人做事不再极端，处世更加平和。然而，中庸绝不意味着“乡愿”与软弱，也不是权宜之计，而是出于一种和谐的考量和文化的本能。

然而，长期以来，中庸却或被误读为平庸、妥协、保守、不思进取，而饱受诟病；或被视为统治阶级维护专制统治的精神武器，而备受批判：实是诬罔不实之词。

只有懂得中庸的真谛，方知其大用。

6.17 子贡曰：“如有博施于民[①]而能济[②]众，何如？可谓仁乎？”子曰：“何事[③]于仁！必也圣乎！尧舜其犹[④]病诸[⑤]！夫仁者，己欲立而立人，己欲达[⑥]而达人。能近取譬[⑦]，可谓仁之方也已。”

解词

①博施于民：博施，普施，遍施。状语后置，按照现代汉语语序可以调整为“于民博施”，向百姓遍施好处。

②济：帮助，救济。

③事：从事。这里引申为“是”。

④犹：尚，还，仍。

⑤病诸：病，难，为难。诸，相当于“之乎”。意动用法，相当于“以之为病”，难以做到。

⑥达：得志，显贵。

⑦能近取譬：譬，比喻，比如。能就自身打比方，从近处做起。比喻能

推己及人，替别人着想。

释句

子贡说："如果能向百姓遍施好处，且能救助群众（使大家生活得更好），怎么样？可以说是仁吗？"孔子说："哪里仅仅是仁啊！一定是圣了！尧舜尚且难以做到！所谓仁，是自己要站起来，就帮助别人站起来；自己要得志，就帮助别人得志。能从近处做起，推己及人，可以说是践行仁的方法。"

通讲

后世将夫子奉为圣人，而夫子说"若圣与仁，则吾岂敢"，看来，在夫子心中，莫说是"圣"，自己连"仁"都算不上。这是不是夫子谦卑呢？要搞清这一点，还得从界定"圣"与"仁"的概念谈起。

依夫子看来，圣，是一个至高境界——以客观的功业救济天下的才能算得上是"圣"，如此说来，就连尧舜也做不到。而且，在夫子的世界观里，人的最高理想也绝不只是什么修身养性，而是要有所作为，要"立人达人"，甚至是普度众生——唯此，才能称得上是"圣"。在那个动荡的年代，天下滔滔，夫子凭借一己之力，颠沛流离，传播大道，固然可贵，然而最终却不能实现自己的夙愿，抱憾终身，因此，他认为自己远算不上是"圣"。

"仁"是"圣"的初级阶段，李泽厚先生认为，它是"一种心理情感和精神境界"，不含功业方面的"客观成就"。"立人达人"与"己所不欲，勿施于人"一起构成了"忠恕之道"的全部内容：前者是积极方面的教诲，劝导行为主体"要怎样"；后者是消极方面的劝勉，告诫行为主体"不要怎样"。二者互补，相得益彰。夫子以为"当今之世"唯有颜回算得上是"三月不违仁"，自己却算不得"仁"，不过，纵观他的言行，我们以为这绝对是他谦虚的推让。

2500年过去了，我们发现，当年的夫子似乎少了一些事功，却给后世留下了一笔宝贵的精神财富，最终，又摆渡了无数灵魂，救赎了万众苍生。若用这些事功衡量，夫子不是"圣"，谁又能称得上是"圣"呢！

述而篇第七

7.1　子曰："述①而不作②，信而好古，窃③比于我老彭④。"

解词

①述：传承，传述。

②作：创作，创造。

③窃：私，私下。

④老彭：人名，但究竟指谁，学术界说法不一。有人说是孔子的老朋友，有人说是老子和彭祖两个人，有人说是殷商时代的彭祖。

释句

孔子说："只传承而不创作，相信而且喜好古代文化，我私下把自己比作老彭（把我私下比作老彭）。"

通讲

前两篇多评论古今贤人，这一篇多记录夫子志行。

对"老彭"的解释很多，朱熹说这是一个商贤大夫，他是从《大戴礼》看到的。我觉得这本书成书晚于《论语》不说，而且东拼西凑，或也有讹误。且如果这样都可以，之后《庄子》里也有一个彭祖，为什么不是那一个呢？

其实这个并不重要，重要的是"述而不作，信而好古"的内涵。"述而不作，信而好古"就是传承而不创作，相信并且喜爱古代文化。把它放到当时的历史背景来看，它的价值是不可估量的，这就使得传统文化得到了很好的传承和保护："述而不作"是一种治学的态度，面对新的知识，只是阐述而不创作，以一个学生的姿态去认真聆听，接受理解，且不带入自己的情感，将其合盘传授给后人，承前启后，继往开来，才能

够更好地传承我们的传统文化。学者柳诒徵说，自孔子以前，数千年之文化，赖孔子而传；自孔子以后，数千年之文化，赖孔子而开。孔子就是这样的一个严谨传承中华文化的圣人。

然而，后人将这句话绝对化了，过分地强调“述而不作”。大家认为只有圣人说的话才是正确的，圣人都已经把话说完了，自己说什么话都是多余的，甚至是错误的，于是很少再发表自己的看法。而且有人发表了看法，在“四书”“五经”里边找不到依据，就被视作异端邪说。于是，一些想发表新观点的人，就得通过曲解圣人学说的方式，为自己的理论张本；而更多的读书人都选择了代圣人立言——将自己的头脑变成圣人思想的跑马场，八股文就是一个极端的例子，最终圣贤的书反倒禁锢了人的思想。遗风所及，今天尚且还有不少人动不动就说“老祖宗早就说过了”，“孔夫子都把话说尽了”，等等，对古人盲目跪拜。如此，“述而不作”反倒成了创新和个性的天敌。

夫子说：“殷因于夏礼，所损益，可知也；周因于殷礼，所损益，可知也，其或继周者，虽百世，可知也。”斟酌损益，不断完善，这难道不是“作”吗？实际上，我们仔细看看孔夫子的做法，他“删诗书，定礼乐，赞周易，修春秋”……对“六经”的整理行为，难道真的是什么都没“作”吗？尤其是他在周公礼制的基础上，提出了“仁”的思想，这难道不是“作”吗？夫子也并非一味地传承啊！换句话说，他并不只是在“述”，做一个“传声筒”甚或“扩音器”，他是既“述”且“作”，他没有对古代文化盲目迷信，相反，他往往是在求证且验证的基础上，整理咱们的传统文化。这样看来，“述而不作，信而好古”貌似和我们今天推崇的批判性学习有所出入，或者是格格不入，实际上，在夫子那里是辩证统一的：既批判接受，又正确传承。

我们回到历史的原点，回到夫子的时代，正确理解“述而不作，信而好古”真正的思想内涵，才能懂得其对当下的意义，从而去正确对待古代文化。

传承不泥古，创作不离宗，这才是夫子的本意，也将是我们的选择。

7.2 子曰："默而识之[①]，学而不厌[②]，诲人不倦，何有于我哉[③]？"

解词

①默而识（zhì）之：而，连词，表示方式或状态。识，记，记住。默默地记住那些知识、技能。

②学而不厌：而，连词，表示转折，相当于"却""但是"。厌，讨厌，厌恶。学习却不厌弃。

③何有于我哉：状语后置，按照现代汉语语序可以调整为"于我何有哉"，对于我而言做到哪些了呢。

释句

孔子说："默默地记住那些知识、技能，学习而不厌弃，教导别人不疲倦，对于我而言做到哪些了呢？"

通讲

这句话一说是夫子自谦，一说是夫子自道。夫子自谦，就是说除了这三点我别无所有；夫子自道，就是说这三点对我而言有什么难的呢？前者貌似符合夫子温良恭俭让的性格，后者貌似有些自大不自矜，有违夫子为人。事实上，自谦是对夫子的误解，自道却是对夫子的正解。

首先，"默而识之"是夫子主张的学习常态。夫子赞扬颜回的学习方法时说："吾与回言终日，不违，如愚。退而省其私，亦足以发，回也不愚。"（我和颜回整天谈话，他从没有不同意见，好像一个蠢人。等他退回去，省察自己的言行，又特别能发挥，颜回并不愚蠢。）显然，颜回就是那种默默学习的人，夫子之所以对他的这种学习方式大加称赞，很可能就是因为"惺惺相惜"——自己平时也是这样默默接受一些知识与技能的。当然，"默而识之"也不意味着只是默记，更包含着体悟思考，所谓"学而不思则罔"，前者是记性，后者是悟性，都是由"默"而得的。

其次，"学而不厌"是夫子的自信无疑。夫子对自己的好学一向是非常自信的，他说："十室之邑，必有忠信如丘者焉，不如丘之好学也。"

（即便是十户人家的地方，一定有像我这样忠诚守信的人，只是不如我好学罢了。）夫子的好学来源于他的求知欲，更来源于他对大道的执着。夫子是终身学习的倡导者，也是实践者，所谓“其为人也，发愤忘食，乐以忘忧，不知老之将至云尔”。

最后，“诲人不倦”是作为教育家的夫子坚定不移的职业坚守，同时也是作为思想家的夫子对大道永不言弃的秉持。《述而篇》中另有一章：“若圣与仁，则吾岂敢？抑为之不厌，诲人不倦，则可谓云尔已矣。”（如果说“圣”与“仁”，我怎么敢当？不过是努力做而不厌烦，教人而不厌倦，就是如此而已罢了。）这是夫子的自我鉴定——看得出，他对自己的“为之不厌，诲人不倦”自信十足。

这样说来，这三点不是夫子自谦，却是夫子自道，同时也是夫子自省。正如曾子“三省吾身”一般，夫子一定是用这三点来自我反思、自我要求的，从而让自己臻于完美，止于至善。

7.3 子之①燕居②，申申③如④也，夭夭⑤如也。

解词

①之：助词，用于主谓之间，取消句子独立性，无实义。
②燕居：退朝而居，闲居。
③申申：安享舒适的样子。
④如：形容词词尾，……的样子。
⑤夭夭：颜色和悦的样子。

释句

孔子闲居时，安心舒适，和颜悦色。

通讲

夫子是什么样子的，我们今天已经无从考证。《论语》中对于夫子外在形貌的描述不少，比较直接的勾勒有两处：“温而厉，威而不猛，恭而安”，为我们呈现出工作中的夫子形象；而“申申如也，夭夭如也”，又

为我们呈现出了生活中的夫子形象。

显然，这样的表达是模糊的，远不及后世《史记》的记录。《史记·孔子世家》中对他体貌特征的直接描述是“圩（xū）顶”。对此，大家解释不一，大体是“头顶凹陷”的意思。同时又说：“孔子长九尺有六寸，人皆谓之‘长人’而异之。”按照古今长度推算，夫子身高一米九左右，魁梧健壮，威严而慈祥。夫子身体强健，故而周游列国，连日奔波，却仍能神采奕奕，即便是陈蔡绝粮时，学生都病了，夫子依然能“讲诵弦歌不衰”。

对夫子形貌的记录，除了这些正面的描述，《史记》还有一次侧面的刻画。夫子周游列国，到了郑国，与弟子走失了，有个郑国人这样向子贡描摹夫子的样子：“其颡（sǎng，额头）似尧，其项类皋陶，其肩类子产，然自要（腰）以下不及禹三寸。”郑人的形容是模糊的，因为我们毕竟不知道尧、皋陶、子产以及大禹到底长什么样。

后世的其他书，对孔子形貌的描述反而越来越清晰了，但是也越来越离谱了。先是《孔子家语》中说他“其长九尺有六寸，河目隆颡”，到了明代学者张岱，便提出了“四十九表”的说法：“反首，洼面，月角，日准，河目，海口，牛唇，昌颜，均赜，辅喉，骈齿……身长九尺六寸，腰六十围。”显然，随着夫子被推向神坛，夫子的相貌也越来越“不像人”了——他彻底被“神化”了。最终，他成为统治者的工具，穿上帝王冠服，变成了令人生畏的“神”。

后世不少人都曾为夫子画像（或造像），最早的是西汉的画像石，距离夫子的年代也远了，已不可信。画像则不乏名家之作。南朝的梁元帝就曾画过《孔子七十二门徒像》，同时代的大画家陆探微、戴逵，以及东晋著名画家顾恺之也画过，可惜大都没有传下来。之后，南唐董源、北宋李公麟、南宋马远、元代赵孟頫也都画过孔子像，马远的一幅孔子像现藏于故宫博物院。

今天我们看到的《孔子行教图》，据说是唐代第一画家圣手吴道子画的，这是以“温而厉，威而不猛，恭而安”为依据，所画的是夫子行教时的“工作像”。画像中的夫子，宽衣博带，温文尔雅，备受推崇（不过也有专家认为画中人物服饰有宋代的风格）。

而另一幅影响很大的是明人所画的《孔子燕居图》（画像左上方款署“大德二年四月望日吴兴私淑弟子赵孟頫谨画”，但经鉴定，也有专家认为此系明人手笔，并非出自赵孟頫之手），这幅图便是以“子之燕居，申申如也，夭夭如也”为依据，所画的是夫子日常“生活像”。画像中的夫子，身穿宽领黑色便装，双手合抱拱手袖内，袖口处露手背及拇指，头挽青布包发髻，脑后露黑布飘带。正面稍向左视，大耳、宽鼻、浓眉，大口横宽，露上下长排牙齿，两腮有须，唇上双绺八字胡，下垂长髯，上额有横折皱纹数条。亲切可人，宛然眼前。

事实上，不论是吴道子的行教像，还是明人的燕居像，较之孔庙中威严的夫子像，都更“真实”，也更亲切。

夫子的一生，从他三十七岁自齐返鲁，到五十岁仕鲁前，这十多年间，他曾有过一段贫居或闲居的时期。“饭疏食，饮水，曲肱而枕之，乐亦在其中矣”，这个时期的夫子，虽然闲居在家，生活贫困，却安贫乐道。

清刘宝楠《论语正义》中说：“‘申申如’者，所谓望之俨然；‘夭夭如’者，所谓即之也温。”与此相近，《论语集注》以为“申申如”和“夭夭如”合在一起表现的是夫子即便在闲居时也会呈现出“中和之气”，以此来告诫世人闲暇时不可放纵、懒散。而我认为这是另一种形式的“道德绑架”，闲居时的夫子，宽舒大方，和颜悦色，这才是正解。

从某种意义上说，要画出夫子“累累若丧家之狗”的狼狈容易，而要画出他“申申如”“夭夭如”的“孔颜之乐”恐怕会更难一些。

7.4 子曰：“志于道，据于德，依于仁，游①于艺。”

解词

①游：游乐。

释句

孔子说：“志向在‘道’，根据在‘德’，依靠在‘仁’，游乐在‘六艺’中。”

通讲

周朝有六艺之教，艺，简单地讲就是技艺，六艺即礼、乐、射、御、书、数。六艺是帮助君子修养品德的六种途径，旨在通过六种技艺的练习来达到提升修为的效果。夫子的志向在于取道，道是无形的，君子要悟道就要依据德，存仁心，用什么来达成仁道呢？那就是“游于艺”，通过练习六艺来完成仁德、人道。

例如夫子的“射”，他主张：“君子无所争。必也射乎！揖让而升，下而饮。其争也君子。”射箭比赛，相互作揖行礼然后登堂，射箭完毕后再喝酒。友谊第一，比赛第二。比赛的目的不在于争，而在于礼，这种竞争是君子的竞争，旨在培养彬彬有礼的君子之风。

他又说：“射不主皮，为力不同科，古之道也。”射箭是用来修德的：比的不是蛮力大小，而是修为高低；射箭指向的固然是技艺精良，更是仁礼精神。射中却不射透，旨在让人体会“适度”原则、中庸之道，“中庸之为德也，其至矣乎！民鲜久矣”。做事要注意分寸，事情一旦超过应有的范围和限度，往往就会发生质变。

“射”中有礼，“射”中有德，“射”中有道。于是，我们从“射”中看到了以和为贵，学到了执两用中。

不能“游于艺”的人生是枯燥乏味的，夫子将道德与生活融为一体，通过娴熟的技艺来获得道德，寓教于乐，这是何等境界啊！

7.5 子曰：“自行束脩①以上，吾未尝无诲焉。”

解词

①束脩（xiū）：脩，又叫“脯”，每条脯叫一脡，十脡为一束。束脩就是十条干肉，是古代一种菲薄的见面礼。后世将之引申为“学费”。

释句

孔子说：“凡是带着见面薄礼来向我请教的，我从来没有不教诲的。”

通讲

可能有点出乎今人的意料，夫子是大圣人，他的教学理应是为了传

承古代文化而非获取经济利益，为什么还要让人家带着学费他才予以教诲呢？

当然，对于这一章还有一种说法，郑玄说束脩“谓年十五以上也”，就是说十五岁以上的人叫束脩。甚至还有人将其解释为“束带修饰”，事实上，这个“脩”也并非那个“修”，不过是这两个字常常通假罢了。

夫子就有“吾十有五而志于学”的说法，当时也确有“十五入小学”的规定。然而，若真是那样，不就意味着夫子只从事“高等教育”，不涉及“基础教育”了？而我以为后世之所以有此解释，更多的还是想为夫子避讳什么吧。可能大家觉得，圣人要是收了学费，就没有不收学费那么伟大。

对此，《朱子语类》解释得好：“古人空手硬不相见。束脩是至不直（同‘值’）钱底，羔雁是较直钱底。真宗时，讲筵说至此，云：‘圣人教人也要钱。’”古人讲究礼尚往来，今天我们第一次见面大多也还保留着不空手的习惯，束脩不值钱，羔雁才值钱，不在于钱的多少，只是一份心意罢了。

用我们今天的观点来讲，也可以把“束脩”理解为每一分劳动都应该受到尊重，或者说这是对知识、文化的尊重。我理解，在夫子那里，就是想通过这点菲薄的礼品，给弟子搞一个“开学第一课”，开教育之始：首先，你以礼相待，我则以礼相教——通过这种方式，给对方以“礼”的启蒙；其次，拜师送上挚礼，无可非议，但礼轻礼重，关乎中道——通过这种方式，开启弟子关乎中道原则的思考。

不要动不动就将夫子定义为什么贵族代言人，从实际情况来看，十条干肉也的确算不得什么，即便穷苦人家，也能够承受，否则，还谈什么“有教无类”？颜回、子路、冉有、仲弓、原宪、卜商、伯牛等一大批寒门子弟，也就无缘接受这等优秀的教育资源了。

7.6 子曰：“不愤①不启，不悱②不发。举一隅③不以三隅反，则不复也。”

解词

①愤：本意为“郁结于心、憋闷”，这里是指在思考问题的时候，想要明

白却想不明白。

②悱（fěi）：想说而说不出。

③隅：方角。这里可以理解为“一方面”或“一个方向”。

释句

孔子说：“不到学生想要明白却想不通的时候，就不去开导他；不到学生想要说却说不出的时候，就不去启发他。教给他一个方面的知识，却不能由此类推出其他三个方面（或者多方面）的知识，就不再教诲他了。”

通讲

这一章对中国而言，小到教育，大到文化，都产生了非常深远的影响。

从教育的一个层面来讲，是夫子最早倡导了启发式教育。朱熹注解说：“愤者，心求通而未得之意；悱者，口欲言而未能之貌。”不到学生想了想不通、要说又说不出的时候，教师就不去点拨、教授。到了《礼记·学记》，又在此基础上提出了“道而弗牵，强而弗抑，开而弗达”，进一步完善了这一理论。夫子尊重学生，关注学生的内驱力，反对填鸭式机械的教学方法；同时又强调举一反三、触类旁通。这是完全符合学生认知规律的，特别有助于培养学生的主动性与创造性。

之后，欧洲也曾有过类似的启发教育——苏格拉底的问答法，也叫“苏格拉底法”或“产婆术”。中西方都在轴心时代产生了启发教育，东西方的先哲都反对灌输教育，不同的是，孔子不会像苏格拉底那样穷追不舍地问，而是留给学生更大的空间，让学生自己去思考。直到今天，这一章依然昭示着我们的教师：不要急着“兜售”自己的内容；不要总是搞“满堂灌”“一言堂”，一味地灌输；不要越俎代庖，代替学生举一反三；更多的是要启发学生，自己思考。教育就是唤醒，就是持续地点燃。

大而化之，这一章对于教育之外的文化领域也产生了极为深远的影响。不论是诗词的评点，还是教育方式都强调不求说破，点到为止，一直到禅宗里边讲的棒喝顿悟，不得不说也是受此影响。对于这个问题，

李泽厚先生讲得很到位："因逻辑论证亦不外演绎、归纳两种，真正之科学创造并非来自此种方法，而来于似乎无迹可求的'自由想象''自由直观'。"如此看来，今天的我们，盲目地崇拜西方，讲逻辑，讲演绎，讲归纳，讲科学，而完全摒除传统顿悟，似乎也太过绝对了。传承中华文化，少不了向其他文化学习，但也不能迷失了自己，美美与共才是正道。

7.7 子曰："富而①可求也，虽②执鞭之士③，吾亦为之。如不可求，从吾所好。"

解词

①而：表假设，如果。

②虽：即使。

③执鞭之士：一说开路者，古代天子和诸侯出入的时候，有人专门手执皮鞭为他们开路；一说市场守门人，手执皮鞭维持市场秩序。然而不论哪一种，都是下等差役。

释句

孔子说："如果富贵可以求得的话，即使是让我做一个从事下等差事的人，我也愿意去做。如果不能合理地求得，那么我还是从事我自己喜欢做的事吧。"

通讲

很长一段时间，我们对于夫子的财富观、金钱观存在误区，这在很大程度上是程朱理学造成的。这一章却可以引导我们回到儒家的"原点"，体会夫子的财富观、金钱观。

《论语》中有这样两章内容，一章是夫子说自己，一章是夫子说颜回。夫子说自己："饭疏食，饮水，曲肱而枕之，乐亦在其中矣。"夫子说颜回："一箪食，一瓢饮，在陋巷，人不堪其忧，回也不改其乐。贤哉，回也！"程朱理学家将这两章放在一块儿，称之为"孔颜乐处"，过分强调儒士就应该安贫乐道，似乎君子便"固穷"，为富者必定不仁，追求金钱就为人所不齿。事实上，将此定义为夫子的金钱观，太过粗浅了。《先进篇》中有这样一章：“回也其庶乎，屡空。赐不受命，而货殖焉，亿则屡中。”颜回是夫子非常得意的学生，是“三月不违仁”的道德模范，后世公认的“复圣”，也就是夫子之后的又一个圣人，然而夫子此处的评价显然是对他没有经济头脑的不满意，与端木赐形成鲜明的对比。事实上，“孔颜乐处”，夫子称赞颜回，不是称赞他贫穷，而是称赞他“久处约”却“安仁”，不改变心中的道，“无终食之间违仁，造次必于是，颠沛必于是”，“志于道”而不“恶衣恶食”。

事实上，有德者也有财，岂不更好？《史记·孔子世家》里有个故事，夫子对颜回说：“有是哉颜氏之子！使尔多财，吾为尔宰。”如果你有更多钱的话，我给你做家宰。用今天的话来讲就是，如果你有钱，我就给你颜回打工。说夫子看重金钱，似乎就矮化了夫子，其实不必这么想。我们经常引用夫子说的一句话——“富贵于我如浮云”，殊不知这是断章取义，他的原句是“不义而富且贵，于我如浮云”，他是强调不义的富贵与官位都是浮云，而非天生就与富贵、官位为敌。所谓“富与贵，是人之所欲也；不以其道得之，不处也。贫与贱，是人之所恶也；不以其道得之，不去也”，夫子说得多清楚：当官发财是人人所盼望的，但是用不正当的手段得到它，君子是不会接受的；贫穷和卑贱也是人人所厌恶的，但是用不正当的手段抛弃它，君子是不会去做的。孔子何曾反对追求财富？好富恶贫是我们共同的思想倾向，然而，追求财富必须有其合理性，夫子的伟大就在于有底线，有坚守，坚守“道”，坚守“礼”，坚守“义”，坚守“仁”……所谓“君子爱财，取之有道”，《大学》说：“不以利为利，以义为利也”，道义第一，这才是夫子的金钱观。所以夫子一次又一次强调“义以为上”“义之与比”。

然而，现实生活中，我们往往在取得“利”的时候就失去了“义”，“义”是什么？“义”就是“宜”。取利，一旦不适宜，丧失理智，就会利欲熏心。有一个成语叫“利令智昏”，邯郸的平原君为了弹丸之地的上党，引火烧身，致使赵国四十万大军被坑杀，遭受灭顶之灾，赵国181年的基业毁于一旦。

中国有很多财神，其中有一个武财神是关羽，古代的商人们都崇拜

关羽。也许你想不通，关羽和财富有什么关系？我觉得，把他作为商人的神，很重要的一点是商人容易重利而忽视义，而关羽身上体现出的最优秀的品质就是义，义字当先，义薄云天。

此外，在夫子那里又“罕言利”，因为他认为发财有很大的偶然性，正所谓“死生有命，富贵在天”。于是夫子说，如果说发不了财的话，那么我“从吾所好”得了，可见夫子更强调做自己喜欢做的事。当然，我们如果能够有一份工作，既是“吾所好”，又能够挣到钱，是不是更好呢？

7.8 子之所慎[①]：齐[②]，战，疾。

解词

①子之所慎：之，助词，用于主谓之间，取消句子独立性，无实义。孔子所慎重对待的。

②齐（zhāi）：同“斋”，整洁身心，以示虔诚。

释句

孔子所慎重对待的：“斋戒，战争，疾病。”

通讲

《易经》乾卦九三爻辞中说：“君子终日乾乾，夕惕若厉，无咎。”君子不仅要自强不息，还要时时心存警惕，好像有危险的样子，唯有如此，才能免除灾祸。夫子在三件事上保持警惕：斋戒、战争和疾病。斋戒主要涉及祭祀问题，如此看来，这三件事有两个共同点：一者都关乎国家兴亡、民族命运；二者都关乎“天命”，在一定程度上不受人的把控。

祭祀关系天地、鬼神、祖宗。儒家以为，祭祀前洁净身心，摒除杂念，唯有如此，才能表达敬意，才有与神明沟通的可能。夫子这样说，也是这样做的，《乡党篇》中说“齐必变食，居必迁变”便是最好的证明。夫子说：“祭如在，祭神如神在。子曰：‘吾不与祭，如不祭。’”子不语怪、力、乱、神，然而，夫子对未知事物却向来是存有敬畏的，“若于斋不慎，则亦祭如不祭矣”（钱穆语）。

战争关系国运民瘼。夫子说：“善人教民七年，亦可以即戎矣。”（善人教导百姓七年，也可以用兵了。）“以不教民战，是谓弃之。”（不对百姓进行军事训练，这就是抛弃他们。）夫子认为为政者要对百姓进行军事方面的训练，要教会他们应付战争。因此，不要以为夫子只会以德报怨，慈悲为怀，相反，夫子是以直报怨，必要时也会动用武力。然而，动用武力却不是滥用武力，更不是穷兵黩武；子之所慎，就是说慎用武力，敬畏战争，远离战争，但也不惧怕战争。

疾病关系百姓生死。疾病绝非儿戏，尤其是在当时的医疗技术下，人的生命显得更加脆弱。老百姓常说：“七十三、八十四，阎王不接自己去。”七十三岁和八十四岁，是个不吉利的“坎”，为什么？因为夫子活了七十三岁，孟子活了八十四岁。细想想，在那个生产力低下、战争频仍、动荡不安的时代，活到这个年龄的确不容易，更何况夫子五十五岁之后，还曾长期周游列国，过着颠沛流离的生活。夫子之所以长寿，一方面取决于他的身体基因，另一方面更取决于他对于疾病的这份慎重。关于这一点，我们完全可以从《乡党篇》介绍他衣食住行的细节中看得清清楚楚。

夕惕若厉，即便是在2500年后的今天，对于自然、战争与疾病，我们恐怕依然应该多一些敬畏。

7.9 子曰：“饭[①]疏[②]食，饮水，曲肱[③]而枕之，乐亦在其中矣。不义而富且贵[④]，于我如浮云。”

解词

①饭：吃。

②疏：粗糙，粗粝。

③肱：胳膊从肘到肩的部分。泛指手臂。

④不义而富且贵：而，连词，表示假设，相当于“如果”。如果财富与官位来得不正当。

释句

孔子说："吃粗粮，喝生水，弯曲胳膊做枕头，快乐就在其中了。如果财富与官位来得不正当，对我就如同浮云。"

通讲

理学家周敦颐有一个关于人格理想与道德境界的范式——"孔颜乐处"，这是一种安贫乐道、达观自信的处世态度与人生境界。周敦颐常常教导弟子要体悟"孔颜乐处"所乐何事，之后的读书人也大都将这个命题作为理学的必修课。

"孔颜乐处"讲述了夫子与颜回在贫困中坚守大道的故事。夫子的人生态度是"饭疏食，饮水，曲肱而枕之，乐亦在其中矣。不义而富且贵，于我如浮云"，同时又自我评价说"其为人也，发愤忘食，乐以忘忧，不知老之将至云尔"。夫子安于贫困，面对不义的富贵，毫不动摇。他肯定"贫而无谄，富而无骄"的淡定自尊，但更赞扬"贫而乐，富而好礼"的达观自足。颜回的做法是"一箪食，一瓢饮，在陋巷，人不堪其忧，回也不改其乐"，他继承了夫子的衣钵，同样着眼于对精神的追求，不在意物质的享受。

不过，我们常常因此误读"孔颜乐处"，将"君子固穷"作为贫穷者自我安慰的工具，抑或作为对富贵者横加指责的武器。理学家程颐有《颜子所好何学论》，他说："颜子所独好者，何学也？学以至圣人之道也。"孔颜的快乐并非贫困本身，试问：贫困何乐？孔颜之乐，乐在对贫困的超越，乐在精神的富足——即便是身处贫困之中，仍能享受到精神之乐。毕竟只有仁者才能无忧，才能做到"造次必于是，颠沛必于是"，若是小人，则"穷斯滥矣"！

换句话说，"孔颜乐处"不是告诉我们都要过穷日子，而是告诉我们要过得了穷日子，即便是在穷日子里也要保持自己的体面与尊严。"孔颜乐处"同时也告诉我们，"君子谋道不谋食"，"忧道不忧贫"，不要总是想着钱，"耕也，馁在其中矣；学也，禄在其中矣"，谋道之人大多不会穷，谋道人之穷又何妨？

后世理学家将"孔颜乐处"视为一种生命境界，以为其达到了超越

物质、俯仰合一的天地境界，这的确不错，然而，这似乎也有拔高之嫌，他们将个人之乐与天人之乐敌对起来，也是不当的。正如李泽厚先生所说：“‘孔颜乐处’固然指‘天人之乐’，即孟子所谓‘上下与天地同流’之乐，但并不贬低或排斥‘七情之正’的世俗之乐，如孟子所谓‘得天下英才而教育之’的‘乐’、‘独乐乐与众乐乐’之‘乐’，等等。”

7.10 叶公问孔子于子路①，子路不对。子曰：“女奚②不曰，其为人也，发愤忘食，乐以忘忧，不知老之将至云尔。”

解词

①叶公问孔子于子路：叶，古音 shè，今读 yè。状语后置，按照现代汉语语序可以调整为“叶公问于子路孔子”，叶公向子路打听孔子（是什么样的人）。

②奚：疑问代词，为何，怎么。

释句

叶公向子路打听孔子，子路没有回答。孔子说：“你为什么不说，他这个人，用功就忘记吃饭，经常快乐忘记忧愁，不知道衰老将要到了，如此罢了。”

通讲

这一章是夫子的自我评价，同时也是夫子的自我推介。夫子并非呆板的谦虚，在自己的“好学”问题上他就高度自信。这一章强调“好学”，“圣人之学，人人所能学”，钱穆先生以为这是进入圣人之门的一章，此言不差！

吃饭问题是头等大事，他人“平生为口忙”，而夫子学习起来，竟忘记了吃饭，核心就在一个“乐”字上。夫子达到了“仁”的境界，仁者不忧，因此能乐此不疲。

明代哲学家王艮说：“乐是乐此学，学是学此乐。不乐不是学，不学

不是乐。”不乐，不是学；不学，不知乐。乐后学，学后乐；乐里学，学里乐。这等境界，难怪“不知老之将至”！一个人若是痛苦，日子过得慢，所谓度日如年；若是等待，日子也过得慢，所谓遥遥无期。但一旦处于快乐之中，便会觉得时间飞快，垂垂老矣，浑然不觉。

当然，说自己“好学”也不意味着说自己就“学习好”，更非自夸自己是学习天才（所谓“我非生而知之者”），夫子只是在强调自己的状态，而非效果与天赋。

夫子“不患人之不己知”，但也并非如道家一般追求低调，一味隐藏自己，相反，他主张“求为可知”，他常常会不失时机地“表现”自己。“沽之哉！沽之哉！我待贾者也。”夫子始终是待价而沽的。叶是地名，当时属于楚国，叶公是当地的“县长”，他叫沈诸梁，字子高，《左传》就有关于他的记载，应该说他也算得上是楚国的一位贤人。夫子自然不会放过向他推介自己的机会，于是他责备子路的“不对”，给出了这样客观的自我鉴定。

7.11 子不语①怪、力、乱、神。

解词

①语：泛指说话、议论、辩论。

释句

孔子不说有关怪异、勇力、叛乱、鬼神的事。

通讲

朱熹注解《论语》是一字一句地斟酌，这样做固然会减少偏差与谬误，但也常常会变得呆板迂腐。比如他解释下一章的“三人行，必有我师焉。择其善者而从之，其不善者而改之”，朱熹就说一共有三个人，一者是自己，一者是善人，还有一者是恶人，“我从其善而改其恶焉”，而这两个人无论善恶都是“我”的老师。这样的一一对应，看似严谨，其实教条，让人忍俊不禁。同样，对于这一章的内容，他也是一字一字解

释的："圣人语常而不语怪，语德而不语力，语治而不语乱，语人而不语神。"换句话说，"子不语怪、力、乱、神"就是"子语常、德、治、人"。相对而言，这个解读虽板滞，却也让夫子的态度明晰了许多。

在那个看重武力的世界里，夫子不语"力"与"乱"，已经相当了得了——足以看出他的仁德；而在那个生产力低下且很多自然现象尚且得不到有效解答的时代，夫子却能不语"神"与"怪"，那就更了不起了——这又足见他的理性与前瞻性。夫子之后1000年的南北朝，佛教盛行，上到帝王将相，下到贩夫走卒，对"鬼神"病态追捧，祸国殃民；中世纪的欧洲，更是出现了神学长期统治的荒谬现象，严重阻碍社会发展。

鲁迅先生说中国是"以修身齐家治国平天下等实用为教，不欲言鬼神"。的确，儒家谈修齐治平，不谈怪力乱神，"不以宗教为中心的中国文化端赖孔子而开之"（梁漱溟语）。

不过话也说回来了，子不语"怪""神"，不等于说夫子就不相信"怪""神"，只不过对于自己不知道的东西，夫子向来是存而不论的，这是一种实用理性。于是就有了"未能事人，焉能事鬼"，"务民之义，敬鬼神而远之，可谓知矣"等看似与"子不语怪、力、乱、神"矛盾的说法。

从这个角度看，"不语"是一种理性，也是一种敬畏。

7.12 子曰："三人[①]行，必有我师焉。择其善者而从之，其不善者，而改之。"

解词

①三人：言其众，非确指。

释句

孔子说："几个人一起走路，必定有值得我学习的老师。选取那些优点而学习，看出那些缺点而改正。"

通讲

朱熹说“三人”是三个人，一个善人，一个恶人，一个自己，这样的解释是僵化的，“三人”不过是多人罢了。至于为什么是多人而不是一人，大概是因为两人以上才有对比，有了对比，优劣自见；再至于为什么是“三人行”而非“三人居”，我取钱穆先生的说法，“居或日常相处，行则道途偶值”，也就是说即便转瞬的接触，都能从眼前人中有所学习。

“道不远人”，夫子也善于学习，“见贤思齐焉，见不贤而内自省也”，对方“贤”与“不贤”都是自己的老师，何况，一个人很少一无是处，总会有值得我们学习的地方。卫国的公孙朝曾问子贡：“仲尼的学问是从哪里学来的？”子贡说：“夫子焉不学？而亦何常师之有？”夫子在哪里都能学习，根本没有固定的老师——子贡太了解夫子了，所谓“圣人无常师。孔子师郯子、苌弘、师襄、老聃。郯子之徒，其贤不及孔子”就是这个道理。夫子年轻时向郯国国君学习古代典章制度，去洛邑向周大夫苌弘学习古代歌舞和音乐理论，拜访鲁国（一说卫国）宫廷乐官师襄学习弹琴，又向老聃问礼。夫子甚至还向七岁的孩童求教，《史记》中记载说：“大项橐生七岁为孔子师。”

道无处不在，只要学就有道。也正是夫子的“无常师”，虚怀若谷，不耻下问，广泛学习，才有了他万世师表的功业。

7.13 子曰：“天生德于予，桓魋其如予何①？”

解词

①如予何：能把我怎么样？

释句

孔子说：“上天给予了我品德，桓魋能把我怎么样呢？”

通讲

《史记》记载了与这一章相关的故事：“孔子去曹适宋，与弟子习礼大树下。宋司马桓魋欲杀孔子，拔其树，孔子去。弟子曰：‘可以速矣。’

孔子曰：‘天生德于予，桓魋其如予何！’”对此，《孟子》中也有记载：“孔子不悦于鲁卫，遭宋桓司马将要而杀之，微服而过宋。”

宋景公二十五年，夫子途经宋国，与弟子在大树下习礼，宋国司马桓魋威胁夫子。没有想到，夫子竟全然不怕，他选择了“去”，而非“走”，更非“亡”，显得从容而淡定。然而，弟子都怕了，不断催促“可以速矣”，却得到了夫子这样的答复：“上天给予了我品德，桓魋能把我怎么样呢?”

试问，夫子如此强大的自信从何而来?恐怕是源自夫子的“三达德”：

一是不忧之仁。夫子思想的核心在于“仁”，他通过对“礼”的学习来丰富“仁”的内涵，再通过对“仁”的坚守来完善“礼”的规范，而“礼”与“仁”又成为夫子自信之源。“仁与礼在我这里，谁能把我怎么样呢!”——这样的表述无异于孟子的“当今之世，舍我其谁也”。曾记否，当年，夫子被匡人围困，就有过同样的豪迈：“文王既没，文不在兹乎?天之将丧斯文也，后死者不得与于斯文也；天之未丧斯文也，匡人其如予何?”

二是不惑之智。弟子怕丢掉性命，又出于对夫子的保护，催促夫子，这无可厚非，然而，他们缺少夫子的智慧。桓魋伐树而非杀人，就足见对方并非是要夫子的性命。这一点，唯有夫子心里明白：桓魋不过是忌惮自己的宋国血统，生怕自己到了宋国被景公重用而威胁到桓魋的地位，于是就用伐树的方式恫吓自己，以迫使自己离开。在夫子眼中，桓魋就如同庄子笔下的那只鸱鸟一样，手里按着一只腐鼠，生怕夫子抢了去，这显然是以小人之心度君子之腹。夫子所在乎的是周礼，而非什么官职。凭着自己在“国际上的地位”，夫子料想对方也不敢把自己怎样，不过是吓唬一下罢了，于是才显得如此坦然自若。

三是不惧之勇。“仁”与“智”是夫子的内在支柱，“勇”则不同，既是内在的也是外在的。有了“勇”，夫子故能做到泰山崩于前而面不改色，镇定自若，无所惧怕。然而，夫子的“勇”又绝不是暴虎冯河的莽撞，知难而上的草率，如今，他也没有毫无忌惮地招摇过市，而是选择了“微服而过宋”：如此，既避免节外生枝，又彰显低调品格，便是另一

种形式的“勇”。

总之，仁、智、勇——让夫子具有了十足的文化自信，而这种发自骨子里的自信又让夫子临危而不惧，处变而弗惊。

7.14 子曰：“二三子[①]以我为隐乎？吾无隐乎尔[②]。吾无行而不与[③]二三子者，是丘也。”

解词

①二三子：二三，约数。你们这些学生。

②吾无隐乎尔：乎，介词，相当于“于”。状语后置，按照现代汉语语序可以调整为“吾乎（于）尔无隐”，我对你们无所隐瞒。

③与：给予。这里是“示”“教”的意思。

释句

孔子说：“你们这些学生认为我有所隐瞒吗？我对你们无所隐瞒。我没有什么不对你们公开的，这就是孔丘的为人。”

通讲

朱熹推断，“诸弟子以夫子之道高深不可几及，故疑其有隐”。这是有道理的，但也不全面，因为朱熹忽视了一个问题，那就是夫子的因材施教，还有夫子的“愤悱”之法。

君子坦荡荡，夫子是无私的，也是真诚的，他“学而不厌，诲人不倦”，他希望有更多的人能继承周公大道，“为天地立心，为生民立命，为往圣继绝学，为万世开太平”（“横渠四句”，张载语），因此，绝不会因嫌麻烦而不愿授之于人。从这个意义上说，他会知无不言，言无不尽，对于自己的子弟，他理应倾其所有，和盘托出，无所保留。

关于夫子对待弟子的全部付出，无所隐瞒，从“不闻过庭语”的故事中便可以看出，夫子的确做到了言行一致：

陈亢问于伯鱼曰：“子亦有异闻乎？”

对曰："未也，尝独立，鲤趋而过庭。曰：'学诗乎？'对曰：'未也。''不学诗，无以言。'鲤退而学诗。他日，又独立，鲤趋而过庭。曰：'学礼乎？'对曰：'未也。''不学礼，无以立。'鲤退而学礼。闻斯二者。"

陈亢退而喜曰："问一得三，闻诗，闻礼，又闻君子之远其子也。"

（《论语·季氏》）

夫子教儿子学《诗经》，所谓"不学《诗》你怎么会说话"；教儿子学礼制，所谓"不学礼制怎么在社会上立足"，最终陈亢得出结论：夫子对儿子没有特殊教育，也不会"开小灶"，搞什么"加餐"，夫子对儿子与对学生的教育是完全一致的。

如此，大家还会误解夫子，为什么呢？一方面，从弟子角度来看，正如朱熹所说，或许弟子自己达不到，就会抱怨夫子没有倾囊相授。另一方面，从夫子角度来看，首先，"子不语怪、力、乱、神"，"子罕言利，与命，与仁"，对于自己不清楚的，夫子是向来存而不论的；其次，还要知道夫子的教育方法也不是倾囊相授——夫子向来都是因材施教，所谓"中人以上，可以语上也；中人以下，不可以语上也"，他是根据学情来制定教学内容与教学方法的，量身定做，不搞统一的教学，不是对谁都念一本"经"，因此，不同的弟子会听到不同的"经"，如此，就自然会觉得夫子对自己有所保留。此外，夫子的教育方式是启发教育，所谓"不愤不启，不悱不发"，他也绝不会无视教育对象搞"满堂灌"，对于天资差的学生，或是还没有思考的学生，夫子可能就不会全讲，这也是弟子误以为夫子存有私心的原因吧。

这样看来，夫子被弟子误解就不足为奇了。然而，朱熹有一点却又说对了——"圣人作、止、语、默，无非教也"，夫子的"教"无处不在，岂能只听他说？夫子的言传身教，都是在垂教弟子，只不过是"常以示人，而人自不察"罢了。

7.15 子钓而不纲①，弋②不射宿。

解词

①纲：网上的大绳。这里是动词，用网绳捕鱼。

②弋（yì）：带有丝绳的箭。这里用作动词，用带有丝绳的箭射鸟。

释句

孔子钓鱼，但不用网绳，用带有丝绳的箭射鸟，却不射宿巢中的鸟。

通讲

钓鱼却不用网绳，用带有丝绳的箭射鸟却不射宿巢中的鸟——夫子为什么这么做？对此，历来存有争议。

一说这是出于夫子的仁道。夫子本来不想获取鱼和鸟，为了得到祭品才不得不做，于是他获取鱼却不求一网打尽，获取鸟也绝不打宿于巢中的鸟（大概是担心会伤及孵卵育雏的雌鸟）。这样的说法在《史记》的记载中得到了印证，《史记·孔子世家》中，夫子曾说："刳胎杀夭则麒麟不至郊，竭泽涸渔则蛟龙不合阴阳，覆巢毁卵则凤皇不翔。何则？讳伤其类也。"至于"为了得到祭品"才不得不捕杀的说法，大概又是从"爱礼存羊"中推断而来的（《八佾篇》中记载，夫子爱惜古礼，不忍使它废弛，因而保留古礼所需要的祭羊）。

一说这是出于夫子的生态观。大家从夫子的"讳伤其类"引申出了夫子"可持续发展"的生态意识。依照钱穆先生的说法，钓鱼是一竿一钩，纲则是大绳多钩，显然，用纲捕鱼就会细大不捐，伤及幼小，同样，射杀宿巢中的鸟也会"一窝端"，这些都是赶尽杀绝的做法。这种说法恐怕多是从孟子的"不违农时，谷不可胜食也；数罟不入洿池，鱼鳖不可胜食也"倒推过来的。孟子的思想的确多是从夫子这里得来的，但至于是不是早在孟子之前夫子就有过这样先进的生态思想，我们不得而知。

一说这是出于夫子的"游于艺"而非"依于仁"。这是钱穆先生的看法，钱先生以为，如果真的"依于仁"，"一鱼之与多鱼，飞鸟之与宿鸟"，有什么不同呢？都是杀生，本质一样，不过是多与寡的问题，岂不

是“五十步笑百步”？若是从“游于艺”的角度就不难理解了。《左传》中记载，鲁隐公爱看渔民捕鱼，大夫臧僖伯说：“若夫山林川泽之实，器用之资，皂隶之事，官司之守，非君所及也。”捕鱼是仆役做的事情，鲁隐公看捕鱼都是不合礼制的。夫子是殷商王室后裔，宋国贵族，自己也曾为官，自然不会捕鱼，至多是选择钓鱼吧。这正如姜太公钓鱼而非捕鱼一样：钓鱼显然是一种“艺”，旨在悦性怡情；捕鱼是一种“技”，旨在养家糊口。

最后我还要补上一句，夫子的捕杀究竟是迫于“养”，出于“祭”，还是源于“艺”，我们不得而知，然而有一点是可以肯定的，夫子的做法一定是合乎“礼”的。

7.16 子曰：“仁远乎哉？我欲仁，斯[①]仁至矣。”

解词

①斯：指示代词，此。这里解释为“它”。

释句

孔子说：“仁很遥远吗？我想要仁，它就会来的。”

通讲

仁是全德，它涵盖了孝、悌、忠、信、礼、义、廉、耻等一切美德。如此说来，达到仁的境界真是不易。事实上，在夫子的视野里，能达到仁的境界的人也的确不是很多，从《论语》中看，不过微子、箕子、比干、伯夷、叔齐、管子六人而已。

既然如此，怎么可能“我欲仁，斯仁至矣”呢？岂不是矛盾吗？事实上，夫子这里说的是“行仁”而非“至仁”。行仁是一个渐进的过程，至仁是最终的结果。行仁是做仁事，至仁是成仁人。

达到仁的境界、成为仁人不容易，但做仁事还是不难的。“苟志于仁也，无恶也。”“志于仁”就不会为恶，而做仁事的主动权完全在自己，不在他人，所谓求仁得仁，只要做就能做，何难之有呢？

既然如此，为什么我们还不愿意去行仁呢？答案很简单，无非是被私欲所驱使罢了。仁者爱人，“己所不欲，勿施于人”难，“己欲立而立人，己欲达而达人”更难。行仁就必须要克己复礼，要先人后己，这需要我们冷却私欲，抛开“小我”，成就他人。如此说来，做起来的确需要一定的修为，更需要一定的定力，也着实不易。

夫子说：“有能一日用其力于仁矣乎？我未见力不足者。盖有之矣，我未之见也。”夫子一方面给我们提供了一个遥远的目标，同时又害怕我们望而止步，于是提出“仁远乎哉？我欲仁，斯仁至矣”，旨在鼓励我们朝着仁的境界不断迈进。

用心良苦，需要我们细细思量。

7.17 子曰：“若圣与仁，则吾岂敢？抑[①]为之不厌，诲人不倦，则可谓云尔[②]已矣。”公西华曰：“正唯弟子不能学也。”

解词

①抑：连词，表示转折，相当于“不过”。

②云尔：语气助词，多用于引语或引述传说之后，相当于“如此而已”。

释句

孔子说：“如果说‘圣’与‘仁’，我怎么敢当？不过是努力做而不厌烦，教导人而不厌倦，就是如此罢了。”公西华说：“这正是我们学生做不到的啊。”

通讲

夫子极力地说自己不是圣人，他说自己只不过是做到了“为之不厌，诲人不倦”罢了。这不是夫子的谦虚，这是夫子的由衷之言。

《说苑》有云：“学问不倦，所以治己也；教诲不厌，所以治人也。”于人于己，夫子都做到了尽心竭力。但夫子以为，尽心竭力是“仁行”，未必就是达到了“仁心”。毕竟“仁”是很高的境界，“圣”就更在

“仁”之上了。

不过对于同样的事物，角度不同，认识也便不同。《孟子·公孙丑上》中记载了子贡当年对于这件事的看法，子贡说：“学不厌，智也；教不倦，仁也。仁且智，夫子既圣也。”显然，子贡是在又一次不遗余力地推举自己的老师。然而，子贡这样做也“害”了夫子，让夫子在后世受到了更多的诟病与责难。

事实上，即便不把夫子视为圣人，就他能做到“为之不厌，诲人不倦”，始终如一，也的确是“弟子不能学”的，已经是相当不易了。

最了解夫子的还是夫子自己，夫子不是“先知”，更非“神通”。然而，强调“躬行”的夫子，一生能“学而不厌，诲人不倦”，孜孜以求，又的确是真正的“圣人”，当之无愧。

7.18　子曰：“奢则不孙[①]，俭则固[②]。与其不孙也，宁固。”

解词

①孙：同“逊”，谦虚，谦逊。

②固：一说固执，一说固陋。这里理解为“寒碜”。

释句

孔子说：“一个人过于奢侈了，就显得不谦逊；过于节俭了，就显得寒碜。与其显得骄傲，宁可显得寒碜。”

通讲

夫子说：“与其不孙也，宁固。”与其骄傲，宁可寒碜。从另外一层来理解，夫子是既不希望我们过分奢侈，也不希望我们过分简陋，既不希望我们过分骄傲，也不希望我们过分寒碜。如果非让我们从中作出选择的话，我们就选择寒碜而不选择骄傲。

那么，在物质方面和精神情感方面，我们究竟该怎样选择呢？那就是适中。

《孔子家语》有一个小故事，弟子子贡曾经就齐国历史上两个非常有名的人物——管仲、晏子，询问夫子的看法："管仲失于奢，晏子失于俭。与其俱失也，二者孰贤?"

管仲、晏子，两个人相距一百多年。管仲，在《论语》中多次被夫子提及，他是法家思想的先驱，是圣人之师，中华文明的保护者，被誉为"华夏第一相"，比夫子早了一百七十多年。夫子对他的评价很有意思，一方面说他是罕见的"仁人"——精神境界很高；一方面又对他颇有微词："管仲之器小哉!"说他"器小"的一个原因就在于其不懂得"礼"，不知道"俭"：他有多处府邸，设置超规制的"塞门"与"反坫"。何止于此？管仲要求在吃的鸡蛋上画上画，家里烧的木材也得雕成艺术品……对此，《左传》《韩非子》中都有相关记录。《史记》记载鲍叔牙和管仲做生意，本钱鲍叔牙出，赚了钱，管仲拿得多。从这则史料来看，可能是管仲从小家贫，穷怕了，因此对物质财富有一种特别的渴望，因而变得贪得无厌，索求无度（当然不是所有人都会这样）。与管仲的奢侈不同，晏子非常俭朴，他衣着朴素，居住简陋，就连祭祀都不舍得多花钱，所用的猪腿小得都被器皿遮挡得看不见了。

"二者孰贤?"对此，夫子没有厚此薄彼，他似乎都不以为然。他提出了"八字方针"："上不僭上，下不逼下。"换句话说，就是要适当、折中：太奢侈了就会僭越，就会使得国君（或上级）不适、难为、不安；同时，太俭朴了就会使得下属感到无法处置——你都那么俭朴，我该怎么办呢？必须明确一点，夫子这是针对士大夫、君子而言的，然而，对于今天的我们依然有着很强的启发意义。

那么，如何才能做到适中呢？我们不妨看看《泰伯篇》中夫子对大禹的评价：

> **子曰："禹，吾无间然矣。菲饮食而致孝乎鬼神，恶衣服而致美乎黻冕，卑宫室而尽力乎沟洫。禹，吾无间然矣。"**

可以说，在禹身上，奢侈和俭朴达到了完美中和。他吃得很差，但他的祭祀却很丰美；他穿得很差，但是他的祭服却很华美；他住得很差，但是他的水利工程却修得很壮美。“吾无间然矣”——堪称完美。夫子无话可说。然而，做到这一点是需要很高的素养的，我们要学会考量，学会适度，学会知足。

这一章告诫今天的我们，要学会过简约的生活，简约而不简单。对于物质生活不必太在意，过分奢华会让我们失掉本来的面貌，变得虚浮。人一旦沾染了虚荣的气息，就很难洗掉。而简单的生活，心会变得纯洁。衣服，体面就好；食物，可口就好；出行，简单就好。不必渴求华美，有些东西华而不实，只会浪费我们的心思。一个人外表华丽，并不能说明什么，内心的纯净，才是真正的财富。

7.19 子曰：“君子坦荡荡①，小人长戚戚②。”

解词

①荡荡：胸怀宽广。

②戚戚：忧惧的样子。

释句

孔子说：“君子胸怀宽广，小人常怀忧惧。”

通讲

君子有格局，有站位，不拘泥于自我，不汲汲于名利，自然就能做到海纳百川，有容乃大，胸怀坦荡。与之相反，一个人一旦计较太多，干什么都放不下，就容易患得患失，陷于忧惧之中。

日本明治时期有个坦山和尚，一次，他和一个小和尚在河边遇见一位美女正为过不了河而着急，此时，坦山二话不说，抱起那个美女就过了河。之后，坦山和小和尚继续赶路，走了十几里地以后，小和尚终于按捺不住了，开口问坦山：“出家人不是不近女色吗？刚才为什么你要那么做呢？”“你说的是那个女子吗？”坦山说，“我早就把她放下了，你怎么还在心里抱着不放呢？”他以此告诫小和尚：“欲得净土，当净其心；其心净，则佛土净。”

坦山心胸坦荡，没有杂念，天地可鉴，放下也便放下了，于是“荡荡”；小和尚虽然未近女色，但当坦山放下之后，他却又“抱了”十几里，这是心中不净，自然“戚戚”。

这一章是在讲为人与心理的关系。对于这一点，孟子在《孟子·尽心上》中说：“君子有三乐，而王天下不与存焉。父母俱存，兄弟无故，一乐也；仰不愧于天，俯不怍于人，二乐也；得天下英才而教育之，三乐也。君子有三乐，而王天下不与存焉。”所谓“仰不愧于天，俯不怍于人”便是“致良知”，正所谓心底无私天地宽，如此，心中自然坦荡，也便无所忧惧了。

7.20 子温而厉①，威②而不猛，恭而安。

解词

①厉：严肃，严厉。

②威：威力，威势。

释句

孔子温和而严厉，威严而不凶猛，恭敬而安详。

通讲

这是对夫子外表的描述，而外表又是夫子内心的折光。这是夫子的中和之气、中庸之道的外化，是其修养性情的反映。

“温而厉”侧重于讲述他给人的外在印象。正如子贡所言，夫子“温良恭俭让”，“温”是夫子性格最鲜明的特征。朱熹说“温，和厚也”，这是夫子性情的底色，也是夫子仁心的外在投射。而“温”又不意味着懦弱与没有原则——在夫子那里，“温”与“厉”相谐。子夏说：“君子有三变：望之俨然，即之也温，听其言也厉。”这一定是子夏结合夫子特点对君子的描述。从子夏的表述中，我们可以推断，“温而厉”一定是夫子给人的基本印象，是当时人们对夫子的一个共识。

“威而不猛”侧重于讲述他对待学术的态度。夫说“君子不重，则不威”，他强调庄重多是为了保证自己的威严，从而实现所学的稳固。夫子的“威”，是威严，绝非威猛。他努力让自己实现“威而不猛”，并且还指出了具体的达成路径：“君子正其衣冠，尊其瞻视，俨然人望而畏之，斯不亦威而不猛乎?”

“恭而安”侧重于讲述他的处世原则。对人恭敬有礼，平和自持，不谄媚，也不高傲，从深层来看，这体现出夫子不假于物、自在安然的操守品行。“恭而安”是夫子对人的态度，是他对弟子的态度，也是他对君主、对鬼神的态度；是他待人的态度，也是接物的态度。夫子的处世，有原则性，也有灵活性，无可无不可，随遇而安，因缘自适，达到了一种至高境界。

夫子的外在行为易学，而他内在的高度就很难达到了。仰之弥高，钻之弥坚，还须我们细细考量，慢慢学习。

泰伯篇第八

8.1 子曰："泰伯，其可谓至①德也已矣。三②以天下让，民无得③而称焉。"

解词

①至：极，最。
②三：数量词，一说"多次"。
③无得：没有办法，不能。

释句

孔子说："泰伯，那可以说是最高德行了。三次把王位让给季历，百姓真不知道如何来称赞他。"

通讲

《泰伯篇》大多是谈个人学问修养的，该篇开篇就从泰伯讲起，收束又以尧舜禹作结。

以泰伯为首而非尧舜，也足见夫子在日常教学或生活中对泰伯至高德行的极大推崇。

泰伯是周代始祖古公亶（dǎn）父的长子。传说古公亶父有泰伯、仲雍、季历三个儿子，亶父觉得三子季历以及他的儿子姬昌有圣德，想传位给季历，泰伯深知父亲的心意，为了成全三弟，便与二弟仲雍一起避居到吴地。

所谓"三以天下让"中的"三"，一说是多次谦让，一说是三次谦让。这三次分别是：泰伯避吴，这是一让；古公亶父死，泰伯不回来奔丧，这是二让；服丧结束，泰伯又断发文身，表示终身不返，这是三让。终于君位传给了季历，季历再传给文王姬昌，文王再传给武王姬发，武王最终灭了殷商，统一天下。

夫子对泰伯津津乐道，正如他对伯夷、叔齐的态度是一样的。换句话说，夫子对泰伯、伯夷、叔齐高度赞扬，是因为谦让最是“弑君三十六，亡国五十二”的春秋所缺失的。“能以礼让为国乎？何有？不能以礼让为国，如礼何？”然而，与前人对泰伯的理解又有不同，夫子这句话中还包含了另一层含意，那就是泰伯具备这样的德行，意味着他同样是可以拥有天下的，“以天下让”，足见其高风亮节，因此，百姓叹为观止，都觉得不知道该用什么样的语言赞美好了。

《中庸》中有言：“大德必得其位。”泰伯虽不得其位，却得其名，这也足以让人欣慰了。“泰伯，其可谓至德也已矣。”“也已矣”，夫子这一次又一连用了这三个语气词，要知道夫子每每用到这三个字，都在传达一种强烈的情感。例如“说而不绎，从而不改，吾末如之何也已矣”，“不曰‘如之何，如之何’者，吾末如之何也已矣”，“亦各言其志也已矣”，等等。看得出，夫子这里对于泰伯的钦佩已经到了无以复加的地步了。

8.2 曾子有疾，召门弟子曰：“启①予足！启予手！《诗》云：‘战战兢兢，如临深渊，如履薄冰。’而今而后，吾知免夫！小子！”

解词

①启：一说“视也”，看看。一说“开”，打开（被子）。

释句

曾子得了重病，召集他的弟子说：“看看我的脚！看看我的手！《诗经》说：‘小心谨慎，好像在深渊旁边，好像行走在薄薄的冰层上。’从今以后，我才知道我可以免于刑戮了！弟子们啊！”

通讲

“《诗》云”三句引自《诗经·小雅·小旻（mín）》。曾子临终时让弟子们看了脚又看手，最后满意地说了一句“吾知免夫”，然而这个临终

遗言却也成了千古之谜。

曾子究竟要“免”什么呢？一种说法是，曾子讲孝道，《孝经》流芳千古，《孝经》开宗就说：“身体发肤，受之父母，不敢毁伤。”乐正子春是曾子弟子，应该是非常了解曾子，他对曾子遗言的理解是“父母全而生之，子全而归之”，应该是比较权威的。另一种说法是，夫子多次提到“君子怀刑”“邦无道，免于刑戮”，曾子如今行将就木，他不忘老师教诲，谨慎一世，终能免于刑戮，可以全身而去了，深感欣慰，于是深深叹息“吾知免夫”。

两种说法都可，我更倾向于后者。然而不论是哪一种理解，有一点是相同的，那就是都可以看出曾子的谨慎。

关于曾子病重这件事，我们可以参看下一章。这一章是他用自己的身体力行来告诉弟子要守规矩的，而下一章是从“容貌”“颜色”“辞气”几个方面向弟子具体提出应该如何守规矩的。这就是曾子，规矩而又处处小心。应该说曾子的态度是一把双刃剑，一方面有利于恪守礼仪制度，但另一方面也会使人不知变通，呆板僵化。

《论语》有个有趣的现象，在这本书里称呼夫子为“子”或“孔子”，其他弟子呢，在书中一般多称呼其字，然而有两个弟子特殊，那就是曾子和有子，书中同样称呼其为“子”。故而，后人认为，《论语》这本由夫子的弟子以及弟子的弟子记载夫子及其弟子言行的书，其记录者应为曾子和有子学派。也正因如此，曾子思想对后世影响很大，尤其是对我们的道统，孔孟程朱陆王，一脉相承，衣钵相传，事实上，从《论语》开始起，道统就已经由曾子一派开始流传了。

然而，细心观察，夫子在世时，曾子的影响力似乎并没有那么大，孔门十哲也未有曾子。而今天，我们看看孔庙大成殿，孔子塑像两侧的神龛有四配塑像，分别是复圣颜回、宗圣曾参、述圣孔伋和亚圣孟轲，可见曾子在后世的地位之高，远超颜回之外的其他弟子。

正如康有为所说，如果《论语》由颜回、子贡、子路、子张、子思来编辑，这本书可能会更为博大精深；如果《论语》由仲弓、子游、子夏来编辑，这本书也可能会更加微言大义。最后他得出一个结论：“《论语》之学实曾学也，不足以尽孔子之学也。”虽有些偏激，但也是有道理的，至少曾子对于之后的程朱理学是有消极影响的，从某种意义上讲，也使得中华文化在一定程度上失去了进取力，丧失了创新精神。

夫子当年评价曾子“参也鲁”，曾子的性格确有唯唯诺诺、战战兢兢、刻板迟钝、笨拙教条的方面，当然，也有严格要求、恪守小节、敢于担当、弘毅守仁的方面，尤其是他在“仁以为己任”这个问题上就有着出奇的圣人气象，非常令人震撼。因此，我们对他的思想要客观看待且有所扬弃才好。

当然，这也提醒我们，读《论语》，一定要有怀疑精神，“尽信书不如无书”，要敢于跳出《论语》，回到原点，还原一个真实的夫子，追寻真正的优秀儒家文化。

8.3 曾子曰：“士不可以不弘毅①，任重而道远。仁以为己任②，不亦重乎？死而后已③，不亦远乎？”

解词

①弘毅：志向远大，意志坚强。弘，广、大，这里指志向远大。

②仁以为己任：宾语前置，按照现代汉语语序可以调整为“以仁为己任”，把（实现）仁德作为自己的任务。

③已：停止。

释句

曾子说：“士不可以不志向远大，意志坚强，因为他责任重大，道路遥远。把实现仁德作为自己的任务，这不是很重大吗？到死才终止，这不是很遥远吗？”

通讲

《泰伯篇》谈修养，以泰伯开篇，以尧舜禹收束，中间部分用五章的篇幅浓墨重彩写曾子的言行，可见编写者对曾参的推崇。而在这一连五章的大书特书中，收束的这一章最有气象，影响也最为深远。

这一章的关键在于“弘毅”二字。朱熹《论语集注》：“弘，宽广也。

毅，强忍也。非弘不能胜其重，非毅无以致其远。”“弘而不毅，则无规矩而难立；毅而不弘，则隘陋而无以居之。”又曰：“弘大则毅，然后能胜重任而远到。”另一解是章太炎先生的《广论语骈枝》所说的：“《说文》：‘弘，弓声也。’后人借‘强’为之，用为‘强’义。此‘弘’字即今之‘强’字也。《说文》：‘毅，有决也。’任重须强，不强则力绌；致远须决，不决则志渝。”也就是说，弘毅即“强毅”，“士”要完成弘道的历史使命就要认识到任重道远，于漫漫征程做到刚强坚毅，坚持不懈，死而后已。

曾子是一个极其固执的人，但在坚守仁道、礼法问题上，他的至死不渝值得后世钦佩。《礼记·檀弓上》有一个曾子易箦的故事：曾子病危，误用士大夫华美而光洁的竹席，曾子不曾做过大夫，这显然违背了礼制。童仆发觉了，告诉曾子，此时，曾子顾不得自己重病，也顾不得儿子曾元的反对，坚持易席，他临终说的最后一句话就是：“尔之爱我也不如彼。君子之爱人也以德，细人之爱人也以姑息。吾何求哉？吾得正而毙焉斯已矣。”（你爱我不如童仆。君子要按照道德标准去爱护人，小人爱人才会无原则地迁就。我还有什么苛求啊？我能得到正道死去，也就足够了。）最终，席子还没有换好，曾子就断气了。这个故事读来多少让人感到有些凄凉，然而又深深地为曾子那份执着而感动，他“仁以为己任”，他对于仁道的坚守的确是坚贞不渝的，直到自己生命结束的最后时刻，他依然在践行着自己的承诺，真可谓“任重道远”，“死而后已”！

弘毅就是弘大的志向、坚毅的品质。曾子的坚守，上承夫子的“三军可夺帅也，匹夫不可夺志也”，下启孟子的“我善养浩然之气”，大丈夫就是要志在千里，坚定不移。一如《墨子》所言：“志不强者，智不达；言不信者，行不果。”而为了自己心中的这份大道，即便是牺牲最为宝贵的生命都在所不惜。在这一点上，曾子又上承夫子“志士仁人，无求生以害仁，有杀身以成仁”，下启孟子“舍生而取义”，至今读来仍让人觉得气血贲张，浩气凛然。

朱熹崇尚曾子的这种精神，常常用曾子来自我砥砺，或是激励他人。《宋史·列传第一百八十九》中记载：“熹告（李燔）以曾子弘毅之语，且曰：‘致远固以毅，而任重贵乎弘也。’”掩卷思来，让人唏嘘。

8.4 子曰："兴[①]于《诗》，立于礼，成于乐。"

解词

①兴：兴起，产生。这里引申为"感发"。

释句

孔子说："人的修养产生于学《诗》，自立于学礼，完成于学乐。"

通讲

这一章内容不多，很难翻译。我们往往将之局限于个人修养，事实上，这一章可小可大：小，可以理解为个人修为；大，则可以理解为治国安邦。

诗歌是用来兴发的，《毛诗序》中说："诗者，志之所之也。在心为志，发言为诗。"诗本于人性人情，也是个人修为的原始起点。

礼是对自我的约束，约之以礼。没有礼的存在，只有情感兴发，就会滥情，就会放纵，没有节制，肆意妄为。

诗意味着感性，礼意味着理性，乐是感性与理性的高度统一，它意味着和谐，是个人修养的最高境界。

夫子从诗、礼、乐三个方面强调个人修养的三个层级。事实上，这三个层级又不只限于个人，更指向国家。康有为就以为，小康即为礼治，而大同便是乐治。

诗的灵魂在情感，礼的核心是秩序，乐的统帅是和谐。乐是灵动飞扬的礼，礼是静穆朴素的乐；乐是升华丰润的礼，礼是凝固蒸馏的乐。乐是诗和礼交融在一起的有情感的秩序，是对人进行教化的重要手段。《阳货篇》曾有这样一个故事：

> 子之武城，闻弦歌之声。夫子莞尔而笑，曰："割鸡焉用牛刀？"
>
> 子游对曰："昔者偃也闻诸夫子曰：'君子学道则爱人，小人学道则易使也。'"
>
> 子曰："二三子！偃之言是也。前言戏之耳。"

夫子对用乐教来治国深信不疑，在他看来，音乐的作用不可小觑。礼，通过明确规矩制度教人明理向善；乐，则通过感染、涤荡、净化、陶冶让人心生悲悯。

8.5 子曰："好勇疾①贫，乱②也。人而不仁，疾之已甚③，乱也。"

解词

①疾：憎恨，厌恶。

②乱：祸乱，祸害。

③已甚：已，太。太过分。

释句

孔子说："喜欢勇敢，厌恶贫穷，会出乱子的。对于一个没有仁德的人，如果憎恨过分，会出乱子的。"

通讲

这一章分两层，都是经验之谈。

第一层"好勇疾贫，乱也"。关于这一层的意思，夫子是常讲的，"勇而无礼则乱"，"君子固穷，小人穷斯滥矣"，如此等等。这个说法来源于夫子对历史的研究，更来源于他长期的生活观察：小人"不可以久处约"，他们对于"道"，很难做到"造次必于是，颠沛必于是"，没有礼的约束，却拥有武力，又不甘于贫贱，就容易利用自己的勇犯上作乱。

第二层不好理解，"人而不仁，疾之已甚，乱也"。如何对待不仁之人呢？首先说明一下，在儒家的世界里，是不主张以德报怨的，孔子讲，以德报怨，何以报德？如果用善行来回报恶行的话，那么，用什么来回报善行呢？夫子提出对待恶行要"以直报怨"，朱熹解释"至公而无私，所谓直也"，因此说以公道来对待恶行才是正道。

夫子的这一思想对后世影响很大。然而，夫子的"直"不是"怨"，夫子绝不主张"以怨报怨"，更反对"疾之已甚"。夫子所看到的现实的

情况是，社会上不少人对于犯过错误，甚至是犯过一点儿错误的人，往往“疾之已甚”，罚不当罪，甚至恨不得欲置之死地而后快。于是，夫子谆谆告诫，要救赎他们，而非落井下石，将他们彻底推向对立面。

实际上，儒家更多的还是教人向善——教人“有耻且格”而非“免而无耻”，更不能让他们无路可走，彻底没有回头的机会。当然，客观上讲，夫子这样做，一者是给他们空间和机会，二者也是对我们自己的一种变向保护。

教人以“仁”以“礼”，使勇者勇而好礼，而不是置之不理，更不能“疾之已甚”。这也是一种中庸的智慧吧！

8.6 子曰：“笃①信好学，守死善道②。危邦不入，乱邦不居。天下有道则见③，无道则隐。邦有道，贫且贱焉，耻也；邦无道，富且贵焉，耻也。”

解词

①笃：坚定。

②守死善道：珍视生命，履行正道。一说“守死”，坚持到底，至死不变。“守死善道”即“誓死坚守道”。

③见（xiàn）：显现，出现。后作“现”。这里应该引申为“出来做官”。

释句

孔子说：“坚定地相信‘道’，学习它；珍视生命，履行它。不进入危险的国家，不居住在混乱的国家。天下太平，就出来做官；天下不太平，就隐居起来。国家好，自己贫穷并且卑贱，这是一种耻辱；国家不好，自己富裕并且显贵，这也是耻辱。”

通讲

这一章共三层，好似格言集锦，因此，我们平时经常会抽取出某一句，作为至理箴言，为我所用。

我们一般的理解是：第一层“笃信好学，守死善道”，强调“道”的

地位，明确做人要有标准，有操守。第二层“危邦不入，乱邦不居。天下有道则见，无道则隐”，指向思考儒家的进退之道（《论语》中类似的句子很多）。第三层“邦有道，贫且贱焉，耻也；邦无道，富且贵焉，耻也”，旨在强调天下太平就要有所作为。

如此分开理解固然不错，但要真正理解夫子原意，应把它们还原到具体语境之中，整体把握，不可随意切分。

这一章语意是丰富的，然而，都围绕着一个内核展开，那就是“道”。“道”是儒家一生坚守的准则，也可以视作夫子的宗教性信仰。

“笃信”是对“道”的态度，意为坚定地相信“道”，这是首要的；“好学”，则是在“笃信”的基础上不倦地学习。现代翻译中，关于“守死善道”有多种解释，钱穆先生爬罗剔抉，认为应解释为“坚执固守以至于死，以求善其道”，简而言之，誓死守卫“道”——当前持这一观点的为多数；而李泽厚先生解释为“重视死亡，履行正道”，这一理解，在当前认同者不多，但我以为似乎更符合情境。

朱熹《论语集注》中说：“不守死，则不能以善其道；然守死而不足以善其道，则亦徒死而已。盖守死者笃信之效，善道者好学之功。”守死，不是守“道”到死，更非殉“道”，而是认真地对待死亡，不做无谓的牺牲，以便更好地行“道”。因此李先生的翻译如果引申为“善待生命，履行正道”，似乎就更明确了。为什么这个解释更好？这与上下语境有关——夫子接下来马上讲不居乱邦、不入危邦的问题，不同样是说为了“道”而努力保存生命吗？

中国的儒、道两家都是非常重视生命的，然而，旨归又有不同。道家重视生命有点像今天美国人的惜命，强调的是生命只有一次，故而尊生。而儒家重视生命，则是因为儒家强调生命的意义，我们为“道”而生，因此不能轻易去死。

这样看来，“危邦不入，乱邦不居”也便容易理解了，心中有“道”，就得认真考虑自身安全。所谓“斯文在兹”，就是说“我是为‘道’而生的”。保存了我的生命，就保存了“道”。

“道”的内涵很丰富，难以表述，包括“仁”“义”等，夫子“守死”，但更强调“仁”“义”的重要性，从“君子义以为上”“志士仁人，无求生以害仁，有杀身以成仁”等，便可以看出。到了孟子之后，则更为明确地提出，“生我所欲”，然而却依然会“舍生取义”“杀身成仁”，这与孔夫子是一脉相承的，换言之，要死也要死得其所，死得有价值。

如果理解了夫子的这个观念，“有道则见，无道则隐”的问题也就迎刃而解了。儒、道两家都讲“隐”，然而“隐”的内涵完全不同：道家的“隐”是“真隐”，长期的隐；而儒家强调的“隐”，更像是“潜伏”，是自身不成熟或没有机遇的韬光养晦，他们的“隐”是为了“不隐”，是为了出世做事。于是，夫子从来不担心没人用自己，却担心自己还不具备足够的才能；夫子也不抱怨世道不公，才能无法施展，而是忧心自己“无道”——“文不在兹”。如此，天下无道隐去，待到天下有道就可以大显身手了。

至于“邦有道，贫且贱焉，耻也；邦无道，富且贵焉，耻也”，表面上是在谈“邦之道”，实际上也是在谈“我之道”。

为什么这么说呢？试想，“邦有道”，自己却“贫且贱”，不正说明自己无道吗？否则的话，清平世界，朗朗乾坤，怎么可能庸庸碌碌、一事无成呢？分明是自己无道嘛！相反，“邦无道”，自己何以能“富且贵”呢？一定是自己顺应了无道，甚至助纣为虐嘛！否则，怎能“独善其身”？又怎么可能在乱世中富贵呢？

由此可见，整章都在围绕一个“道”展开。“道”是儒家至高至善的境界，也是儒家的信仰，即便是在今天，我们依然应该传承坚守。做人、做事都要有一个“道”，有了“道”就有了标准，大道在心，做人就可以有操守、有秉持，做事就可以有底线、有方向了。

8.7 子曰：“不在其位，不谋其政①。”

解词

①政：政务。

释句

孔子说：“不在那个职位上，就不要考虑那个职位上的事。”

通讲

对于这一章，我们习惯解读为“在其位，谋其政”，认为这是在强调作为统治者和管理者（后也扩大到所有的人），应该清楚自己的角色定位，明确自己的职责和义务。对自己该管的分内之事应尽职尽责，努力做好；对自己不该管的分外之事，不要插手，不可越权。

不就是这个意思吗？有什么可说的？非也！这里还有很多值得我们澄清和探讨的问题。

这样一条语录，很容易被大家怀疑：不在其位，就不谋其政吗？现实是大多数人都不在其位的，都不谋其政，谁还去关心政治呢？

我们要把这句话放到历史语境中去思考才好。我们先得清楚，这一章夫子的言说对象是君子、管理者、统治阶层，时代背景是春秋。夫子所生活的春秋时期，礼崩乐坏，旧有的规则面临着崩溃，新的秩序尚未完全建立，“不在其位”却“谋其政”的现象比比皆是，人与人之间的矛盾冲突不断，僭越夺权更是屡见不鲜，此时就特别需要有一套完善的礼法来维持社会稳定。

于是，夫子想恢复周礼，实现“君君，臣臣，父父，子子”——让大家安分守己，各归其位，各司其职。夫子以为，人人只顾做好自己分内的事情，天下不就有序了？有序了，不也就安定了？

正如刘宝楠在《论语正义》中引孔安国语“欲各专一于其职”——让每个人都干好自己分内的事，这就是夫子的真正目的。对此，孟子的解释更清楚，也更直白：“位卑而言高，罪也。”位卑者不要总是参与位高者的事，僭越其礼。

如此，把这句话放到特殊的历史语境中考量，我们就不会对夫子责全求备了。

然而，说到这里，我还想多说一点。我们可以顺便把这一章与《宪问篇》的一章进行一个对比：

> 子曰：“不在其位，不谋其政。”
>
> 曾子曰：“君子思不出其位。”

《论语》中同样一章内容，有时会出现两次，不足为奇。然而，这一次却不是简单重复，一般认为，《论语》是曾子学派的弟子编的，曾氏弟子之所以这样做，无疑是在强调曾子思想与夫子是一脉相承的。

夫子说“参也鲁”，曾子比较保守，他是一个天天都要“省乎己”的人，是一个干什么事情都“战战兢兢，如履薄冰”的人。如此谨慎保守的人，提出“君子思不出其位”完全可以理解。在夫子的基础上，曾子进一步指出，对于不属于自己的地位的事情，不但“不谋”，连想都不能想——这恐怕就太过了。

曾子的弟子把这两句话放在一起，本来是想强调一下“曾老师”的正统地位，结果呢？他们弄巧成拙，反使得二者高下优劣立判。

8.8 子曰：“学如不及①，犹恐失之。”

解词

①及：追上，赶上。

释句

孔子说：“学习好像追逐，生怕赶不上，又担心丢掉什么。”

通讲

这是一个生动的比喻，学习如同追击：一边急着追，生怕追不上人家，毕竟“吾生也有涯，而知也无涯”，我们是以“有涯”随“无涯”，那就得不断努力；而另一边，边跑又边摸着口袋，总怕再丢了什么，换句话说，就是害怕学了这么多，自己记不住怎么办，毕竟人的大脑是有限的，何况根据遗忘规律，总会边学边忘的。

夫子这个比喻，来源于他的经验，更来源于他的切身体会。他有着异乎常人的求知欲，他实在是太爱学习了。“十室之邑，必有忠信如丘者焉，不如丘之好学也。”“其为人也，发愤忘食，乐以忘忧，不知老之将至云尔。”“我非生而知之者，好古，敏以求之者也。”“默而识之，学而不厌，诲人不倦，何有于我哉？”……从夫子一次次给自己所作的自我鉴

定来看，他对待学习问题的确是一丝不苟，孜孜以求，从不懈怠；且一向都谦虚的夫子，对自己的学习却总是显得那么自信又高调。

夫子出生在一个没落的贵族家庭。三岁丧父，年幼的他由母亲颜氏带着回到曲阜，开始了学习之旅。十七岁，母亲去世，为了谋生，夫子初涉官场，做委吏（管理仓库），生活虽然艰辛，但他依然坚持学习，很早就掌握了贵族子弟必修的“六艺”，并以博学而知礼闻名。他还常常外出游学，到京师洛邑拜见大夫苌弘，学习音乐；拜见周王室守藏吏老子，虚心学礼……最终成长为一位博学多识的教育家、思想家。

《史记·仲尼弟子列传》中记载：陈子禽曾问夫子的弟子子贡：“仲尼从哪里学到这么广博的知识呢？”子贡回答说：“文王和武王的治国之道没有完全没落，贤人记住重要部分，而不贤的人只记住很少的一部分，孔夫子没有固定的老师，故而知识广博。”正所谓“圣人无常师”，这便从另一个侧面佐证了夫子好学、乐学的真实性。

“学如不及，犹恐失之”——其实也是对夫子“学而不厌”的注脚，然而，这句话中所包含的心情，恐怕只有那些好学之人才能感受得到吧。

子罕篇第九

9.1 子罕言利，与[①]命，与仁。

解词

①与（yǔ）：赞许，赞成。

释句

孔子很少谈利，赞许命，赞许仁。

通讲

关于这一章，自古大多采用朱熹《论语集注》中的说法，将两个“与”理解为“和”，认为是夫子很少谈利、命、仁。《集注》中程子分别阐发罕言三者的缘由：“计利则害义”，害义故不愿说；“命之理微”，精微故不能说；“仁之道大”，宏大故不可说。

貌似有理，实则穿凿。《论语》中谈到“利”（用作名词）和“命”都不超过十次，然而关于道德最高标准“仁”则超过一百次，这绝非“罕言”。至于说“所谓罕言仁者，乃不轻许人以仁之意”，或说《论语》中谈“仁”都是因人问“仁”才谈及——并非夫子有意提及，又或说不能因《论语》中谈得多就简单推论夫子日常言论……这些说法，都太过牵强。

于是，从金代王若虚到清代史绳祖，再到现当代一些学人，不少人都认为“与，许也”，即“孔子很少谈到利，赞成命和仁”，这是很有道理的。

这里还是更想重点谈谈大家所公认的“子罕言利”。朱熹说：“义利之说，乃儒者第一义。”与之有着严重学术分歧的陆九渊，在这个问题上却持有与之相同的看法：“凡欲为学，当先识义利、公私之辨。”（《象山语录》）

特别提醒一下“子罕言”的“罕”，朱熹说：“罕，少也。”“罕”是“少”而非“不”，与“子不语怪、力、乱、神”的“不”是不一样的。夫子的金钱观，前面讲过，不再赘述。这里想提醒大家，夫子日常对“利”提得不多，但在《论语》中，对于“利”（作“好处”“利益”解）的同义词“富”与“贵”，夫子提及却不在少数。其实，夫子是不讳言“利”的，不过夫子每每谈及，大都在引导我们其与“义”的关系。至于程子说“计利则害义”就太过绝对了，有失偏颇，乃至后世的儒者“君子不言利”“君子羞于言利”更非夫子本意了。“义以为上”“义之与比”“以义为利”“义然后取，人不厌其取”恐怕才是夫子的真意。别把夫子说得那么“崇高”，或者说看清夫子真实的意图，让夫子多一点“烟火气”，此时的夫子才更真实，也更崇高。

此外，“与仁”好理解，“与命”就难了，这里的关键就是对“命”的认识。夫子说的“命”不是佛教的“宿命”，不是道家的“安命”，也不是后世儒学吸取了阴阳家学说后的“天命”。夫子不相信命由天定，也不会听天由命、安时处顺，夫子所说的“命”或“天命”应该是李泽厚先生所说的偶然性，也就是那些不可抗力的东西，那些难以预测、难以知晓、难以把控的东西。夫子肯定它们的存在，同时，也不否定自己的努力——“知天命”，但依然要尽人事。偶然性面前，不杞人忧天，“知天命”而后努力“造命”——把控、改造自己的命运。

9.2 达巷①党②人曰：“大哉孔子③！博学而无所④成名。”子闻之，谓门弟子曰：“吾何执⑤？执御乎？执射乎？吾执御矣。”

解词

①达巷：地名。

②党：户口编制单位，五百家为党。

③大哉孔子：倒装句，按照现代汉语语序可以调整为“孔子大哉”，孔子真是伟大啊。

④无所：没有用来……的。

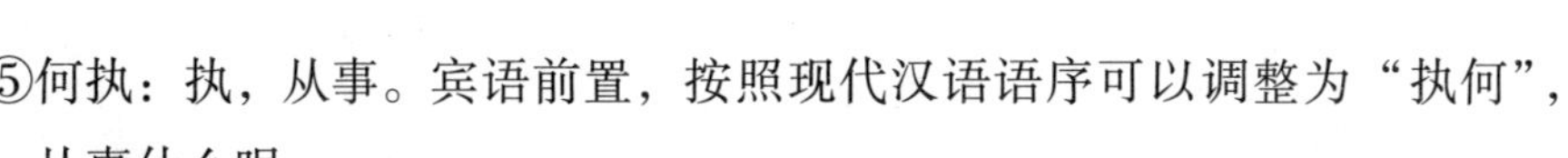

⑤何执：执，从事。宾语前置，按照现代汉语语序可以调整为“执何”，从事什么呢。

释句

达巷这个地方的人说：“孔子真是伟大啊！他学识渊博，乃至没有一项能够使他成名的。”孔子听到了这话，对他的弟子说：“我该从事什么呢？我是从事驾车呢？还是从事射击呢？我还是去从事驾车好了。”

通讲

这一章共有两层，都不太好理解。

首先看“大哉孔子！博学而无所成名”。在现代译本中，杨伯峻先生解释得最简单：“孔子真伟大，学问广博，可惜没有足以树立名声的专长。”简单是简单了，却没说清楚为什么学问广博反而没有树立名声的专长。辜鸿铭的解释最复杂（当年是外文，这里是译文）：“孔子当然是个伟人，他知识特别渊博，但是他在任何事情上都不会凸显自己，所以得到了名声。”这回说清楚了，但原文明明是“无所成名”，最后反倒成了“得到了名声”。

如此看来，夫子这一句的逻辑不容易理解，因此，大家或含混其词，或郢书燕说，总不得要领。

读《论语》，应不唯书，不唯上，不唯师，谁说得对听谁的，都说得不对，我们就多闻阙疑，反复考量，听从自己的内心。关于这一句的理解，我个人觉得还是朱熹说得准确：“盖美其学之博，而惜其不成一艺之名也。”各方面都优秀了，乃至就没有一项可以让他成名的了。如同学生，有的语文学得好，成了语文之星，有的物理突出，成了物理一霸，而偏偏就有每一科都优秀的学生，这就“无所成名”了。钱穆先生打了一个更为生动的比喻：“孔子博学，而融会成体，如八音和为一乐，不得仍以八音之一名之。”简直是一绝！

其次看“吾何执？执御乎？执射乎？吾执御矣”。“我要成名，是当个好司机呢，还是当个神枪手呢？我就当个好司机吧。”这一句也让我们费解，为什么夫子更愿意当一个“好司机”呢？他究竟想表达什么意思呢？朱熹说：“闻人誉己，承之以谦也。”没错！然而朱熹又深入解释个

中缘由是“御为人仆，所执尤卑”，我就不同意了。

朱熹可能是按照他生活的时代臆测的，而在周代，“御”未必卑微。“御”是周代君子的一个必备技能，周代对“御”的考核有着非常严苛的标准。比如御者需要快速通过比自己后车两轮距离仅宽两拳的矮墙，且车轮不能碰到矮墙；再比如御者需要让快速奔驰的马车迅速刹车，如同今天开汽车，从五挡马上急刹车，何其困难——事实上，马匹往往要比机械汽车更难以把控。此外，我说御者未必卑下还有一个“铁证”：赵国的祖先造父，当年就是给周天子驾车的“司机”，因为他成功地让周天子实现了和西王母的约会，且没有耽误天子工作，后被封到赵地而逐渐崛起。而且从《论语》中，我们也丝毫没有看出“御”的卑微。在这一章之前有过“樊迟御”得到了夫子关于孝道教诲的篇章；在这之后的“长沮”一章中，我们还将看到夫子亲自为弟子驾车的影子——如果按照夫子的等级尊卑之说，这岂不违背“礼”吗？

由此推断，夫子这里有自嘲的意味，不要总是将夫子定型为“温而厉，威而不猛，恭而安”的“圣人”，日常生活中的夫子是很“圆形”的，常会开一下玩笑。夫子主张君子不器，“大哉夫子”，达巷党人又一语中的。有人说达巷党人便是项橐，就是那个只有七岁，夫子便向他请教的神童，这个未可知，但是从他当年居然就能识得夫子的伟大，至少可以看出他眼力不凡，绝非等闲之辈。且又点出夫子之所以“无所成名”就在于其“博学”，也可以看出他目光如炬，相当了得！我们可以想象，寂寞的夫子听到这样的赞誉，虽不会骄傲，但一定会有一种遇到知音的喜悦。毕竟“自古圣贤皆寂寞”，圣贤活着的时候，往往都不为短视的世人所了解。

世人的评价总是那么世俗，讲求功利实用。世人很少去想什么无用之用，而只会想到有用之用。夫子当时也面临着同样的尴尬，于是顺着世人的想法，开了一个玩笑。他想了想自己整体传授的六艺——礼、乐、射、御、书、数，哪个更“有用”一些呢？嗯，礼、乐最没用，相对来说，射、御最实用，而夫子的这个“射”又不是用来杀戮的“射”，而是“射不主皮”的那个礼射，（何况对于大多数人而言，也不是靠打仗生活的）那就“御”吧，好歹也算一份世俗的工作。夫子无奈地按照世俗的

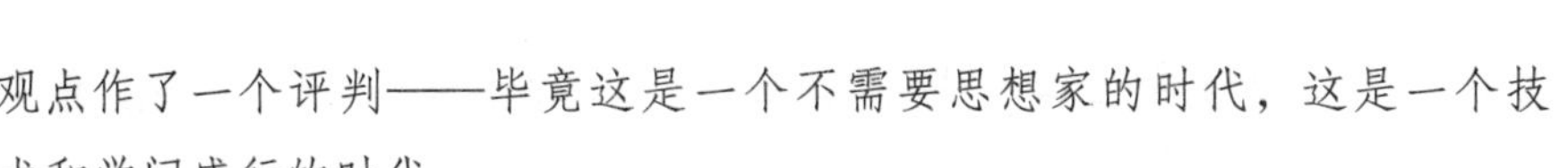

观点作了一个评判——毕竟这是一个不需要思想家的时代，这是一个技术和学问盛行的时代。

9.3 子曰："麻冕[1]，礼也；今也纯[2]。俭[3]，吾从众。拜[4]下，礼也；今拜乎上，泰[5]也。虽违众，吾从下。"

解词

①麻冕：用麻线编织礼帽。

②今也纯：也，语气词，用在句中，表示语气的停顿，不译。纯，黑色的丝。如今用黑色的丝编织礼帽。

③俭：节省。麻做礼帽，要用 2400 缕经线，且麻质较粗，布必须织得非常细腻，如此费时、费力，故而礼帽就贵，如果用细丝，丝质细，容易织，就省俭。

④拜：臣子对君主行礼，先在堂下磕头，再到堂上磕头。

⑤泰：骄纵，傲慢。

释句

孔子说："用麻线编织礼帽，这是合乎礼制的；现在用丝线编织礼帽。这样节省，我跟随大家的做法。臣子拜见君主，先在堂下磕头，再到堂上磕头，这是合乎礼制的；现在只在堂上磕头，不先拜于堂下，这是非常傲慢的表现。虽然违背了大家的做法，我还是主张先在堂下磕头行礼。"

通讲

夫子所在的鲁国是传承周王朝礼乐制度最好的地方，礼是夫子思想的一个重要范畴。夫子生活在礼崩乐坏的春秋时期，他很崇拜周礼，主张"为国以礼"。从《论语》七十多次提到礼，就不难看出夫子对于礼的关注，然而，为什么在这一章中，他先是讲礼，后又不讲礼，前后矛盾呢？

宋代理学家程颐说的一句话道破天机："君子处世，事之无害于义

者，从俗可也；害于义，则不可从矣。”义者，宜也。何时从俗，何时不从？只要内心真诚，能保持那份庄严、肃穆的态度，换一换帽子的材质，同样可以收到效果，而且还可以节省人力、物力、财力，这合乎礼法，功德一件。而如果省去大臣在堂下跪拜这个程序，时间长了，臣子就会产生傲怠之心，轻慢骄纵终将酿成大祸。

这一章同样是体现夫子极力维护礼的思想，“礼，与其奢也，宁俭；丧，与其易也，宁戚”。在夫子那里，奢不如俭，俭不如仁——简单点，用心点。不要只看重形式，还要看内容，然而如果形式完全没有了，内容也便没有可以依附的载体了。子贡欲去告朔之羊，夫子说：“尔爱其羊，我爱其礼。”一只羊是廉价的，然而，它象征的礼仪和精神内涵却远远超过了它的实用价值。这样看来，夫子“从众”“违众”看似矛盾，实则不难理解。

夫子礼学来源于古礼，是对濒临绝迹的古代文明礼法的继承与坚守，更是崭新中华文化的开端。然而，我们从中可以看出，夫子的坚守并不是顽固迂腐的死守，而是一种深谙变通之道的“活守”。他在坚守礼的道路上，有遵从民意的灵活权变，也有对于原则坚持固守的刚硬。夫子注重的是内在价值，始终关注的是礼的立足点——理性和感性。礼背后的理性不可忽略，而内在的价值情感同样重要，没有什么礼，可以完全凌驾于情感之上，没有人情的礼仪也只会是冰冷的空壳。

9.4 子绝四——毋意[1]，毋必，毋固，毋我。

解词

①意：同“臆”，主观揣测，凭空臆想。

释句

孔子杜绝了四个缺点——不主观臆断，不妄自期许，不固执己见，不自以为是。

通讲

从现代汉语角度来看，这是一个典型的病句。前面说杜绝了四个缺

点，后边就不应再用否定词了，应改为："子绝四——意、必、固、我。"这是说笑话了，古人说话向来就没多少语法可依，意会即可。

不主观臆想，不妄自期许，不固执己见，不自以为是：这是圣人日常处事立行的原则态度。夫子是讲中庸之道的，"绝"是为了"不绝"，为了说话、做事不再绝对化。夫子用简洁的八个字讲出了辩证的态度与方法。因此，钱穆先生讲："孔子绝不有此四者，非在心求禁绝。"此言得之。

"毋意"，朱熹的理解是"意，私意也"，显然，他为自己的"灭人欲，存天理"找到了理论依据。程树德《论语集释》评价道："意，乃测度之义。朱子释为私意，以伸其天理流行之说，已属不合。陆王派直将'意'字解为'意念'之意，以无意为不起念，更为强经就我。"理学家也好，心学家也罢，都是从夫子这里为自己的学说寻找托词。由此看来，不要过度解读，"毋意"只是胡乱臆测、妄自揣度罢了。

至于"毋必"，朱熹说是"必，期必也"，对于事情的未来发展作主观期许，即"我想，它一定会怎样"。还有另外一种解释是"固必"，按照以往的经验、规律，作出所谓科学的推断，即"按常理来说会怎样"。这两种解释都可以，都出于人之常情，不过前者更多见，后者更容易让人误判。

"毋固"就是不固执己见，"毋我"就是不自以为是，此二者比较容易理解，自古也少有争议。

"毋意""毋必"多在事前，"毋固""毋我"多在事后，都是自我谦卑的表现。"毋意""毋必"是反对自负，防止因为盲目自大或经验主义而犯错；"毋固""毋我"就是将"义"放在第一位，以"道"为先，反对以自我为中心，反对将自我凌驾于道义之上的思考所得。

这一句不是夫子说的，是夫子的弟子对夫子言行长期细心观察所得。夫子的行为是根植于他丰富的人生经验的，他的行为方式更是他基于对别人言行的长期思考所形成的。夫子深谙经权相济之道，也正是因为有了这"绝四"，故而他说话、做事都少有偏执。《说文解字》说"经，织也"，"经"本义指织造物的纵线，引申为常道；"权"本义为秤砣。《孟子·梁惠王上》说"权，然后知轻重"，将"权"引申为权变，权宜变

通。后世儒家推崇经常权变，使之成为面对“道”“义”的两难选择时的一个重要处事原则。“权”，虽然“离经”而不“叛道”，同样可以“止于至善”，而不知变通的固守却往往会“害道”。在这个问题上，孟子懂夫子，他曾评价夫子说：“可以速而速，可以久而久，可以处而处，可以仕而仕，孔子也。”

生活中，不固执容易，不固执的同时还要学会根据事情的变化而变化，这就难了。“中庸之为德也，其至矣乎。”不固执，搞不好就会流于油滑世故，变成乡愿之徒。不过，中庸一定是始于今天所说的“绝四”的。

9.5 子畏①于②匡，曰：“文王既③没，文④不在兹乎？天之将丧斯文也，后死者⑤不得与于斯文也；天之未丧斯文也，匡人其⑥如予何⑦？”

解词

①畏：围困。

②于：表被动。

③既：已经，……之后。

④文：文献典籍，特指儒家的礼仪制度、礼仪文化。

⑤后死者：孔子自谓（朱熹之说），一说“后世的人”。

⑥其：副词，表示反诘，一般翻译为“岂，难道”，这里可以不译。

⑦如……何：固定结构，把……怎么样。

释句

孔子被匡人围困，说：“文王死了以后，礼仪文化不都在我这里吗？天若是要消灭这种文化，我（后来人）也不会掌握这些文化了；天若是不消灭这种文化，匡人能把我怎么样呢！”

通讲

“畏”，钱穆先生认为“古谓私斗为畏，匡人之拘孔子，亦社会之私

斗，非政府之公讨”，未必正确。俞樾《群经平议》说“畏于匡者，拘于匡也”，可能性更大。

《史记·孔子世家》记载了这个事件。那个把持鲁国政治的阳虎（又叫阳货）曾经残暴地对待匡人，不巧的是夫子偏偏和阳虎长得比较像，夫子路过匡地的时候，夫子的弟子颜刻用马鞭指了指城墙上的一个缺口，说：“我过去曾从这个缺口进过匡地。”不想这个动作引发了匡人的注意，他们把夫子当成了阳虎。试想，一旦把对方认定为坏人，对方的每一个动作都可能被误判。结果夫子被“拘焉”。

要知道，这次的状况要比接下来夫子在宋国被围攻更可怕，因为那一次对方不过是通过伐树的方式吓唬一下夫子，只要夫子赶快从宋国离开就没事了，毕竟桓魋知道夫子的影响力，更晓得夫子的弟子遍布天下。这一次不一样，与桓魋出于嫉妒害怕夫子会留在宋国，影响自己在宋国的地位（桓魋是主管宋国行政的司马，掌控宋国兵权）不同，匡人与阳虎是有深仇大恨的，所以选用的方式是拘禁——限制自由，也就意味着夫子面临的危险更大。《史记》记载“弟子惧”，三个字，形势可知矣！匡地属于卫国，最终夫子是让自己的弟子到卫国国都做了宁武子的家臣，才得以解脱的。从《史记》的这些记载中，我们不难看出这个拘禁应该不是一两天的事，毕竟匡人与阳虎仇恨太深了，他们是认真的，绝对不是吓唬吓唬就得了。

然而，我们再来看一下夫子——“匡人其如予何！”的回答似乎和接下来在宋国所说的“桓魋其如予何”如出一辙，然而这一次需要更大的勇气。勇气从何而来？夫子说到了“天”，勇气是从这里来的吗？答案是否定的。

不要以为夫子是在相信什么神秘的力量，或者是通过这种方式蛊惑学生。勇气是来自强大的自信力，而这种自信力又来源于文化担当，来源于神圣的使命感和责任感。“周监于二代，郁郁乎文哉！”先王之道，周代的礼乐文化就在我孔丘这里，怕什么？就是这种“舍我其谁”的责任与担当，让他临危不惧，处变不惊。

我们可以想象一下，夫子当时说话时的样子，是多么的“嚣张”，又是多么的可爱。然而大家知道，夫子“斥乎齐，逐乎宋卫，困于陈蔡之

间”，从五十五岁到六十八岁，周游列国十四年，何其不易？可悲的是，他的思想始终没有被采纳，即便如此，他也没有被打倒，其精神力量就来源于他对于“道”的坚守与自信。失败没有让他对恢复先王之道、礼乐文化有过怀疑或动摇，相反，让他变得更加坚定，天将降大任于我，我更要坚守。

夫子的这一思想为后来的儒者们所继承——孟子“虽千万人吾往矣”“如欲平治天下，当今之世，舍我其谁”，张载“为天地立心，为生民立命，为往圣继绝学，为天下开太平”，不都是如此吗？

9.6 颜渊喟然①叹曰：“仰之弥高②，钻之弥坚③。瞻之在前，忽焉在后④。夫子循循然善诱人⑤，博我以文，约我以礼⑥，欲罢不能⑦。既竭吾才⑧，如有所立卓尔⑨，虽欲从之，末由也已⑩。”

解词

①喟然：喟，叹息。感慨、感叹的样子。

②仰之弥高：仰，仰视。之，指孔子之道，亦指孔子其人。弥，更加，越来越。越抬头看越觉得高。

③钻之弥坚：坚，坚固，这里可以理解为艰深。越钻研就越觉得艰深，赞叹孔子人格与学问造就的深厚。

④瞻之在前，忽焉在后：瞻，往前或往上看。之，代指孔子。焉，语气词，不译。看着好像在前面，忽然又到后面去了，比喻恍惚不可捉摸。这八个字是说孔子的学问到底有多深，人格到底多么崇高，是深不可测、无法估量的，可见孔子是多么伟大。

⑤循循然善诱人：循循，有顺序的样子。然，……的样子。诱，引导。善于有步骤地诱导别人。

⑥博我以文，约我以礼：文，文献典籍。礼，礼法制度。均为状语后置，按照现代汉语语序可以调整为“以文博我，以礼约我”。用文献典籍丰富我的学识，用礼法制度约束我的心性与行为。

⑦欲罢不能：罢，停止。（他用这种方法来教导我）使我想停都停不下来。

⑧既竭吾才：既，已经。竭，尽，穷尽。（我）已经竭尽自己的才力。

⑨如有所立卓尔：如，好像，似乎。立，站立。卓尔，高高耸立的样子。尔，用在形容词、副词词尾，相当于“然”。好像能够高高地站立了，或者说好像自己已经有所成就了。

⑩末由也已：末，同“莫”，无。由，路，这里当“门径、路径”讲。没有什么门径，或者说没有什么方法。

释句

颜渊感叹地说道：“越抬头看就觉得越高，越钻研它就觉得越艰深。看着好像在前面，忽然又到后面去了。老师善于有步骤地诱导我们，他用各种文献典籍丰富我的学识，用礼法制度约束我的心性，使我想停都停不下来。我已经竭尽自己的才力，好像能够高高地站立了，这时，虽然我想继续跟从着他，却不知道该怎么走了。”

通讲

夫子在后世被称作“圣人”，成为中华文化的代言人，一座难以逾越的文化高峰，就在于夫子的高度，而这个高度包括两层含义：一是思想本身的高度，二是本身达到的高度。我以为，夫子之所以伟大，是因为他思想的高度和他所达到的高度是一致的——思行一致、言行一致。

为什么这么说？

《雍也篇》中夫子说：“君子博学于文，约之以礼，亦可以弗畔矣夫！”这里我们从颜回所说的“博我以文，约我以礼”上，就得到了印证。如是说，就如是做。

夫子为什么能做到思行、言行一致呢？关键在于他的力行，可以说夫子的高度是靠他的力行来完成的。我们先来说说他的思想高度。夫子的人文思想在于克己、亲人、力行，达到仁的境界，“己欲立而立人，己欲达而达人”——这在那个“人不为己，天诛地灭”的时代，如此具有前瞻性、超越性的思想是别人不敢想的。更重要的是他始终如一地践行着自己的思想，并且达到了这个高度。否则，怎么会有那么多优秀的人

才不离不弃地千里追随呢？

难道是夫子天生就具备这样的才华和学识吗？非也！后世的儒者将这些归结于天纵圣贤，那就大错特错了。

“我非生而知之者，好古，敏以求之者也。”这些是夫子珍视历史经验，努力学习，探求得来的。夫子有过两次经典的自我鉴定：

“其为人也，发愤忘食，乐以忘忧，不知老之将至云尔。”

“十室之邑，必有忠信如丘者焉，不如丘之好学也。”

一向都是以自谦著称的夫子，似乎一反常态，事实上，这绝非夸大其词，不过是忠实地自我评鉴罢了。就是因为有这样孜孜矻矻的力行，才使得夫子成为当之无愧的“至圣先师”。

9.7 子贡曰：“有美玉于斯①，韫椟而藏诸②？求善贾而沽诸③？”子曰：“沽之哉！沽之哉！我待贾者也。”

解词

①有美玉于斯：斯，指示代词，此。状语后置，按照现代汉语语序可以调整为“于斯有美玉”，在这里有一块美玉。

②韫（yùn）椟（dú）而藏诸：韫，藏，包藏，这里可以理解成“永久地藏起来”。椟，木匣子，匣子。而，表顺承。诸，相当于“之乎”。把它放在匣子里（永久）藏起来呢？

③求善贾（jià）而沽诸：求，寻找，寻求。贾，两种说法，一说读“gǔ”，商人；一说同“价”，价钱。我们采用第二种说法。而，表顺承。沽，卖。诸，相当于“之乎”。（还是）寻求一个好价钱把它卖了呢？

释句

子贡说：“在这有一块儿美玉，是把它放在匣子里永久地藏起来呢，还是寻求一个好价钱把它卖了呢？”孔子说：“把它卖了吧！把它卖了吧！我是在等待一个好价钱啊。”

通讲

《红楼梦》中，贾雨村在中秋月明之夜，对天长叹："玉在椟中求善价，钗于奁内待时飞。"这两句除吟咏自己考取功名的抱负之外，又蕴含了黛玉（一说宝玉）与宝钗的命运，让人不禁击赏。

你可知道，这一联涉及的典故就来源于《论语》的这一章？

夫子有两个特别爱问问题的学生，一个是宰我，一个是子贡。宰我爱抬杠，爱找碴，问问题最刁钻；而子贡爱观察，爱思考，他是外交家，问问题最艺术。

这个问题就问得很艺术，子贡想要知道老师对出仕做官的态度，又不好直说，自己又是个生意人，于是就借咨询商道为由来向夫子讨教，大方又得体。夫子自然能意会，回答得很坚定："沽之哉！沽之哉！我待贾者也。"

朱熹反复读这一章时，发现子贡问"求贾"，而夫子说"待贾"，于是提出，应"但当待贾，而不当求之"，换句话说，作为人才，不要去求官，而要坐等伯乐到来。于是，后人解读，子贡求而不待，是炫；夫子是待而不炫，是藏——所谓"用之则行，舍之则藏"。大家纷纷以为，伊尹之耕于野，姜太公之居于海滨，莫不是"待"而非"求"，故而认定，夫子也一定是主张"待价而沽"的，可能大家觉得唯有如此才符合夫子的谦逊。于是乎刘备三顾茅庐，传为千古美谈。

然而我觉得，这是朱熹的过度解读，主观意识强行入侵的结果，一个千年的误会。

从言语上来看，夫子连说"沽之哉！沽之哉!"，三国王弼说："重言'沽之哉'，卖之不疑也。故孔子乃聘诸侯以急行其道也。"说得多好，连说两遍，表明自己急于出手，很想出来做事。另外，"我待贾者也"的"贾"，绝不是宋儒说的什么高价，也不是合理价，我甚至觉得，只要能行大道，夫子是"不计本钱"的，否则就不会连佛肸、公山弗扰甚至阳虎之徒，夫子都曾有过合作的念头了。

此外，正如我们所看到的，夫子一生，虽然也有过齐、卫、楚、晋等各国主动向他伸来橄榄枝的情况，但是更多的时候，都是夫子自己周游列国，上门去"兜售"自己的学说。在这方面，夫子的私淑弟子孟子

算得上是他的知音："孔子三月无君，则皇皇如也，出疆必载质。"长时间不做官，夫子就得备上礼物，四处送礼找官做——很多人读到孟子的这几句话，都觉得不可思议，我觉得没什么，相反，孟子是对的，这才是一个真正的夫子。而且孟子本人也是如此，积极入世，大大方方地主动上门"自我推销"了一辈子。这本就无可厚非。

然而，就是因为后世儒生的误读，才使得之后的读书人甚至中国人都变得过分内敛。"酒香也怕巷子深"，"毛遂自荐"才应该是我们所提倡的。尤其是在竞争日趋白热化的今天，人才济济，更需要我们有"敢为天下先"的担当、积极有为的态度。

9.8 子在川①上，曰："逝者如斯②夫，不舍昼夜。"

解词

①川：河流。

②斯：指示代词，此，这里指流水。

释句

孔子在河边，说："逝过的一切像河水一样流去，日夜不停。"

通讲

《子罕篇》从这一章开始，后边就都是夫子的劝学格言集锦了。

古今中外的思想家都喜欢用水来谈人生哲学。老子说"上善若水"，古希腊哲学家赫拉克利特说"人不能两次踏进同一条河流"，而夫子说"逝者如斯夫"。

这一章在中国可以说是尽人皆知，然而，我们常常是见仁见智，大家的认识不尽相同。

我们可以将它视作对于时光易逝的一种慨叹，于是，后世常用"逝波""逝川"代指流逝的光阴。每个人都会感慨时间流逝之快，那些有追求的人更是有感于时间有限而事业未竟。夫子"其为人也，发愤忘食，乐以忘忧，不知老之将至云尔"，夫子似乎不喜欢回忆青春，同时，他也不惧怕死亡，“朝闻道，夕死可矣”，他所忧心的是周礼，是大道。

我们也可以将这一章视作对永恒变化的思索。世界上唯一不变的是变化，夫子深谙此道。自古以来，大多学者都以为中国文化主张静态宇宙观，熊十力、南怀瑾、李泽厚等有识之士却发出了完全相反的声音。的确，早在《周易》一书中就提出了“天行健”的思想——世界运动不息，元亨利贞，周而复始。我们可以从这一章中读出夫子的效法天地，读出他的刚义勇为、自强不息。“苟日新，日日新，又日新”，自强不息，最终也成为我们中华民族的核心精神。

9.9 子曰：“吾未见好德如好色[①]者也。”

解词

①好德如好色：状语后置，按照现代汉语语序可以调整为“如好色好德”，像爱好美貌一样爱好美德。

释句

孔子说：“我还没有见过像爱好美貌一样爱好美德的人。”

通讲

司马迁在《史记》中将这句话的出处定为夫子居卫之时。卫灵公与南子同车，却让夫子的车跟在后边，招摇过市。这显然是在有意炫耀，意在昭告天下，我有美女，亦有贤才。夫子由此慨叹：“吾未见好德如好色者也。”

对于这种说法，钱穆先生曾有怀疑，觉得似有附会之嫌。我认为夫子在齐国黎钼送美女、骏马给鲁国时发出这样的慨叹，可能性更大些：

夫子受到鲁定公的赏识，由中都宰升任司空（相当于建设部部长），又转任为大司寇，后兼任相国。此时，在夫子的治理之下，鲁国出现了久违的活力，这也使得邻国的齐景公胆战心惊。于是，齐景公约鲁定公到夹谷会盟。没有想到这次会盟却因夫子的参与，让鲁国取得了外交上的胜利。齐景公不但没有占得上风，还不得不把过去侵占鲁国的三处土

地还给了鲁国。这使得齐国真正意识到夫子的厉害，终于，催生出了三年后齐国大夫黎钼的一条离间计——

他劝齐景公给鲁定公送一班女乐和骏马，供鲁定公享乐，使他与夫子产生矛盾。舞女和骏马来到都城曲阜城外，上卿季桓子垂涎三尺，换上平民服装，悄悄地去看了好多次。他最终接受了齐国的赠予，三天不问政事。夫子失望至极，终于唱了一首《去鲁歌》：

彼妇之口，可以出走。
彼妇之谒，可以死败。
盖优哉游哉，维以卒岁。

心灰意冷的夫子离开了鲁国，开始了他十多年的流亡之路。

“吾未见好德如好色者也。”夫子不是后世那样的卫道士，相反，夫子对于饮食男女是肯定的，只是希望君子能够像好色一样好德罢了。

9.10 子曰：“苗而不秀[①]者有矣夫！秀而不实者有矣夫！”

解词

①苗而不秀：秀，谷类植物抽穗开花。长了苗却没有开花。

释句

孔子说：“长了苗却没有抽穗开花，有的吧！抽穗开花却没有结实，有的吧！”

通讲

对于这一章，汉唐之人大都认为它紧承上一章，为夫子痛惜颜渊早死的话，于是，后人多以此比喻人资质很好却早亡。

按照钱穆先生的理解，这一章的内涵分两层，第一句侧重于叹息颜回，第二句则侧重于激励学者；或者可以说，第一句承上章，第二句启下章。其中有夫子对于学者的厚望与嘱托，更有对于人生无常的无奈与叹息。尽人事，听天命，我们能做的唯有坚持，然而毕竟“天命难违”，世上又有很多偶然的遭际，难免会让人怀才不遇、功业难成。

朱熹《论语集注》：“谷之始生曰苗，吐华曰秀，成谷曰实。盖学而不至于成，有如此者，是以君子贵自勉也。”《大学》中说“事有终始”，《中庸》中说“诚者物之终始”，“苗”就是“始”，“实”便是“终”，有始有终，方成正果。《诗经》中说：“靡不有初，鲜克有终。”可惜，世上之人，有初者多，而善终者寡。

夫子的两句慨叹，充满了悲悯与痛惜。其间，有对主观意志的内在砥砺，也有对客观变故的外在痛惜，但不论哪一种，都流露出夫子想要积极有为却无法达成的伤感，同时，又传达出他越战越勇、蹈死不顾的决绝。

9.11 子曰：“后生①可畏，焉知来者之不如今也？四十、五十而无闻焉，斯②亦不足畏也已。”

解词

①后生：指年少者。

②斯：指示代词，此，这。

释句

孔子说：“年轻人是可敬畏的，怎么知道后一辈比不上今天这一辈呢？一个人如果到了四五十岁了还不懂得道理，这也就不值得敬畏了。”

通讲

生活中有一个非常有趣的现象，不少人一过了四十岁，就说自己“不惑”了，什么都想开了，其实这是对《论语》的误解。夫子说自己“三十而立，四十而不惑，五十而知天命”，并不意味着每个人都能做到这一点。

夫子一向是按人生经验来讲道理的，所以说《论语》是一本需要印

证的书。古人的平均年龄不高，所谓“人生七十古来稀”，因此，古人四十岁就称自己为“老”，“老夫聊发少年狂”就是苏轼在近四十岁时所作。如今，人的平均年龄都在七十岁以上了，四十岁正是人生的上升期；而在古代，这个年龄已经是接近晚年了，属于定型期或者成熟期。

古人把四十岁称为“成德之年”，也就是道德养成的年龄。当然，我们不要以为别人“成德”自己也就“成德”了，这里应该理解为“应该成德之年”，而非“一定”，因为有人晚熟，也有人可能一生都无德。故而，夫子按照经验得出了“四十、五十而无闻焉，斯亦不足畏也已”的结论，甚至他还说“年四十而见恶焉，其终也矣”，从中也可以看出夫子的急迫。毕竟一个人在四十岁以后，很多恶习积重难返，可塑性不大了，加上时日无多，大体也就只能这样了。

“后生可畏，焉知来者之不如今也”，夫子的可贵之处还在于他不以年高自居，“宣父犹能畏后生，丈夫未可轻年少”。夫子一方面引导我们敬老、爱老，使“老者安之”，一方面又警告老者不要倚老卖老，年长者应有让年轻人尊敬的资本才是；一方面主张崇古、复古，一方面又不泥古，且重视新生的力量；一方面处处训诫年轻人，教育后进，一方面又强调“后生可畏”，认得清新生力量的创造力，所谓“吾党之小子狂简，斐然成章，不知所以裁之”。好一个客观公正的夫子，怎能不让人佩服！

9.12 子曰：“法语之言，能无从乎①？改之为贵。巽与之言，能无说乎②？绎之为贵③。说而不绎，从而不改，吾末如之何也已矣④。”

解词

①法语之言，能无从乎：法，法则，引申为“礼仪，原则”。法语，合乎礼仪原则的话。之，结构助词，的。言，语言，话语。从，接受。合乎礼仪原则的话，能不接受吗？

②巽（xùn）与（yù）之言，能无说乎：巽，和顺，恭顺。与，赞许。说，同“悦”。恭顺和赞美的语言，能不高兴吗？

③绎（yì）之为贵：绎，推究，引申为“分析”。能分析出来事理才是可

贵的。

④吾末如之何也已矣：末，同“没”。如之何，拿……怎么办。也已矣，都是句末语气词，表示情感强烈。（对于这种人）我不知道该怎么办啊。

释句

孔子说：“合乎礼仪原则的话，能不接受吗？能改正错误才是可贵的。恭顺和赞美的语言，能不高兴吗？能分析出来事理才是可贵的。只知道高兴但不去分析事理，只知道接受但不改正错误，对于这种人我不知道该怎么办啊。”

通讲

“巽与之言”往往恭敬顺耳，“法语之言”往往苛刻逆耳。如此看来，爱听“巽与之言”，不爱听“法语之言”，这是人之常情，也是人性弱点。

对“法语之言”要顺从，顺从但不改正，不能落实到实践上，生活就会依旧如故，对自己毫无用处。“巽与之言”让人听了开心，而对方的恭顺赞许一般有两种可能，一是为恭维迎合，二是在委婉相劝，如此，就需要我们反思一下自己的行为，是否与对方的表扬相称：若是人家在恭维迎合，我们就一笑而过，不必当真，将人家的过奖当作自己努力的方向；若是人家在委婉相劝，就得把其中的弦外之音寻绎出来，有则改之，无则加勉。

夫子是大教育家，他一方面告诉说的人如何去劝诫君主、上司、朋友、父母、兄弟，提出“忠告而善道之，不可则止，毋自辱焉”，“勿欺也，而犯之”，“事君数，斯辱矣；朋友数，斯疏矣”，“朋友切切偲偲，兄弟怡怡”，“事父母几谏，见志不从，又敬不违，劳而不怨”；另一方面又极力地告诫听的人要如何努力地去对待别人的忠告——对“法语之言”“从之”“改之”，对“巽与之言”“说之”“绎之”，最终变得更加成熟，“知明而行无过矣”。

当然，生活是复杂的，除了夫子所说的“法语之言”和“巽与之言”，可能还有诸如孟子所说的“求全之毁”和“不虞之誉”，这就要看我们如何理性地分析、处理了。

伊川先生（程颐）说："今人不会读书，如读《论语》，未读时是此等人，读了后又只是此等人，便是不曾读。"诚哉斯言！读《论语》是学做人的，不可仅仅停留在知识这个层面，用理学家张载的话来说是要"变化气质"的，这才是真真正正地读了《论语》。

9.13 子曰："岁寒，然后知松柏之后凋[①]也。"

解词

①凋：草木衰落、凋落。

释句

孔子说："天气寒冷，才知道松柏是最后凋落的。"

通讲

朱熹在《论语集注》中说："范氏曰：'小人之在治世，或与君子无异。惟临利害、遇事变，然后君子之所守可见也。'谢氏曰：'士穷见节义，世乱识忠臣。欲学者必周于德。'"这里多认为这一章是在讲"疾风知劲草，板荡识诚臣"的，我认为"岁寒"未必专指"乱世"一义，《论语正义》说"岁寒"可喻事难、世乱、势衰，无不可——可谓精辟。

《庄子》与《吕氏春秋》都认为这句话是夫子困于陈、蔡时讲的：

夫子被困七天，没有烧火煮饭，整天喝不加米粒的灰菜汤，面色疲惫不堪，然而他还在室中弹琴唱歌。颜回择菜，子路和子贡在一旁发牢骚。颜回没有应声，进屋告诉了夫子。夫子随即教育他们："天寒既至，霜雪既降，吾是以知松柏之茂也。陈蔡之隘（厄），于丘其幸乎！"说毕，夫子又安然地继续弹琴唱歌，此时，子路、子贡也幡然醒悟，子路威武地手拿盾牌舞起来，子贡则不禁慨叹："我不知天高，也不知道地深。"

从饥饿的子路兴奋地舞蹈，聪明的子贡虔诚地忏悔，我们看得出，这句话的教育效果是多么显著。

"岁寒，然后知松柏之后凋也。"这是一个类比论证，类比往往都不好理解，不仅"松柏"指什么不好界定，就连这"后凋"也不好理解。

李泽厚先生说：“‘后凋’之‘后’应训解为‘不’，古人用‘后’代‘不’，措辞婉约也。”故而他解释说“寒冷的冬天，才知道松树柏树不凋谢”；而钱穆先生不这样理解，他说“松柏亦非不凋，但其凋在后，旧叶未谢，新叶已萌，虽凋若不凋”，故而他解释说“要到岁寒，才知松柏的后凋呀”。

古人经常使用类比，这一点从《诗经》中不难看出。《论语》中的类比同样比比皆是，《子罕篇》中就有不少：“逝者如斯夫，不舍昼夜。”“苗而不秀者有矣夫！秀而不实者有矣夫！”“譬如为山，未成一篑，止，吾止也。譬如平地，虽覆一篑，进，吾往也。”……这种依据事物的外部特征或内在属性进行比照与联系的思维方式就是类比思维。它善于抓住事物之间的某种相关性进行类比象征，以达到由此及彼、由近及远地分析与表述的目的，常见的主要是在“天象”“地法”“人事”之间作类比。这种类比思维是从“天、地、人”系统整体思维衍生出来的，体现了系统整体思维，可以说是中国人的一种基本思维模式。

9.14 子曰：“知者不惑，仁者不忧，勇者不惧。”

释句

孔子说：“聪明的人不迷惑，仁德的人不忧愁，勇敢的人不畏惧。”

通讲

这一章的内容在《论语》中出现过两次，另一处是在《宪问篇》：

> 子曰：“君子道者三，我无能焉：仁者不忧，知者不惑，勇者不惧。”子贡曰：“夫子自道也。”

从《宪问篇》中我们看得出，夫子是把这三点作为君子，同时也作为自己的必备品质的。朱熹在《论语集注》中说：“自责以勉人也。”“古之学者为己”，在我看来，夫子更多的是在自省，而非勉人，而且夫子的自省是真诚的，绝非作秀。至于子贡说“夫子自道”，不过是对夫子的过

誉之词，完全出于自己对夫子的崇拜，并没有真正体会夫子的用心。

对于这一章的理解，近代梁启超先生体认得很是透彻。他是结合“当下”来谈的，他的理解，在我看来，直到今天依旧无出其右，仍有很强的现实意义。

1922 年，梁启超为苏州全城各学校的学生作了一次题为《成为一个不惑、不忧、不惧的人》的演讲，谈“你为什么要求学问”“你想学些什么”的问题。

梁先生以为，“智、仁、勇”——“三达德”是人类心理之“知、情、意”，这是每个人都应具备的道德标准。他进而提出，要将学校所谓的“智育、德育、体育”改为“知育、情育、意育”才好。

“智”的关键在于养成判断力。“智”不仅仅包括今日所谓的知识，更是广义的“智”：包括静态的知识，更包括动态的知识。有了智慧也就什么都清楚了。

“仁”是“十德”，“儒家人生观的全体大用都包在里头”。“仁”到底是什么？梁先生解释说：“勉强下个解释，可以说是‘普遍人格之实现’。”人的忧愁无非是成败得失，若是我们具备“仁”的品质：一者懂得了世界本身就是残缺的，不完满的，便不会忧了；二者知道世界上没有一样东西是我的，那也便不会忧了（“因为认定这件东西是我的，才有得失之可言”）；三者不拿劳动作为手段来达到某个目的，而是将一切生活“趣味化艺术化”，那也便不会忧了。

“勇”是意志力。要如孟子一般，善养浩然之气，至大至刚，“虽千万人吾往矣”。梁先生说：“自己作不起自己的主，还有什么事可做”，“自己的意志做了自己情欲的奴隶，那么，真是万劫沉沦，永无恢复自由的余地，终身畏首畏尾，成了个可怜人了”。这样的语言，振聋发聩，今天读来仍觉石破天惊，不寒而栗。

文章的最后，梁先生批评当时的教育，称“第二层的情育，第三层的意育，可以说完全没有，剩下的只有第一层的知育。就算知育罢，又只有所谓常识和学识，至于我所讲的总体智慧靠来养成根本判断力的，却是一点儿也没有”，由此，先生称当时的教育是“贩卖知识杂货店”的教育，于是号召年轻人用“抖擞精神方法自救”：“我老实不客气告诉你吧：你如果做成一个人，知识自然是越多越好；你如果做不成一个人，知识却是越多越坏。”

看过这一段话，今人莫不汗颜，反观今日教育现状，不是依然有值得我们深刻反思的地方吗？

9.15 子曰：“可与共学，未可与适道①；可与适道，未可与立②；可与立，未可与权③。”

解词

①可与共学，未可与适道：省略句，“与”后面省略“之”字，可以理解为“可与（之）共学，未可与（之）适道”。适，到……去。适道，可以理解为“走同一条道路”。可以与他一起学习的人，未必可以与他走同一条道路。

②可与适道，未可与立：省略句，可理解为“可与（之）适道，未可与（之）立”。立，树立，建立，引申为“坚守道义”。可以与他走同一条道路的人，未必可以与他共同坚守道义。

③可与立，未可与权：省略句，可理解为“可与（之）立，未可与（之）权”。权，本义为秤锤，引申为“权衡轻重、随机应变”。可以与他共同坚守道义的人，未必可以同他一起随机应变。

释句

孔子说：“可以与他一起学习的人，未必可以与他走同一条道路；可以与他走同一条道路的人，未必可以与他共同坚守道义；可以与他共同坚守道义的人，未必可以同他一起随机应变。”

通讲

同学未必同道。“同学”只是一同学习，未必是同道中人，未必志同道合。苏秦、张仪同为鬼谷子高徒，一个讲合纵，一个讲连横，道不同不足与谋。管宁、华歆昔日同窗好友，一个全力向学终成学者，一个倾心功名踏上仕途。

同道未必同立。夫子讲“立于礼”，“立”必要坚守道义，强立不变，万不可半途而废，功亏一篑。颜回能做到“见其进”“未见其止”；冉有则自以为“力不足也”，几欲中道而废。

同立未必同权。古代的秤，横为杆，权做砣，权悬于秤杆，移动以度量，权衡轻重，故而将“权”引申为变通，即通权达变。

夫子在《春秋公羊传》中说：“权者何？权者反于经，然后有善者也。”《韩诗外传》：“常谓之经，变谓之权，怀其常道而挟其变权，乃得为贤。”儒家倡导中庸，强调权变价值，孟子说：“执中无权，犹执一也。所恶执一者，为其贼道也，举一而废百也。”没有周密的权衡、灵活的变通，就如同执物于一端，孟子称之为“贼道”。

在《孟子·离娄上》里，有一个有趣的故事：

> 淳于髡曰：“男女授受不亲，礼与？”
>
> 孟子曰：“礼也。”
>
> 曰：“嫂溺，则援之以手乎？”
>
> 曰：“嫂溺不援，是豺狼也。男女授受不亲，礼也；嫂溺，援之以手者，权也。”

这个故事简单生动地告诉我们“权”的意义与价值。然而，为什么夫子说“未可与权”？那是因为“权”难！宋儒程颐固称“权只是经”，否认权变，造就无数腐儒；政客精于权变，忽视“立于礼”，借口达变，肆意妄为，终成阴谋家。不“权”便成木讷，“权”又变成狡猾——何其不易，故称“未可与权”。

王安石与司马光是君子之争的楷模。《邵氏闻见录》称“荆公（王安石）温公（司马光）不好声色、不爱官职、不殖货利皆同”。二人都有一颗赤忱的爱国之心，关心民瘼，是谓同道；二人都固执于自己的政见，痴心不改，可谓同立；二人观点截然不同，各有千秋，又能相互仰慕对方的才华，激烈争论，却不相互攻讦，更不因公事而泄私愤，所谓“未可同权”。邵伯温由衷感叹：“二公之贤多同，至议新法不合绝交，惜哉！”

柳宗元与刘禹锡，长安科举应试中同榜考中进士，义结金兰，又一同参加王叔文的永贞革新，同生死，共命运，大体可以算得上是同学、同道、同立且同权了。

这一章最难在于一个“权”字——工要权衡质与量，商要权衡信与利，官要权衡功与义……夫子的三个“未可”，难度依次升高，道出了权变的不易，道出了知己难寻，也道出了自己的寂寞。

乡党篇第十

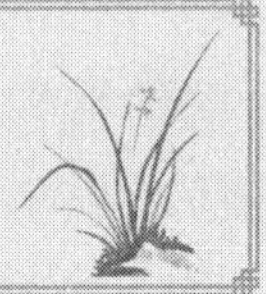

10.1 孔子于乡党①，恂恂如②也，似不能言者。其在宗庙朝廷，便便③言，唯④谨⑤尔。

朝，与下大夫言，侃侃⑥如也；与上大夫言，訚訚⑦如也。君在，踧踖⑧如也，与与⑨如也。

解词

①乡党：乡里，家乡。

②恂（xún）恂如：恂恂，谦恭的样子。如，形容词词尾，……的样子。温和谦恭。

③便（pián）便：善于言辞。

④唯：副词，只。

⑤谨：小心，谨慎。

⑥侃（kǎn）侃：和乐的样子。

⑦訚（yín）訚：和悦而正直的样子。

⑧踧（cù）踖（jí）：恭敬的样子。

⑨与（yǔ）与：威仪适度的样子。

释句

孔子在家乡，非常温和谦恭，像是不会说话的样子。他在宗庙里、朝廷上，很善于言辞，只是说得比较谨慎而已。

孔子上朝的时候，与比自己官位低的人交谈，温和而又快乐的样子；与比自己官位高的人交谈，和悦而正直的样子。国君在的时候，恭恭敬敬，但又仪态适度。

通讲

《乡党篇》在《论语》中与众不同，其他篇目多是记载夫子及其弟子

的"言"，这一篇则主要记载夫子的"行"——日常行为举止，以及为人处世的方式。

或许，我们可以想象这样的历史场景：夫子去世后的某一天，悲痛万分的弟子们聚集在一起，决意回忆、记录夫子的日常言行，编写《论语》，一来以此追念夫子，二来也是想为后世儒者提供一个学习的范本。最终，大家决定，其他篇均侧重记录夫子的言传，唯独用《乡党篇》专讲夫子的身教。

夫子"耻其言而过其行"，我们从他的日常行为中，更能清楚地看到他对于礼的践行。从这个意义上来说，这一篇看似是全书最枯燥的，事实上却是最直观、最生动的。这是夫子日常生活的素描：衣食住行、生活起居、斋戒上朝、工作休闲……林林总总，方方面面，如同摄像机一般，常态化写实记录，从而为我们还原了一个真实的夫子。

唐朝诗人王绩写诗说："礼乐囚姬旦，诗书缚孔丘。"我以为与其说是诗书礼乐的"束缚"，不如说是诗书礼乐的外化。夫子的行为，看似拘谨，甚至有的显得夸张、做作、好笑，却绝不是表演。相反，这是他对礼的人生践履，是礼内化到他骨髓之后的自然表露。

夫子的行为对后世影响很大，可以说，我们今天的一言一行，有很多都是夫子行为现代升级版的再现，尤其是我们祖辈留下来的那些"老规矩"，也往往都有夫子行为的烙印。

然而，我们学习这一章的目的不是复古，不是照搬，而是要挖掘其行为背后的情与礼（理），寻找它的文化内涵。中国是礼仪之邦，礼是家教，是修养，也是文明。我们固然要传承礼，但绝不是不知变通地照搬那些繁文缛节，相反我们要根据时代的变化，有所扬弃，有所改变。比如中国人见了面要打招呼，今天，我们不必再磕头、打千儿，我们可以握手，可以招手，可以微笑，也可以作揖。礼的形式要根据时代变化，也可以简化，但不能缺失，否则何谈礼仪之邦呢？固守传统做法会如堂吉诃德一样可笑，抛弃传统却是数典忘祖的可悲。然而，只保留形式而没有内心的虔敬，得其形而失其神，也便失去了传承的价值与意义。

如此看来，我们挖掘夫子当年行为背后的文化内涵就显得尤为重要。

例如这两章的内容，都是写夫子在鲁国为官时的言谈的。为官的夫

子对乡人的说话方式与在宗庙、朝廷时说话的方式截然不同；同在朝廷里，他对上级、下级或国君的方式也各有差异。这不是"看人下菜碟儿"，这就是礼。夫子的礼讲究差异化——在不同的场合，对不同的人，选择不同的方式，这是具体问题具体分析，也是一种策略。

夫子说话的方式，对乡里百姓是恭顺谦逊的，可见他的民本思想。他会虚心求教，认真倾听，同时也足见他对宗族的尊重，不以自己为官而高傲。在朝堂之上他又是雄辩、谨慎的，他会不卑不亢——对君主虔敬，对同事平易，同时又不失自己的尊严。

康有为说："以视人之骄于乡里而讷于朝廷，何相反也。"夫子讷于乡党而骄于朝廷，今日有的官员却是"骄于乡里而讷于朝廷"，谄上傲下，欺上瞒下，正好与夫子做得相反，不就很可笑吗？

10.2 问①人于他邦，再拜②而送之。康子馈③药，拜而受之。曰："丘未达，不敢尝。"

解词

①问：问候，慰问。古代人在问候时往往要致送礼物以表示情意。

②再拜：拜两次。

③馈：赠送。

释句

孔子托人向在其他诸侯国的朋友问候送礼，向受托者拜两次为他送行。

季康子给孔子赠送药品，孔子拜谢之后接受了，说："我对药性不了解，不敢试服。"

通讲

这两章都是写夫子"拜"的，一是对朋友，一是对上司，方式不同，耐人寻味。

古人向远方朋友问候，常常要送上一点小礼物。《左传》成公十六

年，“楚子使工尹襄问之以弓”，哀公十一年，“使问弦多以琴”，描述的都是这样的情况。“礼云礼云，玉帛云乎哉?”千里送鹅毛，礼轻情意重——能惦念着对方，并为他精心挑选礼物传达心意，就足够贴心了。收到远方朋友的问候，知道还有一个知己牵挂自己，也定会在心头漾起阵阵暖流。

而对于捎问候和礼物的人，道一声感谢，也便足够了，而夫子偏偏要“再拜而送之”。“拜”是“以手据地，首俯而不至手”(钱穆语)，如此拜两拜，礼节周到，态度诚恳，异于常人。

夫子周游列国，结交各国名卿大夫，虽然分别，但情谊仍在。“从前的日色变得慢，车马邮件都慢”，受空间阻隔，交流只能靠传话、写信，交通只能靠驴马、车船、步行，托人问候异邦的朋友是颇费周折的，故而对于使者的感激、敬重的确必不可少。

夫子这样虔诚地“再拜”，一者是表达对受托者的尊敬与谢意，二者也是想通过他向朋友传达自己依礼而行的善意——让受托人感到诚意，让朋友感到温暖。在夫子那里，礼不是一种约束，而是一片赤诚，若是“为礼不敬”，“何以观之哉”?

“朋友之馈，虽车马，非祭肉，不拜。”面对朋友给自己的赠品，即便是车马也不拜的，除非是祭肉——古代的车马是昂贵的，不亚于今天的豪车。

夫子拜远不拜近，拜疏不拜亲——这不意味着关系亲近就可以“不逊”，正如今天初次见面我们要握手致意，熟悉的人反而相视一笑一样。关系密切，省略一些礼节，不是越礼妄为，相反，关系亲近的人更需要温和有礼，“久而敬之”，只是那份真诚已经内化，融入我们的情感中罢了。

然而，同样是“拜”，在领导面前，夫子的做法又有不同。

季康子侍奉鲁哀公，是当时鲁国的权臣。对于这样的实权派，夫子也不过拜一拜，较之对受托人的“再拜”，显得简单多了。拜是拜了，而对其送来的药，反而要说一句：“丘未达，不敢尝。”拜是礼节——合理，不知道药性不乱吃——合情。

至于夫子说“丘未达，不敢尝”有没有必要，自古有两种针锋相对

的说法：

朱熹《论语集注》："杨氏曰：'大夫有赐，拜而受之'，礼也；未达，不敢尝，谨疾也；必告之，直也。"陈天祥《四书辨疑》："又无迫使面尝之命，何必告之如是邪？"

陈天祥说得不无道理，夫子对季康子讲"礼"是显而易见的，至于他对季康子的态度和看法，恐怕就隐藏在夫子的这句回答中了。孟子说："动容周旋中礼者，盛德之至也。"三千大道，我们能得到的也许只有这微不足道的一点了。

10.3 厩[①]焚[②]。子退朝，曰："伤人乎？"不问马。

解词

①厩（jiù）：马棚，马圈。

②焚：烧，这里是无标志的被动，被烧。

释句

马棚被烧。孔子退朝回来，说："伤人了吗？"不问马的情况怎样。

通讲

这篇文字，由于缺乏背景，历史上存有很多争议。

比如"厩"，到底是公厩，还是私厩？"子退朝"，是恰逢退朝，还是作为司寇主管公安司法，此时主动退朝及时赶赴现场？尤其是"不问马"，汉儒以来，解释得更是五花八门，且各执己见：不屑问（郑玄），不暇问（朱熹），不必问（王夫之），不是司寇不该问（张自烈），为矫正世俗刻意不问（王弼），为了将仁爱进行到底故不能问（汪少华），善其已见故不必问（王若虚）……

这个问题的确很有探究的价值，然而这样"掉书袋"的考证，对我们的意义似乎不大，还是应该读出自己的理解。

周人认为：国之大事在戎，戎之大事在马。更何况，在夫子的年代，马虽是畜生，但它要比今天我们一辆豪车值钱多了。在这样的背景下，夫子“不问马”就会让弟子感觉很奇怪，于是特意记录了下来。

这句话的分歧关键在于“伤人乎不问马”的断句上，大概可以断为三类：“伤人乎？不问马。”“伤人乎？不。问马。”“伤人乎不？问马。”说白了，就是关于问马、不问马的问题。或说圣人“重人贱畜”，或说圣人认为“畜固贱物，然亦有性命，圣人仁民爱物，无所不至”（李颙《四书反身录》）。夫子虽不如佛家一样倡导众生平等，也不如墨家一样宣扬兼爱，但也绝不会狭隘到“重人贱畜”的地步。儒家的逻辑是“亲亲，仁民，爱物”，提倡有差等的爱，夫子思想并非人马并重，而是推己及人，由人到物。先人后马，这是现实，也是夫子的仁心。

保持一颗仁爱之心，修心如莲，让馨德之心愈远愈清。

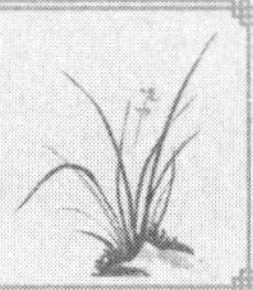

先进篇第十一

11.1　子曰："先进于礼乐，野人也[①]；后进于礼乐，君子[②]也。如用之，则吾从先进。"

解词

①先进于礼乐，野人也：先进，率先学习。先进于礼乐，状语后置，按照现代汉语语序可以调整为"于礼乐先进"。野人，乡野之人，指平民。先学习礼乐（而后再做官）的人，是（原来没有爵禄的）平民。

②君子：古代统治者和一般贵族男子的通称，这里理解为贵族子弟。

释句

孔子说："先学习礼乐而后再做官的人，是原来没有爵禄的平民；先当了官然后再学习礼乐的人，是贵族的子弟。如果要我选用人才，我主张选用先学习礼乐的人。"

通讲

《先进篇》是集中评价夫子弟子的一篇，也可以看作是在为弟子们勾勒一个群像。我们一谈到夫子，就会说顺口说一句"三千弟子，七十二圣贤"，却很少去思考这句话意味着怎样的"数量"与"质量"。今天的一个普通教师，教上三四十年书，拥有三千弟子也是不成问题的。然而，若是将这三千人稀释到十几亿人口中，这个比例是很寥寥的。夫子时代的中国，人口不过几百万，三千弟子就要占到几千分之一甚或一千分之一，那就了不得了。更关键的是，这些弟子又非等闲之辈，可以说几乎全天下最优秀的人才都云集于他的门下了，而且其中2.4%的人都是圣贤——那是最顶尖的精英、智囊。这样的一批人，足以让人震撼。

这一章自古难解，难在"先进""后进"二词，对其的解释也不下十种。这里选取了最通俗、最易接受的一种观点。

夫子主张“学而优则仕”，倡导唯才是用，做官不拘于卿大夫子弟，乡野之民也可以为官。然而，不论怎样的人都应该先学后仕，对于那些士大夫之子先入仕途后学习为官之道，夫子不以为然。

夫子的主张包含着夫子的智慧。夫子主张入世，“鸟兽不可与同群，吾非斯人之徒与而谁与？”我们从《论语》的字里行间也能窥见夫子时不我待的急迫：“吾岂匏瓜也哉？焉能系而不食？”“沽之哉！沽之哉！我待贾者也。”然而，夫子又反对缺乏学习经验、急于出仕的盲目与冒进。他说“三年学，不至于谷，不易得也”，要沉住气，储备好能量才行。为政不可草率，没有一定的知识库存、能力储备是难当大任的，更何况为政以德、为官为民，容不得有半点闪失。

《论语》中有这样一个故事：子路让子羔做费邑的长官，主政一方，但夫子并不高兴，反而指责子路“贼夫人之子”，说他害人子弟。子路强词夺理：“何必读书，然后为学？”难道只有读书才算学习吗？实践就不是学习吗？夫子骂他是“佞者”，夫子以为必须先学礼乐才能做官——理论学习好了，才有从政的资格，否则不但是害百姓，也是害官员。故而夫子有“学也，禄在其中”的说法，也就是说学习理论的过程本身就是从政的过程了，万万不能急于求成。

当然，也有一种解释，认为“先进”“后进”不是“先学”“后学”，而是“先辈”“后辈”。先进是颜回、闵子骞、仲弓、子路等，主要是德行科、言语科、政事科的弟子，后进主要是子夏、子张等，主要是文学科的弟子。前期弟子是在夫子五十岁之前随夫子周游列国的那些人，纯朴且重实用，他们与夫子出生入死，感情笃厚，夫子以为他们就是文质彬彬的君子。后期弟子是夫子晚年在鲁国招收的弟子，注重礼乐学问的研讨，文胜于质，多少有点学院派的“书呆子”气。夫子觉得朴野的弟子比掉书袋的弟子更可爱一些。如果按照这样的理解，这一章更像是《先进篇》的总纲，倒是也比较合理。

11.2 子曰："从[1]我于陈、蔡者，皆不及门[2]也。"德行：颜渊，闵子骞，冉伯牛，仲弓。言语：宰我，子贡。政事：冉有，季路。文学[3]：子游，子夏。

解词

①从：跟从。

②及门：这里指不在自己的门下。后因以"及门"指弟子登门受业，也指受业弟子。

③文学：文献知识。

释句

孔子说："曾跟随我在陈国、蔡国受困的学生，现在都不在我身边受教了。"德行好的有：颜渊、闵子骞、冉伯牛、仲弓。善于辞令的有：宰我、子贡。擅长政事的有：冉有、季路。通晓文献知识的有：子游、子夏。

通讲

夫子困于陈、蔡之间的事件，在《史记》《庄子》《吕氏春秋》《墨子》《孟子》《荀子》《孔子家语》中都有记载，情节各有不同。《庄子》《墨子》中的是无稽之谈，《吕氏春秋》中的是带有演绎性的逸事，《孟子》《荀子》中的多是借题发挥也未必属实，《史记·孔子世家》《孔子家语》的叙述基本一致，也最为可信。大致而言，是说夫子与弟子在陈、蔡之间，楚国使人聘请夫子，陈、蔡大夫恐怕夫子被楚国重用而对自己不利，于是"围孔子于野"。夫子与弟子"绝粮"，弟子们一个个都饿病了，而夫子却能"讲诵弦歌不衰"。此时，子路开始怀疑人生，子贡也表现不满，夫子不仅不为所动，还能与子路、子贡、颜回等弟子耐心交流。

夫子周游列国十四年，颠沛流离，四处碰壁，期间也不乏危机四伏：先是夫子被误认为是阳货，"遇难于匡"，"拘焉五日"；又在宋国被司马桓魋伐树要挟，狼狈逃亡，流落宋国，师徒失散，累累若丧家之犬；之后，遭乱于蒲，再受罹难……然而，相较之下，都不及这次危险。

“文王既没，文不在兹乎？天之将丧斯文也，后死者不得与于斯文也；天之未丧斯文也，匡人其如予何？”“天生德于予，桓魋其如予何？”以往几次，夫子都能自信满满，唯独这一次，夫子没有了这样的豪言壮语，我们从夫子的铮铮琴声和谆谆告诫中依稀可以感受得到当时形势的严峻和夫子的君子之风。“君子无终食之间违仁，造次必于是，颠沛必于是。”诚哉斯言！

夫子一生经历无数，奈何唯独这一件备受关注。千百年来，出现了不同学派学者，甚至包括方志、传说、相声、数来宝都踊跃参与系列故事创作的热闹。恐怕这不仅仅是因为文圣人困陈蔡与武圣人走麦城一样，这是他生命的最低谷，人生中最艰难的时候，同时，这是我们中华文化最脆弱的时候。对于中华文化而言，陈蔡之厄，是中华文明的关键时刻，夫子在穷厄中的考验，同样展现了我们这个民族失败、苦难不能侵蚀的精神尊严，中华文明也因此得以延续，实现升华。而透过危机所散发出来的精神与信仰之光，最终也照亮了我们整个民族前进的方向。

“从我于陈、蔡者，皆不及门也。”可以猜想，这大概是夫子晚年，回顾自己人生时，在鲁国阙里病榻上的一声长叹。当年同自己一同周游天下的弟子们或死或走，都不在身边了，然而夫子对这份珍贵的患难之情难以忘怀，他对弟子的思念也不会因时间推移而有丝毫消损。

至于后边孔门十哲的一一罗列，不是“直呼其名”，显然不是夫子自己出示的关于“先进生”与“后进生”的花名册、成绩单，而一定是弟子们根据夫子日常对这些优秀弟子的评价而给出的定位。

11.3 子曰：“回也非助我者也，于吾言无所不说[①]。”

解词

①无所不说：说，同“悦”，喜欢。无所，没有……的。没有什么不喜欢的。

释句

孔子说：“颜回不是对我有帮助的人，他对我说的话没有不喜欢的。”

通讲

颜回是夫子最喜爱也是最得意的弟子，他是德行科第一，千古“道德模范”；也是夫子眼中最“好学”的弟子，聪慧过人，较之子贡的闻一知二，他能做到闻一知十，是夫子的“学习委员”。

陶行知先生说：“教师的成功是创造出值得自己崇拜的人。先生之最大的快乐，是创造出值得自己崇拜的学生。说得正确些，先生创造学生，学生也创造先生，学生先生合作而创造出值得彼此崇拜之活人。”在我看来，夫子与颜回之间就达到了相互崇拜的程度。

夫子说颜回“三月不违仁”，他对颜回的推崇每每会让子路之徒争风吃醋，后世也因夫子的态度而将颜回称之为“复圣”。而颜回对于夫子的崇拜更是坚定不移的，他是夫子忠实的追随者，即便是在陈蔡困厄之中，“班长”子路都开始怀疑夫子学说了，子贡亦“色作”，而颜回依然对夫子之道坚信不疑：“夫子之道至大，故天下莫能容。虽然，夫子推而行之。不容何病，不容然后见君子！夫道之不修也，是吾丑也。夫道既已大修而不用，是有国者之丑也。不容何病，不容然后见君子！”世人有眼不识金镶玉，他们不用夫子之道是他们最大的损失，也是他们个人与国家的耻辱。相反，您今天于世不容，才能显示出您的君子之风！夫子听罢，忘记了辘辘饥肠，无视于临头大难，竟能欣然而笑，用半开玩笑的口吻说：“有是哉颜氏之子！使尔多财，吾为尔宰。”颜回处处对夫子顶礼膜拜：“仰之弥高，钻之弥坚。瞻之在前，忽焉在后。”在他眼中夫子就是见首不见尾的神龙，“既竭吾才，如有所立卓尔。虽欲从之，末由也已”，自己穷其一生，也难以“有所立卓尔”。他绝不会如子路一样常常“不悦”，冒犯夫子；也不会像宰我那样，整天问点匪夷所思的问题刁难夫子。颜回有对夫子发自肺腑的敬意，对于夫子的话“无所不说”。

庄子看不惯颜回的这一点，还创造了一个成语——“亦步亦趋”，讽刺颜回人云亦云，没有主见。然而夫子说：“吾与回言终日，不违，如愚。退而省其私，亦足以发，回也不愚。”夫子跟颜回谈一整天的话，颜回都没有任何的违逆，好像个蠢人。等他退回去省察自己的言行，其实他对孔子所讲授的内容是有所发挥的，演绎得非常精彩，可见颜回是大智若愚罢了。

然而，夫子又是理性的，对于颜回，并不是盲目推崇。作为“优秀教师”，万世师表，他可不是那种死盯学生“成绩”的偏心眼的老师，他同样熟悉弟子的缺点。他曾经拿颜回和子贡对比，觉得颜回缺乏经济头脑，日子过得比较贫苦。这一次，他又批评颜回“于吾言无所不说”，因为这样的完全服从，对于为师之人而言就失去了进步的机会。“法语之言，能无从乎？改之为贵。巽与之言，能无说乎？绎之为贵。”人无完人，夫子更希望能听到不同的声音，让自己的人格更为完美。“弟子不必不如师，师不必贤于弟子”，对于师者的问题、错误、不足或存疑之处，弟子应该或正言相告，或婉言相劝，这就是陶行知先生所说的那样：“先生创造学生，学生也创造先生。”这就是夫子的胸怀，也是夫子之所以为夫子的地方。

11.4 颜渊死，颜路请子之车以为之椁[①]。子曰：“才不才[②]，亦各言其子也。鲤也死，有棺而无椁。吾不徒行[③]以为之椁。以吾从大夫之后，不可徒行也。”

解词

①以为之椁（guǒ）：椁，套在棺外的大棺。省略句，应为“以为之（买）椁”，（来）为颜渊买外椁。

②才不才：不管有才能还是没有才能。

③徒行：步行。

释句

颜渊死了，（他的父亲）颜路请求孔子卖掉车子，给颜渊买个外椁。孔子说：“不管有才能还是没有才能，但各自都是自己的儿子。孔鲤死的时候，也是有棺却无椁。我不能卖掉自己的车子步行而给他买椁。因为我曾经做过大夫，是不可以步行的。”

11.5　颜渊死。子曰："噫！天丧予[1]！天丧予！"

解词

①天丧予：丧，死亡，这里是使动用法。老天这是要让我死。

释句

颜渊死了，孔子说："唉！老天这是要让我死啊！老天这是要让我死呀！"

11.6　颜渊死，子哭之恸[1]。从者曰："子恸矣！"曰："有恸乎？非夫人之为恸而谁为[2]？"

解词

①恸（tòng）：悲伤过度，大哭。

②非夫人之为恸而谁为：夫，人称代词，表示第三人称，那（个）。之，宾语前置的标志，不译。宾语前置，按照现代汉语语序可以调整为"非为夫人恸而为谁"，我不为那个人悲伤，又为谁（悲伤）呢？

释句

颜渊死了，孔子哭得极其悲伤。跟随孔子的人说："您悲伤过度了！"孔子说："太悲伤过度了吗？我不为那个人悲伤，又为谁悲伤呢？"

11.7　颜渊死，门人欲厚葬之。子曰："不可。"

门人厚葬之。子曰："回也视予犹父也[1]，予不得视犹子也。非我也，夫二三子也！"

解词

①回也视予犹父也：第一个"也"，用在句中，表示语气的停顿，不译。视，看待，对待。颜回把我当父亲一样看待。

释句

颜渊死了，孔子的学生们想要隆重地安葬他。孔子说：“不能这样做。”

学生们仍然隆重地安葬了他。孔子说：“颜回把我当父亲一样看待，我却不能把他当亲生儿子一样看待。这不是我的过错，是那些学生们干的呀！”

通讲

以上四章内容都是记录颜回去世之后的往事的，弟子们将它们集中在了一起。如果细细想来，这四章的顺序似乎应该先是夫子发出“天丧予”的呼号，之后“哭之恸”而被弟子苦苦相劝，接着是颜路请求夫子卖车买椁，最后，门人于心不忍故厚葬颜回。然而，这里偏偏将颜路请椁放在最前面，这样做，恐怕是别有深意的。

颜回从十几岁便开始随侍夫子，二人朝夕相处，从“回也视予犹父也”以及“亦各言其子也”，就可以看出夫子与颜回情同父子。夫子老来丧子，唯一的儿子孔鲤死了，夫子一定是伤心的。我们今天看不到太多记录，反而是颜回死后，在《论语》中浓墨重彩地写了这么多。天妒英才，颜回四十一岁（《孔子家语》中说是三十一岁）就早早离开了人世。夫子痛彻心扉，先是呼天抢地，之后又丧失情志般地痛哭不已，任性而放纵。在之后的岁月里，他又和鲁哀公、季康子等人一再提起这个弟子，对他念念不忘。这样看来，夫子与颜回，又是情胜父子的。颜回日后成为“复圣”，位居七十二圣贤之首，配享孔庙，师徒二人，以心印心，契合无间，默坐千年。

然而，让我们纠结的地方是，夫子如此钟爱这个弟子，又为什么会对颜路的请求断然拒绝，对弟子厚葬颜回颇为不满呢？夫子说：“朋友死，无所归，曰：‘于我殡。’”朋友死了，夫子都会慷慨解囊，为何对自己最心爱的弟子反而吝啬起自己的马车来了？

原因很简单，那就是夫子即使在情志不能自已的时候，依然不能忘记心中的大道，依然会恪守礼制。夫子曾经做过大夫，车是他身份的“标配”。在夫子看来，贵族的立场和制度不可撼动；同时，他又提到，

自己的儿子孔鲤死了，自己也没有为他配置外椁。如此，一来说明夫子对颜回视如己出，二来也暗含颜回的身份同样也不应拥有外椁——那将违背礼制。由此可知，夫子之所以不满于门人背着他厚葬颜回，也在于他们的做法是公然越礼犯分。

夫子于礼，“造次必于是”，严格遵守。最心爱的弟子去世了，夫子可以不顾及自己的身体，痛哭不已，老泪纵横。然而，他哀毁而却不逾礼，始终能理性恪守礼制，坚持薄葬。

事实上，颜回和他的父亲颜路都是夫子的弟子，即便如此，夫子还是断然回绝了颜路的要求，“才不才，亦各言其子也。鲤也死，有棺而无椁。吾不徒行以为之椁。以吾从大夫之后，不可徒行也”，晓之以理，又动之以情，拒绝得真挚又得体。看来，《论语》中，之所以将这一章前置，就在于传达、强调夫子以“礼”为上的思想，后人不可不深思慎取。

11.8　季路问事①鬼神。子曰：“未能事人，焉能事鬼？”曰：“敢②问死。”曰：“未知生，焉知死？”

解词

①事：服事，侍奉。

②敢：谦辞，冒昧。

释句

子路问怎样侍奉鬼神。孔子说：“没能侍奉人，怎么能侍奉鬼呢？”子路说：“冒昧地问一下死是怎么回事。”孔子回答说：“还不知道生的道理，怎么能知道死呢？”

通讲

儒家关注现世，夫子对自己不清楚的那些玄远幽冥的鬼神、生死问题，采用存而不论的态度。正因如此，生活中的夫子，看似有点“矛盾”：一方面，他重视“祭神”，要求“祭如在，祭神如神在”，“吾不与祭，如不祭”，告诫子贡在告朔之礼这个问题上千万不要吝啬；同时，夫

子又“不语怪、力、乱、神”，强调“未能事人，焉能事鬼”，“未知生，焉知死”。这就是儒家文化，重视现实与当下，我们称之为实用理性。

夫子对死亡问题的考量与鬼神问题一致，同样是关注现实的实用理性。我们不谈前生，也不图来世，就是要现实地活在当下，以图实现心中的大道。当前，就让我们向夫子学习，对于这个世界心存敬畏，把目光直接投射到现实中来，追求当下的成功与现世快乐，也不失为一种解决问题的办法。

11.9 子曰：“由之①瑟②奚为③于丘之门？”门人不敬子路。子曰：“由也升堂矣，未入于室也④。”

解词

①之：助词，用于主谓之间，取消句子独立性，无实义。

②瑟：弦乐器名，这里用作动词，弹瑟。

③奚为：奚，什么。宾语前置，为什么。

④由也升堂矣，未入于室也：古代宫室，前为堂，后为室。堂为正厅。古人先入门，次升堂，最后入室。这里是比喻做学问的几个阶段。他在学习上已经达到升堂的程度了，只是还没有入室罢了。

释句

孔子说：“仲由弹瑟，为什么在我这里弹呢？”孔子的学生们因此都不尊敬子路了。孔子便说：“仲由嘛，他在学习上已经达到升堂的程度了，只是还没有入室罢了。”

通讲

夫子是因材施教的教育家，他熟悉子路的性格，对其优点与缺点了然于胸，经常“对症下药”，帮助子路成长。

在夫子眼中，子路身上有很多闪光点，他经常会在别人面前夸耀子路。当权者孟武伯曾问及子路的情况，夫子告诉他说，“求也，千乘之国，可使治其赋也”（《论语·公冶长》），一千辆兵车的国家（当时的中

等国家）可以让他管理赋税，掌握军政。季子然问："仲由、冉求可谓大臣与？"冉有和子路可以说是大臣吗？夫子不遗余力地赞扬他们："今由与求也，可谓具臣矣。"然而，当着子路的面，夫子却很审慎，因为他知道子路容易骄傲，所以很少直接表扬，即便要表扬，也会有策略地将表扬与批评结合起来。

子路在夫子门前弹琴，《孔子家语》中说，子路的演奏多有"杀伐之气"，不能达到中和的境界，故而才有了夫子的批评。然而，夫子的批评使得"门人不敬子路"。夫子敏锐地发现了自己的话等于给子路贴了一个不好的标签，造成了弟子们的盲从，于是进一步解释说"由也升堂矣，未入于室也"，意思是说子路的水平已经能"登堂"了，只不过还未"入室"罢了。

如此，先教育子路，后又为他挽回了面子，使得他重新赢得了同学们的尊敬。这显然是夫子为子路量身打造的教育方式，且收到了很好的效果。

夫子的弟子们根基不同，性格各异，年龄差距也大（最大的弟子秦商，比夫子小四岁；最小的公孙龙比夫子小五十三岁，一说叔仲会比夫子小五十四岁），甚至像前面提到的颜路、颜回和曾点、曾参，父子两代均为夫子弟子。面对这样复杂的"生源"，夫子从不搞"一刀切"式的教育，而是根据具体学情，为他们"量身定制"不同的教育方式，这就是因材施教。

从学生实际出发，充分尊重、了解学生，正确对待他们的差异；既坚持统一标准和共同要求，又善于发现和培养学生特长；采用不同措施，力求最大化地发挥学生潜能。这些做法，堪称教育典范，对之后的中国传统教育影响很大，至今值得我们深思。

11.10 子贡问："师与商也孰贤？"子曰："师也过①，商也不及。"曰："然则②师愈③与？"子曰："过犹不及④。"

解词

①过：过分。

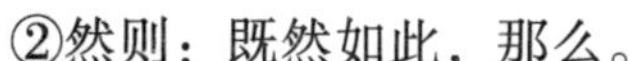

②然则：既然如此，那么。

③愈：越，更加。这里理解为“更好一些”。

④过犹不及：过分就好像赶不上，意思是过分和赶不上是一样的。

释句

子贡问：“子张和子夏二人谁更好一些呢?”孔子回答说：“子张过分了，子夏没达到。”子贡说：“那么是子张更好一些了?”孔子说：“过分和赶不上是一样的。”

通讲

朱熹评价子张（即师，颛孙师）与子夏（即商，卜商）：“子张才高意广，而好为苟难，故常过中；子夏笃信谨守，而规模狭隘，故常不及。”子张才学高，抱着奢望，在学业上喜欢钻研艰涩难题，常常会“过”；子夏是“小人儒”，治学谨慎但不够精深，规模不大，做不到上传下达，这就是“不及”。

钱穆先生打了个比方：“譬之于射，过与不及，皆未至于鹄的”，“射皆未及鹄，即是皆有差失，更无所谓孰胜”。就如同射箭，高点低点都是没中，既然都未射中鹄的，也就无所谓孰优孰劣。

他们的性格，从他们的交友之道就可以看出来。子夏以为“可者与之，其不可者拒之”，说白了就是“能玩来的玩，玩不来的不玩”。子张不以为然，他认为“我之大贤与，于人何所不容?我之不贤与，人将拒我，如之何其拒人也?”不论自己贤与不贤，都不能拒绝别人。

夫子对他们评价的意义，早已超越了这两个人的性格界定这一范围。之后的两千多年，“过犹不及”成为一句至理名言，时时处处指导着中国人的行为。夫子为什么会有这样的认识呢?

这一认识来源于《易经》。《易经》这部书，是中华传统文化的源头，更是百经之首，各家思想的发端，饱含着中国人的智慧。《易经》中说：“寒来则暑往，暑往则寒来”，“日盈则昃，月盈则食”。这就是“复”，“复，其见天地之心乎”。也就是说，任何事物走到极端都会走向事物的反面，这便是《老子》的“反者动之道”。冯友兰先生认为，就是因为有了这个思想武器，中华民族就有了克服困难的勇气与信念。繁荣昌盛的

时候，我们保持谨慎；危急关头，我们满怀希望。这一理论为我们的中庸思想提供了主要依据，我们以为，过了不见得好，因为过了，事物就会走向反面。

“中庸之为德也，其至矣乎！”中庸就是适中。正如宋玉《登徒子好色赋》中的美女一样：“增之一分则太长，减之一分则太短；著粉则太白，施朱则太赤。”这是真正的美人，她达到了“中”的境界，美得恰到好处。

儒家的中庸绝不是亚里士多德的“黄金中道”，他的真正内涵就是既不过，也不及。

11.11 季氏富于周公①，而求也为之聚敛②而附益③之。子曰：“非吾徒也。小子鸣鼓④而攻之，可也。”

解词

①富于周公：状语后置，按照现代汉语语序可以调整为“于周公富”，比周公富有。

②聚敛：搜刮财货。

③附益：增益。

④鸣鼓：鸣，使动用法，使发声。使鼓发声，意译为“敲着鼓”。

释句

季氏比周公富有，冉求还帮他搜刮来增加他的钱财。孔子说：“冉求不是我的学生了，你们可以敲着鼓去攻击他。”

通讲

冉有是夫子政事科的头号高才生，位居子路之前。《三国志》的作者陈寿甚至将他的政治才能与颜回的仁，伊尹、姜尚的政绩相媲美。夫子对他也十分赏识，在《论语》中至少有过四次对其政治才干充分肯定的记录。

夫子对孟武伯说：“求也，千室之邑，百乘之家，可使为之宰也。”

也就是说，他能为千户大邑、百乘兵马的诸侯国当邑宰。他对季康子说："求也艺，于从政乎何有？"这表明，冉有多才多艺，从政对他而言只是小菜一碟儿。

夫子在向子路介绍什么是"成人"（完全的人）时，说"成人"要具备四个特点——"臧武仲之知，公绰之不欲，卞庄子之勇，冉求之艺"，夫子这里提到的都是鲁国历史上或当代响当当的人物，前三者是极具知名度的大夫，由此就可以看出冉有在夫子心目中的地位。在《侍坐》章中，夫子与曾皙谈及冉有，也曾充分肯定冉有治理千乘之国的才艺。

孟武伯与季康子都是鲁国权臣，是鲁国实有权力的把持者；子路与曾皙又绝对是夫子弟子中的佼佼者，子路同样以政事闻名——从夫子不遗余力的认可中，我们不难发现，冉有在夫子心目中的地位。

冉有被季康子重用，又取得相当政绩，他便趁机说服季康子迎接在外十四年的夫子返回鲁国。不仅如此，夫子回到鲁国后，过着深居简出的归隐生活，也得到了冉有很多照顾。

然而，即便如此，夫子这一次既无视他的才华，也不念及他的旧情，要与他断绝关系，还要让众弟子"鸣鼓而攻之"。不光攻击，还要"鸣鼓"，这就是让全天下的人都知道冉有的过失，也是昭告天下从今以后冉有不再是孔氏弟子。夫子为什么要生这么大的气？

就在于冉有助纣为虐，为虎作伥，"聚敛而附益之"。《左传》记载，季氏要采用田赋制度，增加百姓赋税，让冉有征求夫子的意见，夫子主张"施取其厚，事举其中，敛从其薄"，结果冉有还是听从季氏的命令，为季氏搜刮财富。季康子把持鲁国政权，冉有、子路曾帮着他攻打附属国颛臾，夫子为此也曾大发雷霆，批评他们"危而不持，颠而不扶"，最终让"虎兕出于柙，龟玉毁于椟中"，然而，还不至于到了决裂的地步。这一次为什么这么严重，直接将他逐出师门？

《礼记·大学》有言："百乘之家，不畜聚敛之臣。与其有聚敛之臣，宁有盗臣。"儒家的民本思想，主张爱民如子，减免赋税，藏富于民，坚决反对过分盘剥百姓。在夫子看来，苛政猛于虎，发动不义战争尚可容忍，但若是横征暴敛，就"是可忍也，孰不可忍也"了！

11.12 柴也愚①，参也鲁②，师也辟③，由也喭④。

子曰："回也其⑤庶⑥乎，屡空⑦。赐不受命⑧，而货殖⑨焉，亿⑩则屡中。"

解词

①愚：愚笨，无知，这里引申为"憨厚"。

②鲁：迟钝，笨拙。

③辟（pì）：偏激。

④喭（yàn）：粗俗，鲁莽。

⑤其：副词，表示推测，大概，或许。

⑥庶：或许，差不多。一般用在称赞场合。

⑦空：空乏，穷困。

⑧受命：受天之命。这里引申为"接受命运安排"。

⑨货殖：经商营利。

⑩亿：意料，猜测。

释句

高柴憨厚，曾参迟钝，颛孙师偏激，仲由鲁莽。孔子说："颜回（的道德学问）差不多了吧，可是他常常穷得没法子。子贡不听命运的安排，去做买卖，猜测行情，屡次被他猜中。"

通讲

柴是高柴，夫子说他"愚"，并非是今天所说的笨，而是"憨厚"。他个子不高，"长不过六尺，状貌甚恶"（《孔子家语·七十二弟子解》），然而他忠厚纯正，干什么都循规蹈矩。《孔子家语》中记载，他走路不会踩别人的影子，不杀蛰伏刚醒的虫子，不攀折正在生长的草木，为亲人守丧从不言笑。规矩到这种地步，是真正做到了"亲亲，仁民，爱物"，由己及人，推己及物。而且，从拜孔子为师后，就从未违反过礼制。高柴曾任卫国士师（司法官），执法公正，犯人被判了罪却非常感激他。一个被他判处刖刑（砍脚）的人，做了守城门的差役；当卫国内乱时，这个差役反而救他一命，帮他逃出城门。夫子有感而发："善为吏者树德，不善为吏者树怨。公行之也，其子羔之谓欤！"（《说苑·至公》）

参是曾参，十六岁就拜夫子为师。他的鲁钝教条，战战兢兢，从"曾子杀猪""曾子避席"这些耳熟能详的小故事中就看得出。若是看他作的《大学》《孝经》《曾子十篇》，就能更清晰地看到他的一板一眼、循规蹈矩。朱熹以为，孔门聪明人多了，却不能传夫子之道，反是曾子，凭借其鲁钝、忠厚，做学问一丝不苟，才使得我们今天能得到孔门真传。夫子去世时，曾子尚且不太著名。夫子死后，他积极推行儒家主张，上承孔子，下启思孟学派。最终，他慎独与内省的修养观，以孝为本的孝道观，影响了中国两千多年。

师是颛孙师，也就是子张。朱熹说"辟，便辟也"，而夫子说"损者三友"，"友便辟，友善柔，友便佞，损矣"，如果这样理解，子张就是夫子反感的那种善于逢迎谄媚且不诚实的家伙了——这不符合事实。朱熹犯了断章取义的错误，他没有注意到另外三个学生的特点，"愚""鲁""喭"——这里都是就其性格而言的，与品性无关。因此，"辟"理解为"偏激"更好些。子张才高意广，过于追求完美，夫子说他所失常在于"过"，过就偏激。不过也正是因为他的这一性格，让他坚守自己的信念。《韩非子·显学》记载，夫子死后，"儒分为八"，而"子张氏之儒"名列第一，可见他这一派在后儒中势力之大。

由是仲由，即子路，子路说话豪迈不羁，做事粗暴鲁莽。平日里，他看上去"行行如也"，刚强亢直，崇尚勇力，就如同一个赳赳武夫；又不太爱读书，自认为"社会是最好的大学"。他为人直率，课堂上往往第一个发言，然而也是他，最爱怀疑夫子，还会逼得夫子发毒誓。不过，也正是因为"野"，让我们觉得他憨直可爱。程朱理学一向推崇"傻呆呆"的颜回、曾参、闵子骞，而在日本，他们则更愿意把"活泼泼"的子路放在众弟子中的第一位。

很多人认为，这里特别提到这四个人，是因为夫子认为这四个人代表了四种类型的人，让生活中的我们都能找到自己对应的位置（比如南怀瑾先生就有"儒家四相"说）。我不太同意这种看法，我以为，夫子的价值观里没有类型，只有一个个鲜活的个体。在他的眼中，每一个学生

都是不同的，所以，他选择的教学才是各异的。而且，夫子的因材施教都不是“小班教学”或是“分层教学”，而是“一对一”的教学，这才是真正意义上的“个性化教学”。

颜回与子贡这一部分对比，大多数人认为是“贤颜渊而讥子贡”。颜回追求精神自由、个体独立，物质上匮乏但精神上富足；相反，子贡货殖经营求得富贵，似乎不如颜回能够安贫乐道。也有人认为，这是夫子在感慨那个脑体倒挂世道，世人重物轻人，国家重财轻贤，知识贬值，社会不公。这种理解忽视了这一部分在上下文中的意义。

子贡与子路一样，都是夫子跟前非常性情的弟子，一智一勇，却同样不受宋明理学家推崇。事实上，夫子这里恰是用子贡与颜回对比，指出颜回不足之处的。

宋儒以为“不受命”就是不能“安受天命”，我觉得这里反倒是赞许子贡头脑灵活的。“死生有命，富贵在天”，命往往难以把控，具有很大的偶然性，然而子贡“不受命”（不接受命运安排），一来见得他的努力付出，二来见得他的聪明才智。正如夫子说“回也非助我者也，于吾言无所不说”一样，这一次同样对颜回是有所批评的。夫子对颜回的安贫乐道虽然赞叹有加，但他从不以为“君子固穷”，我们也找不到夫子任何反对做生意的文字记录。相反，他对颜回的贫困却一直是有看法的：“有是哉颜氏之子！使尔多财，吾为尔宰。”

可以看出，以上内容都有一个共同点，那就是都指向夫子弟子弱点、软肋的，“柴也愚，参也鲁，师也辟，由也喭”前面没有“子曰”这样的字眼，显然这些不是夫子一时说的，而是弟子根据夫子日常评价归纳的。《论语》的编写者，是有意把夫子谈弟子缺点的内容编排在一起，涉及高柴、曾参、子张、子路和颜回。如实记录的目的就是要让后人知道夫子对于弟子的熟悉程度与客观认识。夫子了解他们的弱点，才便于因材施教；夫子指出他们的问题，也不乏响鼓重锤之意。

11.13 子路问：“闻斯行诸[1]？”子曰：“有父兄在，如之何其闻斯行之？”

冉有问：“闻斯行诸？”子曰：“闻斯行之。”

公西华曰："由也问'闻斯行诸'，子曰'有父兄在'；求也问'闻斯行诸'，子曰'闻斯行之'。赤也惑，敢[2]问。"子曰："求也退，故进之；由也兼人，故退之。"

解词

①诸：句末语气词。

②敢：谦辞，冒昧。

释句

子路问："听到了就行动吗？"孔子说："有父亲和兄长在，怎么能听到就行动呢？"

冉有问："听到了就行动吗？"孔子说："听到就行动。"

公西华说："仲由问'听到了就行动吗'，您说'有父亲和兄长在，不能听到就行动'，冉求问'听到了就行动吗'，您说'听到就行动'。我有些糊涂了，冒昧地想问个明白。"孔子说："冉求总是退缩，所以我鼓励他；仲由好勇过人，所以我抑制他。"

通讲

这是夫子因材施教的经典案例。对于因材施教的文化内涵，李泽厚先生解释为："这种'因材施教'的意义正在于对各不相同的人的个性心理特殊性的发掘和实现，注重个体的独特性，这应被看作孔子思想的一大特色。……这也就是苏格拉底、柏拉图的逻辑性、普遍性、实体性（what is）与孔老夫子的实用性、特殊性、功能性（how to do）之区分所在。后者认为'如何做'比'这是什么'优越。"重视偶然性、特殊性，尊重个性差异是夫子教育的一大特色。当然，这也是中华文化的精髓所在，就如同中医对症下药，即便是针对同一种病，面对不同的病人，也不会使用同一个药方。

冉有生性懦弱，缺乏勇气，做事畏葸不前。生活中，他对夫子虽然虔诚，然而总觉着自己力不从心，慨叹"非不说子之道，力不足也"；同时他又是个很少谈"主义"的实践家，缺少正义感。他在季氏集团为虎

作伥——为季氏"聚敛而附益之"，横征暴敛，搜刮民财，帮助季氏发动不义之战，对于"季氏旅于泰山"这样的僭越祭祀不能给予制止。夫子鼓励他不要退缩，不断前进，教他懂得是非大义，让他放开手脚。

子路"暴虎冯河，死而无悔"，不懂得"临事而惧，好谋而成"，不明白"笃信好学，守死善道"，夫子既怕他勇而无礼，犯上作乱，又担心他会做无谓的流血与牺牲。同时，"子路有闻，未之能行，唯恐有闻"（有事没做，害怕听到第二件事情），夫子知道他正直急切，勇于实践，但更担心他因为急躁而生事。故而，夫子叮嘱他"有父兄在"，不要听到了就做。（据钱穆先生考证，公西华比子路小二十三岁，子路此时大约四十四五岁的样子，子路有负米之叹——不能负米奉养亲的慨叹，可见其父母早亡。因此，此时的"父兄"应该是偏义词，特指他的兄长。）

"柴也愚，参也鲁，师也辟，由也喭""师也过，商也不及""由也果""赐也达""求也艺""求也退""由也兼人"……弟子形形色色，个性禀赋各异，且各具优缺点。夫子对此了然于胸，对他们施以不同的教育。于是，弟子们问仁、问孝、问政、问君子……在夫子这里都会得到不同的回答，这些回答都不具有苏格拉底、柏拉图式的普遍性。仲弓德行高，"可使南面"，出于管理需要，夫子教之以忠恕，提出"己所不欲，勿施于人"；司马牛是个"话痨"，而且急躁，夫子就告诉他"仁者，其言也讱"，要言行一致；樊迟天分不足，比较愚钝，夫子就给他提出最简单、最基本的做人标准——仁者爱人……好一个万世师表！学为人师，行为人范。他的教育思想作为中华民族一笔宝贵的思想财富，烛照后世的人们。

11.14　子路使子羔为费[①]宰。子曰："贼[②]夫[③]人之子。"

子路曰："有民人焉，有社稷焉，何必读书，然后为学？"

子曰："是故恶夫佞[④]者。"

解词

①费（bì）：在鲁国季氏封地，今山东费县西北。

②贼：伤害，坑害。

③夫：指代作用，表示近指，略等于“这，这个”。

④佞：有口才，利口善辩。

释句

子路让子羔做费邑长官。孔子说：“你这是害人家子弟。”

子路说：“那里有人民，有土地和粮食（治民、事神都是为学），为什么一定是读书，才算做学问呢？”

孔子说：“所以我讨厌利口善辩的人。”

通讲

子路在季氏家做总管，有了实权，就想照顾一下子羔这个小兄弟。子羔就是高柴，子路照顾他的原因也不仅仅是因为他们师出同门，更关键的在于子路觉得“柴也愚”——子羔忠厚老实，宅心仁厚，做事规矩，适合这个位置。

然而，夫子反对这样做，这倒不是因为他怀疑子羔的才能。子羔之后在鲁、卫两国曾先后为官四次，做过鲁国费宰、郕宰、武城宰和卫国的士师，是夫子弟子中从政次数最多、时间最长的一个。实践证明，他不仅有这个能力，而且还做得很好。

夫子有言：“三年学，不至于谷，不易得也。”做官关系重大，切不可操之过急。如果这件事情发生在“堕三都”（《左传·定公十二年》）不久，此时子羔不过二十四岁（钱穆《论语新解》）——这么年轻就要当费邑长官，揠苗助长，的确有点冒失。

朱熹对这件事的看法是：“治民事神，固学者事，然必学之已成，然后可仕，以行其学。若初未尝学，而使之即仕以为学，其不至于慢神而虐民者，几希矣。”这样看，子路的确是有点“贼夫人之子”——害人子弟。

夫子向来重视实践的价值，强调力行的意义。如今子路以子之矛，

攻子之盾，虽是随口狡辩，却让夫子一时无话可说，只得骂他是油嘴滑舌的“佞者”——想想老夫子也怪尴尬的。

弟子们不加修饰，如实记录下了这生活化的一幕，让我们泯然一笑的同时，又不免陷入深深的思考之中……

11.15 子路、曾皙、冉有、公西华侍坐[①]。

子曰：“以吾一日长乎尔，毋吾以也[②]。居则曰[③]：‘不吾知也[④]！’如或知尔，则何以哉[⑤]？”

子路率尔[⑥]而对曰：“千乘之国[⑦]，摄[⑧]乎大国之间，加之以师旅[⑨]，因之以饥馑[⑩]；由也为之[⑪]，比及[⑫]三年，可使有勇[⑬]，且知方[⑭]也。”

夫子哂[⑮]之。

“求！尔何如？”

对曰：“方六七十，如五六十[⑯]，求也为之，比及三年，可使足民[⑰]。如其礼乐，以俟君子[⑱]。”

“赤！尔何如？”

对曰：“非曰能之，愿学焉[⑲]。宗庙之事[⑳]，如会同[㉑]，端章甫[㉒]，愿为小相[㉓]焉。”

“点！尔何如？”

鼓瑟希[㉔]，铿尔[㉕]，舍瑟而作[㉖]，对曰：“异乎三子者之撰[㉗]。”

子曰：“何伤[㉘]乎？亦各言其志也。”

曰：“莫春[㉙]者，春服既成[㉚]，冠者[㉛]五六人，童子[㉜]六七人，浴乎沂[㉝]，风乎舞雩[㉞]，咏而归[㉟]。”

夫子喟然[㊱]叹曰：“吾与点也[㊲]！”

三子者出，曾皙后。曾皙曰：“夫三子者之言何如？”

子曰：“亦各言其志也已矣[㊳]。”

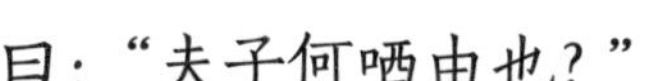

曰：“夫子何哂由也？”

曰：“为国以礼，其言不让[39]，是故哂之。”

“唯求则非邦也与[40]？”

“安见[41]方六七十如五六十而非邦也者？”

“唯赤则非邦也与？”

“宗庙会同，非诸侯而何[42]？赤也为之小，孰能为之大[43]？”

解词

①侍（shì）坐：在尊长近旁陪坐。

②以吾一日长乎尔，毋吾以也：以，因为。后一个“以”同“已”，是“止”的意思。一日，一两天，指很短的时间。乎，于。毋，不要。因为我年纪比你们大一点，（你们）不要因为我（年长）就不敢说话了。

③居则曰：居，平日，平常。则，那么，就。（你们）平日说。

④不吾知也：宾语前置，按照现代汉语语序可以调整为“不知吾也”，不了解我。

⑤则何以哉：那么（你们）打算怎么做呢？

⑥率尔：尔，相当于“然”。急遽而不加考虑的样子。

⑦千乘（shèng）之国：乘，古时一车四马为一乘。春秋时，一辆兵车，配甲士三人，步卒七十二人。有一千辆兵车的诸侯国。在春秋后期，这是中等国家。

⑧摄：夹处。

⑨加之以师旅：加之，加到……上。师旅，军队的通称。古时两千五百人为一师，五百人为一旅。之，指代千乘之国。状语后置，按照现代汉语语序可以调整为“以师旅加之”，用军队来侵略它，意译为“有（别国）军队来攻打它”。

⑩因之以饥馑（jǐn）：因，接续。饥，五谷不熟。馑，蔬菜不熟。饥馑，泛指饥荒。接下来（国内）有饥荒。

⑪为之：为，治。之，指千乘之国。治理这个国家。

⑫比及：比、及，都是“到”的意思。等到。

⑬有勇：（人人）都有勇气。意思是把军队整顿好，可以抵御侵略。

⑭知方：方，道，合乎礼义的行事准则。知道为人的正道。

⑮哂（shěn）：微笑。

⑯方六七十，如五六十：方，计量面积用语，多用以计量土地，后加表示长度的数词或数量词，表示纵横若干长度的意思。如，或者。纵横六七十里或五六十里（的小国）。

⑰可使足民：可以使人民富足。

⑱如其礼乐，以俟（sì）君子：如，至于。俟，等待。至于礼乐教化，（自己的能力是不够的，）那就得等待君子（来推行了）。这是冉有的谦辞。

⑲非曰能之，愿学焉：能之，能做……事。不敢说我能胜任，但是愿意在这方面学习。这是公西华的谦辞。

⑳宗庙之事：宗庙，天子、诸侯供奉祖宗牌位的处所。指诸侯祭祀祖先的事。在古代是国家重要的政事。

㉑会同：会，诸侯在非规定时间朝见天子。同，诸侯一起朝见天子。古代诸侯朝见天子的通称。

㉒端章甫：端，古代的一种礼服。章甫，古代的一种礼帽。端和章甫在这里都用作动词。穿着礼服，戴着礼帽。这是做小相时的穿戴。

㉓相：诸侯祭祀或会盟、朝见天子时，主持赞礼的司仪官。所谓“小相”，也是公西华的谦辞。

㉔鼓瑟希：瑟，古乐器。希，同“稀”，稀疏。弹奏瑟的声音（渐渐）稀疏，指接近尾声。

㉕铿（kēng）尔：铿的一声，指止瑟声。

㉖舍瑟而作：作，起身，站起来。把瑟放下，站起来。

㉗撰（zhuàn）：才能。这里指为政的才能，意译为“志向”。

㉘何伤：何妨。意思是有什么关系呢。

㉙莫（mù）春：莫，同“暮”。即暮春，农历三月。

㉚春服既成：春服，指夹衣或单衫。成，定。春天的衣服已经穿定了。

㉛冠（guàn）者：成年人。古代男子在二十岁时行加冠礼，表示成年。

㉜童子：少年，未成年的男子（不到二十岁）。

㉝浴乎沂（yí）：沂，水名，在今山东曲阜南。浴乎沂，状语后置，按照现代汉语语序可以调整为“乎（于）沂浴”，在沂水洗澡。

㉞风乎舞雩（yú）：风，用作动词，吹风。舞雩，台名，是鲁国求雨的坛，在今曲阜南。雩，求雨的祭祀仪式，伴以乐舞，故称“舞雩”。状语后置，按照现代汉语语序可以调整为“乎（于）舞雩风”，在舞雩台上吹吹风。

㉟咏而归：咏，唱歌。而，表修饰，不译。唱着歌回去。

㊱喟（kuì）然：喟，叹息。叹息的样子。

㊲吾与（yù）点也：与，赞成。我赞成曾皙啊。

㊳也已矣：罢了。

㊴为国以礼，其言不让：为国以礼，状语后置，按照现代汉语语序可以调整为“以礼为国”，用礼来治理国家。让，谦让。治国要用礼，（可是）他（仲由）的话毫不谦逊。

㊵唯求则非邦也与：唯，句首语气助词，无实义。邦，国。难道冉求讲的不是国家的事吗？

㊶安见：怎见得。

㊷宗庙会同，非诸侯而何：宗庙祭祀、朝见天子，不是诸侯国的事又是什么呢？意思是，公西赤说的也是国家大事，不过讲得谦虚罢了。

㊸赤也为之小，孰能为之大：为，做。之，指诸侯。小，小事，指做小相。大，大事，指治国为政，做大相。如果公西赤只能给诸侯做一个小相，那么谁能做大相呢？

释句

子路、曾皙、冉有、公西华陪孔子坐着。

孔子说：“因为我年纪比你们大一点，你们不要因此就不说话了。你们平日说：‘人家不了解我呀！’假如有人了解你们，那么你们打算怎么做呢？”

子路急忙回答：“拥有一千辆兵车的诸侯国，夹在几个大国的中间，有别国军队来攻打它，接连下来国内又有饥荒。我去治理，等到三年之后，可以让人人都有勇气，而且知道为人的正道。”

孔子微笑了一下。

“冉求！你怎么样？”

冉求回答说：“纵横六七十里或五六十里的小国，我去治理，等到三年之后，可以使人民富足。至于礼乐教化，（我的能力还不够，）要等待君子来推行了。”

“公西赤！你怎么样？”

公西赤回答说：“不敢说我能胜任，但是愿意在这方面学习。祭祀工作，或者诸侯会盟，朝见天子，我愿意穿着礼服，戴着礼帽，做一个小司仪官。”

“曾点！你怎么样？”

弹奏瑟的声音渐渐稀疏，接近尾声，铿的一声，曾皙把瑟放下，站起来，回答说：“我的志向和他们三个人不同。”

孔子说：“有什么关系呢？也不过是各自谈谈自己的志向罢了。”

曾皙说：“暮春三月，春天的衣服已经穿定了，五六个成年人，六七个少年，在沂水洗洗澡，在舞雩台上吹吹风，然后唱着歌回去。”

孔子长叹一口气说：“我赞成曾皙啊！”

子路、冉有、公西华都出来了，曾皙后走。曾皙问道：“那三位同学的回答怎么样呢？”

孔子说：“也不过是各自谈谈自己的志向罢了。”

曾皙问：“您为什么笑仲由呢？”

孔子说：“治国要用礼，可是他的话毫不谦逊，所以笑他。”

“难道冉求讲的不是国家的事吗？”

“怎见得方圆六七十里或五六十里的土地就不是一个国家的事呢？”

“公西赤所讲的不是国家吗？”

“宗庙祭祀、朝见天子，不是诸侯国的事又是什么呢？如果公西赤只能给诸侯做一个小相，那么谁能做大相呢？”

通讲

《侍坐》章让我们进入了夫子的课堂，聆听那千年不绝的文化回响。

这是夫子的一节“班会课”，班会课的主题是“各言其志”。

四位弟子各言其志，夫子最欣赏曾皙的志向，“吾与点也”。此外，

从夫子"喟然叹曰"的语气中也可以看出，夫子这一叹，情感深挚，意态悠远。不是悲叹，不是哀叹，不是感伤人生失意，不是痛惜岁月不永，而是对曾皙之志由衷赞叹。

然而，我们不禁要问，曾皙分明只是描述了一幅画面，他压根就没有说自己的志向啊！曾皙之志就隐藏在这幅沂水春风图中，圣哲之人一眼可见，睿智之人细思可得。沂水春风，实则是千古悬案，历史谜团，自古以来众说纷纭，莫衷一是。

你可以说曾皙的志向就是大同：

暮春者，就是阳春三月，这是一个美好吉祥的时节。春日迟迟，卉木萋萋，仓庚喈喈，采蘩祁祁，杨柳依依，天地间早已是一片醉人的旖旎。人们终于脱下厚重的冬装，换上轻薄的春衣，老老少少，踏青游春，浴乎沂水，风乎舞雩，一路咏歌，潇洒惬意。"冠者五六人，童子六七人"，有大人，有孩子，充满了和和美美、共享天伦的意味。春天是一个美好的时节，万物复苏，生机勃勃，欣欣向荣，这里说的不仅是自然界的春天，更暗指人类社会的春天，即大同社会。

动人的图画，幸福的生活场景，多么洒脱倜傥而富有诗情画意，多么美妙祥和而令人心驰神往。没有丰厚的物质基础，何以如此？没有饱满的生活热情，何以如此？没有和平安定的社会环境，何以如此？没有和谐美好的人际关系，何以如此？没有受到礼乐教化的民众，何以如此？所以，曾皙之志，志在四海升平，天下大同，民生安好，海晏河清。而这正是孔子及后世千秋万代儒家弟子毕生的心愿和追求——以礼乐治国化天下，开创盛世太平。何为礼？礼仪秩序谦让，我们说彬彬有礼。何为乐？音乐舞蹈和谐。孔子的终极理想是什么？就是本着君子的仁爱之心，通过礼乐教化，使民众不断完善内在修养，陶冶思想性情，进而去建立一个风清俗美、万方安和、有秩序、有诚信、有宽恕的礼乐之邦，最终实现大同。

有人说曾皙的志向是远离官场，归隐田园。因为在"浴乎沂，风乎舞雩，咏而归"的描述中，有一种淡泊高远、悠然自得的隐逸情怀，类似于陶渊明的"采菊东篱下，悠然见南山"。写大同社会、太平盛世为什么不观照具有乡土气息的村落园田或熙熙攘攘的市井街巷？这幅沂水春

风图看起来更像世外桃源，流露出潇洒高逸的清新淡远之气和闲适自得之意。夫子此时已年过六十，垂垂老矣，步入生命中的黄昏。回首自己坎坷的一生，周游列国，推行“仁”的思想，却四处碰壁，屡屡受挫，壮志难酬，此时，心灰意冷，身心俱疲，便会萌生退意。夫子曾有“道不行，乘桴浮于海”之叹，曾皙此时的描述也正好与自己此时的心境极为契合，一下子触碰到夫子心中那根心弦，于是夫子在情感上产生了强烈的震荡和共鸣。

然而，暮春时节，大概是阳历四月份，此时的齐鲁大地春寒料峭，那时候在沂水里洗完澡，再跑到舞雩台上吹风——似乎不像我们想象的那样美好。

这样的质疑早在东汉年间就有了，哲学家王充认为，曾皙所描绘的不是一个春游的画面。“浴乎沂，涉沂水也，象龙之从水中出也。风乎舞雩，风，歌也。咏而馈，咏歌馈祭也，歌咏而祭也。”在这段文字中，“浴”不是洗澡，“浴乎沂，涉沂水也”，是一群祭祀的人员排成一行涉水而过，祭祀祈雨；“风乎舞雩”，“风”不是吹风，而是讽咏唱歌；“归”，不是回家的意思，而是“馈赠”的“馈”的通假字。按照王充的解释，便是一边在舞雩台上唱着歌吟诵着，一边把祭祀的祭品馈赠上天，祈求下雨——一个很正规、很隆重的祭祀仪式。那么，曾皙的志向就可以理解为主持雩祭，以此求雨，希望风调雨顺，五谷丰登，让百姓生活富足充盈。“礼”是手段，表现出的外在行为；其核心是“仁”，也是孔子思想的核心。仁者爱人，正是因为曾皙的志向完全体现了孔子的仁礼思想，所以得到夫子衷心的赞扬。

不管哪一种理解，那沂水之畔的安宁祥和，舞雩台上的和煦春风，以及人们内心的喜悦与平静，已然在我们的心中留下了清丽的影像。

其他三子的志向就不好吗？对子路之志，夫子“哂之”；对冉有和公西华，夫子惜之。我们先来看看夫子对这三个弟子的内心定位：“由也，千乘之国，可使治其赋也”，“求也，千室之邑，百乘之家，可使为之宰也”，“赤也，束带立于朝，可使与宾客言也”。如此看来，夫子对子路“哂之”，不是因为子路没有这个能力，在夫子心中，子路足以胜任千乘之国的军政长官；“哂之”是因为子路“率尔”——轻率急躁。夫子欣赏

“温良恭俭让”的君子，君子应该谦逊温和，所谓谦谦君子，温良如玉，而子路呢？却是豪情似火，缺乏自谦。

对冉有，夫子惜之，是因为冉有对自己的定位过于保守，太过谦逊谨慎。夫子认为他完全有能力做一个千室之邑的行政长官，可冉有却说自己只能做一个“方六七十，如五六十”的小国的管理者，在表达志向的时候，连“方六七十”都唯恐说多了，连忙改成“如五六十”，这是得有多谨慎啊！而且即便是对于这样一个小国，冉有也认为自己仅能“足民”，就是搞好物质文明，至于礼乐方面的精神文明建设，自己无能为力，提出“以俟君子”的想法，避免以君子自居。

对公西华，夫子惜之同样是因为公西华过于低估自己的能力。“赤也为之小，孰能为之大?”他具备高级外交官的才华，却只愿做一个“小相”，话说得委婉含蓄，谦恭有礼。

多么的洒脱倜傥，又是怎样的情韵深长，2500 年前的沂水春风和先哲的思想，留给后人的是永恒的艺术魅力与动人的精神光辉。

颜渊篇第十二

12.1 颜渊问仁。子曰："克己复礼①为仁。一日②克己复礼，天下归③仁焉。为仁④由己，而由人乎哉？"

颜渊曰："请问其目⑤。"子曰："非礼勿视，非礼勿听，非礼勿言，非礼勿动。"

颜渊曰："回虽不敏⑥，请事斯语⑦矣。"

解词

①克己复礼：约束自我，使言行归复于先王之礼。

②一日：一旦。

③归：归向，归附。一说"称赞，称许"。

④为仁：实行仁德。

⑤目：条目，细则。

⑥敏：聪慧。

⑦请事斯语：请，动词，表示敬意，请允许我，也可以不译出。事，实践，从事。斯语，指"非礼勿视"等四句话。依照这四句话去做。

释句

颜渊问如何是仁。孔子说："约束自我，使言行归复于先王之礼，就是仁。一旦大家都这样做了，天下就归向于仁了。实践仁德全靠自己，还能靠别人吗？"

颜渊说："请问详细的条目。"孔子说："不符合礼的事不看，不符合礼的事不听，不符合礼的事不说，不符合礼的事不做。"

颜渊说："我虽然不聪慧，也要依照这四句话去做。"

通讲

《论语》的核心就是"仁"。在夫子的世界观里，"仁"是有差等的：

仁者爱人，这是基本内涵；广济博施、泛爱大众，这是至高层次。

《论语》中，弟子颜回、仲弓、司马牛、樊迟、子贡、子张都曾问过仁，夫子为他们量身打造，分别给出了不同的回答，丰富了仁的内涵。然而，对比诸多阐发，又以颜回这一章最为深刻，这不仅仅因为夫子对颜回有所偏爱，更在于颜回聪慧，“闻一知十”，能做到“三月不违仁”，故而夫子要对他提出更高的要求。

在本章里，夫子提出一个重要概念——克己复礼。他讲礼和仁的关系，明确要克制自己，约束自己，将恢复礼制作为至高追求，这就是仁。

礼者，行之善；仁者，心之善。礼与仁互为表里，礼是外在的规范，仁是内在的德行。仁是礼的基础，同时也维护着礼的存在，离开了仁，礼就是无本之木、无源之水，成了一个徒有形式的外壳。由心而发的礼是真礼，仅仅就礼而礼则是虚礼。礼是仁的外露，同时也有助于仁的达成，我们可以通过“约我以礼”具体实践仁的内涵。换句话说，仁的具体内容要由礼来规定、践行。

夫子提出“为仁由己”，还进一步提出具体做法，即四个“勿”，要求自我克制，做到视、听、言、行都要合乎礼。看似轻松，做起来却绝非易事，需要事事留意，时时小心。

上海博物馆收藏的战国楚简中有一篇被定名为《君子为礼》的文献，可以视作这一章故事的延续，非常有趣：

> 颜渊侍于夫子。夫子曰：“回，君子为礼，以依于仁。”颜渊作而答曰：“回不敏，弗能少居。”夫子曰：“坐，吾语汝。言之而不义，口勿言也；视之而不义，目勿视也；听之而不义，耳勿听也；动［之］而不义，身毋（勿）动焉。”颜渊退，数日不出。（门人问）之曰：“吾子何其惰（一作‘瘠’）也。”曰：“然，吾亲闻言于夫子，欲行之不能，欲去之而不可。吾是以惰（一作‘瘠’）也。”

颜渊听到夫子的要求，产生了畏难情绪，于是深居简出，由此看来，虽说是“为仁由己”，但真正要达成，“复圣”也愁！

12.2 司马牛忧曰："人皆有兄弟，我独亡[①]。"子夏曰："商闻之矣：死生有命，富贵在天。君子敬而无失，与人恭而有礼。四海之内，皆兄弟也——君子何患乎无兄弟也？"

解词

①亡（wú）：同"无"，没有。

释句

司马牛忧愁地说："别人都有兄弟，唯独我没有。"子夏说："我听说过，死生有命，富贵在天。君子只要对待所做的事情严肃认真，不出差错，对人恭敬而合乎于礼的规定，天下人就都是自己的兄弟了——君子何愁没有兄弟呢？"

通讲

《红楼梦》第四十五回，宝钗抚慰黛玉说："咱们也算同病相怜。你也是个明白人，何必作'司马牛之叹'？""司马牛之叹"也作"司马牛之忧"，这个典故就来源于这一章，指的就是对孑然一身、孤立无援的感叹或担忧。黛玉本无兄弟姐妹，此时又无父无母，因此不免产生这样的感叹。

《论语》中关于司马牛的章节太少，我们很难断定，是司马牛天生就多思多虑，于是生发了这所谓的"司马牛之叹"？还是他原本没心没肺，是在夫子"内省不疚"（要多自我反思）的点化下反生出如此焦虑？甚或他真的是传说中乱臣贼子桓魋的弟弟，因与哥哥断绝关系而产生了孤寂之感？不过有一点是肯定的，在强调血缘伦理关系的社会中，家族就是每个人的归属，兄弟就是最亲近的人（这一点从成语"情同手足"中就可以看出）。如此，司马牛的寂寞显然算是宗族社会的寂寞，心情也不难理解。

子夏同学的宽慰很有趣，也很经典，一句话竟然产生了两条妇孺皆知的俗语——"死生有命，富贵在天""四海之内，皆兄弟也"（第一条看似子夏引用的当时的俗语，不过这句话也是经由他而为人所知，流传至今的）。

“死生有命，富贵在天”，在儒家世界里，这里所说的“命”并非佛家的宿命，它有不可捉摸、不可预测甚至不可抗拒的地方，死生、富贵便是如此。不过，儒家强调命，提出“畏天命”，却又向来不信命，不听命。相反，儒家是尽人事，听天命，是“知其不可而为之”，更强调主观能动性。

你可能会说子夏的确是“小人儒”，这里只是告诉司马牛要“认命”，似乎格局还不够，那就错了。接下来，他就马上说：“君子敬而无失，与人恭而有礼。四海之内，皆兄弟也。”换句话说，我们只有主动爱别人，才会有更多的兄弟。在这里，千万别忽视了“君子敬而无失，与人恭而有礼”的存在，这是“四海之内，皆兄弟也”的必要前提——学会恭敬对待别人，有仁德且合乎礼制，便可以赢得天下人的称赞，就不必担心自己没有“兄弟”了。

“死生有命，富贵在天”，“四海之内，皆兄弟也”，可以说是夫子“不知命，无以为君子也”“德不孤，必有邻”的通俗版再现。这一通俗版不仅成功地劝慰了司马牛，同时也为后世无数中国人提供了精神的宽慰与温暖。

12.3 子张问明。子曰：“浸润之谮[①]，肤受之愬[②]，不行焉，可谓明也已矣。浸润之谮，肤受之愬，不行焉，可谓远也已矣。”

解词

①浸润之谮（zèn）：谮，说人坏话，诬陷别人。像水那样一点一滴、日积月累的谗言。

②肤受之愬（sù）：愬，诽谤，进谗言。像皮肤感觉到疼痛那样的诬告，即直接的诽谤。

释句

子张问怎样做才算是明智。孔子说：“像水润物那样暗中挑拨的坏

话，像切肤之痛那样直接的诽谤，在你那里都行不通，那你可以算是明智的了。像水润物那样暗中挑拨的坏话，像切肤之痛那样直接的诽谤，在你那里都行不通，那你可以算是有远见的了。”

通讲

何为“明”？老子说：“知人者智，自知者明。”《荀子》说：“知贤之谓明。”《春秋繁露》有言：“明者知贤不肖者，分明黑白也。”旁观者清，当局者迷；偏听则暗，兼听则明——要想做到明白、明智，并非易事。

皇侃《论语集解义疏》认为“肤受之愬”“如人皮肤之受尘垢，当时不觉，久久方睹不净”，尘埃会落到皮肤上，我们难以觉察，时间久了才能见到。这个理解也可以，然而似乎与“浸润之谮”同义，恐怕不是夫子的意思。我以为，还是朱熹解释得更好：

> 毁人者渐渍而不骤，则听者不觉其入，而信之深矣。愬冤者急迫而切身，则听者不及致详，而发之暴矣。二者难察而能察之，则可见其心之明，而不蔽于近矣。

夫子总结生活经验，认为有两种谗言最能迷惑人且让人深信不疑：一是暗中逐渐渗入的，二是言之凿凿疾言厉色直接痛斥的。多么精深的观察，多么精到的语言，人情练达，通透老道。这两类谗言，可以说误君君不知，误民民不晓，细思恐极。两类谗言，一个暗箭，一个明枪，你若都能躲得过，那你就真是明白、明智之人了。

谗言止于智者，君子断然不能有妄语、两舌、谗毁之过，也绝不能轻易相信谗言。夫子用自己的人生经验告诉弟子要有洞察力与辨别力，特别提防两类谗言，至于具体该如何做，夫子这里没有多说。不过，读《论语》不仅仅要一章一章地细读，还要懂得跳跃着联读，诸如“视其所以，观其所由，察其所安”“不知言，无以知人也”——这几章里似乎就隐藏着夫子的答案。

12.4 子贡问政。子曰:“足食,足兵,民信之矣。”

子贡曰:“必不得已而去,于斯三者何先[①]?”曰:“去兵。”

子贡曰:“必不得已而去,于斯二者何先?”曰:“去食。自古皆有死,民无信不立。”

解词

①何先:宾语前置,按照现代汉语语序可以调整为“先何”,先(去)哪个。

释句

子贡问怎样治理政事。孔子说:“粮食充足,军备充足,百姓就会信服。”

子贡说:“如果不得不去掉一项,先去掉哪一项呢?”孔子说:“去掉军备。”

子贡说:“如果不得不再去掉一项,那么去掉哪一项呢?”孔子说:“去掉粮食。自古以来人总是要死的,如果失去了百姓的信任,那么政府就维持不住了。”

通讲

治理国家有三个条件,食、兵、信。民以食为天,仓廪实而知礼节,衣食足而知荣辱——填不饱肚子还谈什么“信”?“以不教民战,是谓弃之”,“善人教民七年,亦可以即戎矣”,没有军事装备,缺乏稳定的局面,何谈一切?然而,夫子偏偏将“信”置于首位,足见其重要性。有了信,粮食和兵器可以创造出来,失去了信,国家无以维系。

“人而无信,不知其可也”,古有商鞅辕门立木,不就是为了取得一个“信”吗?《尧曰篇》中有云:“宽则得众,信则民任焉,敏则有功,公则说(悦)。”中国文化以人为本,在我们的世界观里,取信于民就是对百姓最大的尊重。故而朱熹说:“民无食必死,然死者人之所必不免,无信则虽生而无以自立,不若死之为安。故宁死而不失信于民,使民亦

宁死而不失信于我也。”

12.5 齐景公问政于孔子。孔子对曰：“君君，臣臣，父父，子子。”公曰：“善哉！信①如君不君，臣不臣，父不父，子不子，虽②有粟，吾得③而食诸？”

解词

①信：的确，确实。这里表示强调，可不翻译。

②虽：即使。

③得：能。

释句

齐景公向孔子询问怎样治理政事。孔子回答说：“国君是国君，臣子是臣子，父亲是父亲，儿子是儿子。”齐景公说：“讲得好呀！如果君不守君的规矩，臣不守臣的规矩，父不守父的规矩，子不守子的规矩，即使有粮食，我能吃得上吗？”

通讲

春秋时期社会动荡，各种礼法规制被严重破坏，弑君杀父之事屡有发生，这就使得维护原有社会秩序显得尤为重要。关于本章的背景，钱穆先生在《论语新解》中说：“鲁昭公末年，孔子适齐，时齐大夫陈氏专政，而景公多内嬖，不立太子，故孔子答其问如此。”夫子告诫齐景公，“君君，臣臣，父父，子子”，旨在让他恢复有序的等级秩序，以确保长治久安。

事实上，在夫子的世界观里，从来没有什么不平等的主从关系。鲁定公曾问：“君使臣，臣事君，如之何？”夫子说：“君使臣以礼，臣事君以忠。”我们要看到，夫子强调君先要礼遇臣，臣才有忠信的可能。生活中的夫子受到了鲁国、卫国国君的冷遇，就会选择断然离开，根本看不到后世臣子身上那种的愚忠的影子。邦无道，宁可“乘桴浮于海”，或是“居九夷”，也不愿苟且于乱世，这才是真正的夫子。后世的孟子将之继

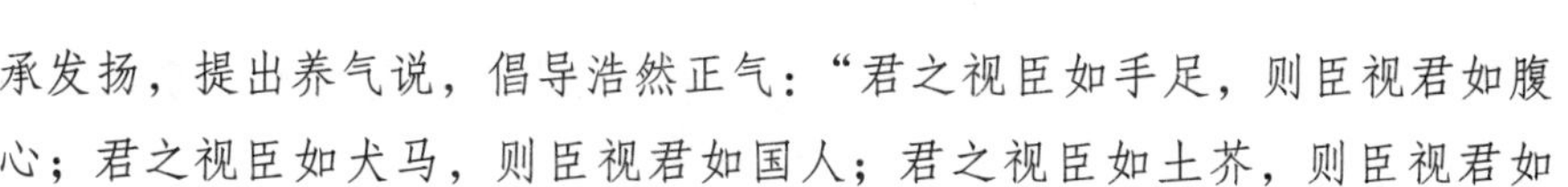

承发扬，提出养气说，倡导浩然正气："君之视臣如手足，则臣视君如腹心；君之视臣如犬马，则臣视君如国人；君之视臣如土芥，则臣视君如寇仇。"这与夫子思想是一脉相承的。

12.6 子曰："君子成[1]人之美，不成人之恶。小人反是。"

解词

①成：成全。

释句

孔子说："君子成全别人的好事，不促成别人的坏事。小人与此相反。"

通讲

"君子去仁，恶乎成名？"君子就是随时随地都要坚持仁道，无论什么时候都不可放弃。那何为仁呢？仁就是要体恤别人，奉行推己及人的忠恕之道。忠是"中心"，是从积极施予的一面说的，即"己欲立而立人，己欲达而达人"；恕是"如心"，是从消极防范的一面说的，即"己所不欲，勿施于人"。前者是上限，后者是底线。那么"成人之美，不成人之恶"呢？它虽达不到仁的上限——在自己不"美"之前先他人之"美"；但也要高于仁的底线——自己不想要的结果自然不让别人也得到这样的结果，且要考虑怎样达成别人的好事。

所谓人同此心，心同此理，儒家讲求推心置腹，换位思考，从自己出发考量别人的感受和需求，而非总盯着自己而无视别人——这是一种对别人的尊重，更是一种博大的情怀。每个人都希望能好事成真，我们就要想尽法子并尽可能创造条件成就别人的好事。

不过，这里特别要注意"美"字。夫子所说的成就他人，不是无原则地成就别人，更多的是指道德层面的善，也就是说，不是单纯地帮助别人达成一切愿望，而是帮助别人达成美好善良的愿望。

12.7　季康子问政于孔子。孔子对曰："政者，正也。子帅以正，孰敢不正？"

释句

季康子向孔子问政治。孔子回答说："政治就是端正。您率先端正，谁敢不端正？"

12.8　季康子患盗，问于孔子。孔子对曰："苟子之不欲①，虽②赏之不窃。"

解词

①欲：贪欲。

②虽：即使。

释句

季康子苦于盗贼太多，向孔子求教。孔子回答说："假如您不贪求财货，即使奖励偷窃，也没人干。"

12.9　季康子问政于孔子曰："如杀无道，以就①有道，何如？"孔子对曰："子为政，焉用杀？子欲善而民善矣。君子之德，风；小人之德，草。草上②之风，必偃③。"

解词

①就：接近，靠近，这里引申为"亲近"。

②上：钱穆先生《论语新解》中解释为"上，或作尚，加义"。

③偃：仆，倒。

释句

季康子向孔子问政治，说："如果杀掉无道的人来亲近有道的人，怎

么样?”孔子说：“您治理政事，为什么要杀戮呢?您想要把国家搞好，老百姓就会好起来。领导人的作风好比风，百姓的作风好比草，风吹到草上，草就必定跟着倒（风往哪边吹，草往哪边倒）。”

通讲

这是季康子问政“三部曲”，夫子回答貌似各有不同：第一次用字源学的知识下定义——明概念；第二次教他“反求诸己”的方法，使之学会自省——找原因；第三次用打比方的形式给他指明道路——教方法。这三章又有相同点：首先，明确政治的责任在于上位而不在于下位；其次，强调为政的带头示范、身先士卒的作用。

政就是“正”，“正”字由“一”与“止”组成，“一”是目标，“止”是脚印，本意是向一个方向不偏不倚地走过去，也就是走正路。领导人带头端正，上行下效，百姓能不正吗?季康子作为鲁国权臣，凌驾于公室之上，专权而失三桓之心，违背了君臣礼法。此时，夫子说“子帅以正，孰敢不正”，显然是话里有话的，然而，出于礼的考量，他只是点到为止，给对方留足了面子。

不过第二次说“苟子之不欲，虽赏之不窃”，那种嘲讽的口气已经是显而易见的了。上梁不正下梁歪，自己犯上作乱，还要问怎么去制止别人杀人越货甚至小偷小摸，说来岂不可笑至极?难怪夫子也有点忍不住了。

不过毕竟面对的是执弟子礼的发问，夫子本着有教无类的思想，还是给出了具体的方案。夫子旗帜鲜明地反对暴力与杀戮，反对“道之以政，齐之以刑”，认为“道之以德，齐之以礼”，即德化礼教比行政命令和法律制度更有效力。“道之以德”包括两方面内容：首先，执政者必须推行德治，宽惠使民，轻徭薄赋，省法轻刑；其次，执政者要树立榜样，启发百姓的心理自觉。“齐之以礼”的“礼”是夫子一生都在追求和维护的，执政者要模范地遵守，百姓要自觉地追随，如此则“无不治之天下矣”（钱穆语）。

12.10 子贡问友。子曰："忠告而善道[①]之，不可则止，毋自辱焉。"

解词

①道（dǎo）：同"导"，引导。

释句

子贡问怎样对待朋友。孔子说："真诚地劝告他，恰当地引导他，如果他不听就适可而止，不要自找侮辱。"

通讲

对于中国古代的君臣、父子、兄弟、夫妇、朋友这五种人伦关系，儒家分别以忠、孝、悌、忍、善作为其关系准则。五种关系中，李泽厚先生以为夫子提倡的朋友之道"最宜于现代的社会性公德，即以独立、自主、平等的个体之间的关系为基础也"。

这一章讲了处理朋友关系的方法。朋友之间"切切偲偲"，要和睦，然而又不能搞"乡愿"，真正的朋友敢于且善于开导朋友，这就是"忠告而善道之"："忠告"是内容，对朋友要真诚，要将心比心，倾其所有，真诚相告；"善道"是形式，劝之有度，导之有法，不要凭着自己的好心就为所欲为，不顾一切。"不可则止，毋自辱焉"，就是说开导应适可而止，不要自取其辱。尽最大的努力就好，毕竟谁也不能导演别人的人生，即便是最好的朋友。退一步讲，也不要太过坚信自己的经验和建议，即使是自己经历过的、印证过的，时过境迁，也未必完全适合此时此境的朋友。

这是一个真诚、独立、自主的交友原则。其实，莫说是对朋友，即便是对待其他几种人伦关系，儒家也持有相似的处事态度。子游就曾由夫子处理朋友关系的这一方法引申出"事君数，斯辱矣；朋友数，斯疏矣"的说法——把夫子对待朋友的做法扩展到了君臣关系中，同样不建议过分执拗于自己的建议。对此，我们也可以参考夫子对待父母的态度："事父母几谏，见志不从，又敬不违，劳而不怨。"对父母不当的言行，

儿女应婉言劝谏，若是父母不接纳，也依旧恭敬孝顺，不敢违逆。对象不同，其理一也。

夫子的交友之道，充分体现了对人格主体的承认和尊重，这是经验之谈，更是一种人文关怀。

12.11 曾子曰："君子以文会友，以友辅①仁。"

解词

①辅：辅助。

释句

曾子说："君子以文章学问来结交朋友，依靠朋友帮助自己培养仁德。"

通讲

前面一章夫子谈交友的方法，这一章曾子谈交友的意义。

夫子特别关注交什么样的朋友，他常说"毋友不如己者"，"里仁为美"，"事其大夫之贤者，友其士之仁者"，"友直，友谅，友多闻"……就如同今天的家长，反反复复地跟孩子说："要多向优秀的孩子学习啊！"为什么？因为朋友对于我们的意义太大了，朋友可能是楷模，是辅助，或是戒尺。

曾子说"以文会友，以友辅仁"，将交朋友的方向指向培养仁德。夫子说："可与共学，未可与适道；可与适道，未可与立；可与立，未可与权。"意思是说，可以与他一起学习的人，未必可以与他走同一条道路；可以与他走同一条道路的人，未必可以与他共同坚守道义；可以与他共同坚守道义的人，未必可以同他一起随机应变。找到"共学"容易，找到共同"适道"不易。本章也可以看作是曾子对此的阐发，康有为对此解释为："人情孤独则懒惰，易观摩则奋厉生。置诸众正友之中，则寡失德；置诸多闻人之中，则不寡陋。故辅仁之功，取友为大。"说白了就是"近朱者赤，近墨者黑"。

夫子说："可与言而不与之言，失人；不可与言而与之言，失言。知者不失人，亦不失言。"若是看到志同道合的人，我们应该积极主动地结交，这是进步的机会，不要轻易错过。

子路篇第十三

13.1 子路问政。子曰："先之劳之①。"请益。曰："无倦。"

解词

①劳之：劳，劳作，这里是使动用法，使……劳作。让他们勤快地劳作。

释句

子路问怎样治理政事。孔子说："给百姓带头，然后让他们勤快地劳作。"子路请求多讲一点。孔子说："永不疲倦懈怠。"

通讲

子路问政，夫子自然要考虑到他的性格特点、工作状况等因素。

首先，子路是政事科翘楚，"千乘之国，可使治其赋也"，对这样的高层领导，让他做好带头作用是非常必要的。正如夫子教育季康子时所反复强调的："政者，正也。子帅以正，孰敢不正？""苟子之不欲，虽赏之不窃。""君子之德，风；小人之德，草。草上之风，必偃。"作为高层，只有身先士卒，做好表率，下属才会按照你的样子做。由此可见，儒家是将伦理与政治混同的，一方面强调各司其职，另一方面强调上行下效——地方官员被称为父母官，就如同家长之于孩子，父母官首先要像父母一样做好子女的模范。正如《朱子语类》中的解释："欲民之亲其亲，我必先之以孝。欲民之事其长，我必先之以弟。""凡是以劳苦之事役使人，自家须一面与他做，方可率得他。如劝课农桑等事，也须是自家不惮勤劳，亲履畎亩，与他勾当，方得。"

其次，"子路有闻，未之能行，唯恐有闻"，生活中这样的急性子，做事往往三分钟热度，不能持之以恒，所以夫子告诉"行行如"的子路要"无倦"，这一点又与夫子对"堂堂"的子张的告诫"居之无倦，行之

以忠”是高度一致的。

但与告诫子张不同，夫子这里的“无倦”，除了说工作不要倦怠之外，还在强调“先之”的不倦。执政者往往不是缺乏“先之”，而是不能“无倦”。只是“示范一下”，那就是作秀，是搞形式主义，如果一直示范下去，那就不愁百姓会不配合，不积极。纵观今日之中国，有些官员只是“先之”，而不能“无倦”，究其根源就是官老爷作风，觉得当官就是为了享受，这与夫子积极有为、自强不息的人生观正好相悖。

“先之”是带头做，“劳之”是拼命做，“无倦”是一直做。《国语》有云：“昔圣王之处民也，择瘠土而处之，劳其民而用之，故长王天下。夫民劳则思，思则善心生；逸则淫，淫则忘善；忘善则恶心生。沃土之民不材，淫也。瘠土之民莫不向义，劳也。”夫子倡导官员勤政，反对惰政；倡导百姓勤劳，反对安逸。勤劳生智慧，懒惰生邪念。一句话，人啊，还是适当地忙一点好。

13.2 子路曰：“卫君待子而为政，子将奚先①？”

子曰：“必也正名乎！”

子路曰：“有是哉，子之迂②也！奚其正？”

子曰：“野哉，由也③！君子于其所不知，盖阙如④也。名不正，则言不顺；言不顺，则事不成；事不成，则礼乐不兴；礼乐不兴，则刑罚不中；刑罚不中，则民无所错⑤手足。故君子名之必可言也，言之必可行也。君子于其言，无所苟⑥而已矣。”

解词

①子将奚先：宾语前置，按照现代汉语语序可以调整为“子将先奚”，您准备先做什么？

②子之迂：之，助词，用于主谓之间，取消句子独立性，无实义。您太迂腐了。

③野哉，由也：野，粗鄙，缺乏文采。子路粗鄙啊。

④阙如：空缺。
⑤错：同“措”，安置。
⑥无所苟：不能马虎。

释句

子路说：“卫国的国君等您去治理国政，您准备先做什么？”

孔子说：“那一定是纠正各种名分了。”

子路说：“有这回事吗，您太迂腐了！为什么纠正名分呢？”

孔子说：“子路粗鄙啊！君子对于自己不知道的，就要保持沉默。如果名不正，言语就不顺理成章；言语不顺理成章，就搞不成事情；搞不成事情，礼乐就倡导不起来；礼乐不倡导，刑法就不得当；刑法不得当，百姓就连手脚都不知道该如何摆放。所以君子纠正了名分一定可以说出来，说出来的话一定行得通。君子对于自己说的话，不能有一点马虎。”

通讲

这里的卫君是指卫出公辄——蒯辄，他是卫灵公的孙子，卫庄公蒯聩的儿子。卫灵公的妻子南子生性淫乱，与宋国公子朝私通。卫灵公不加阻止，反而纵容南子，召公子朝与其在洮地相会。卫灵公的太子蒯聩对此非常愤怒，便和家臣戏阳速商量，在朝见南子时趁机刺杀她。结果戏阳速反悔没有行动，被南子察觉，蒯聩于是逃亡宋国，卫灵公将蒯聩党羽全部驱逐。卫灵公死后，他的孙子蒯辄当政，晋国军队护送蒯聩回国，儿子蒯辄又与父亲对抗，拒不让父亲回国。

儿子要杀母亲，父子成仇；孙子又把持朝政，与父为敌：没有了名分，礼崩乐坏，僭越之风大行其道，因此才有了夫子上面的表态。

子路问老师，如果卫灵公任用您，您将先做些什么，孔子回答：“必也正名乎！”不想子路却直接评价孔子迂腐。对此孔子先是批评弟子的不讲礼貌，之后耐心地给他讲解“正名”的重要意义。

夫子要正名，正名就是“正礼”。“不知礼，无以立也”，不懂得礼法，无法立足于社会。礼法是什么？简而言之就是尊卑有序——“君君，臣臣，父父，子子”，这是一个严格的名分等级制度，不可僭越。为君之人，要符合“君”之名应有之义；为臣之人，必须履行“臣”之名

限制的为臣之道；为父、为子之人，必须遵守“父”“子”之名规定的伦理规范和道德准则。如此，通过正名以正实，让名实相符，维护礼制，社会就秩序井然了。

儒家重视名分，名分就意味着秩序和差等。夫子的正名思想不仅对中国历代政治有着重要意义，对中国的逻辑思想也产生了深远影响。

13.3 樊迟请学稼。子曰：“吾不如老农。”请学为圃。曰：“吾不如老圃。”

樊迟出。子曰：“小人哉，樊须也！上好礼，则民莫敢不敬；上好义，则民莫敢不服；上好信，则民莫敢不用情。夫如是，则四方之民襁负①其子而至矣，焉用稼？”

解词

①襁负：襁，背负婴儿的宽带。这里用作动词，用襁背负。

释句

樊迟请教如何种庄稼。孔子说：“我不如老农民。”请教如何种蔬菜。孔子说：“我不如老菜农。”

樊迟出去了。孔子说：“樊迟真是个小人啊！居于上位的人爱好礼仪，老百姓就没有人敢不恭敬的；居于上位的人爱好道义，老百姓就没有人敢不服从的；居于上位的人爱好信义，老百姓就没有人不讲实情的。做到这样，那么四方的老百姓就会背负幼子前来归服，为什么要去种庄稼？”

通讲

不要误解，认为这就是夫子歧视劳动。夫子关注的是士这一阶层，士是要致君尧舜、安邦定国的，分工不同，所以夫子如实相告——“吾不如老农”“吾不如老圃”。所谓“小人”是指小老百姓，不存在道德层面的贬低，更不存在对于农民的蔑视。

毕竟人的时间精力都是有限的，必须面对分工问题，懂得各司其职

的道理。这一点在孟子那里得到了进一步明确："然则治天下独可耕且为与？有大人之事，有小人之事。且一人之身，而百工之所为备，如必自为而后用之，是率天下而路也。故曰：或劳心，或劳力；劳心者治人，劳力者治于人；治于人者食人，治人者食于人。天下之通义也。"

那么治理国家的人难道不可以一边耕种一边治理吗？回答是否定的。毕竟官吏有官吏的事，百姓有百姓的事。况且，每一个人所需要的生活资料要靠各种工匠的劳作才能齐备，如果都一定要自己亲手做成才能使用，那就是率领天下的人疲于奔命。

与很多人理解的相反，儒家历来很重视劳动与劳育。

《论语》中，子夏提出"洒扫应对进退"是童子教育的必修课，是人生教育之始，这一思想在中国古代教育中一以贯之。中国的教育究其根源是生活教育，也是人格教育，即便是在文化高度繁荣的宋朝，依然如此。大教育家朱熹，作为士大夫，在《童蒙须知》中也设有"洒扫涓洁"的专讲，强调劳育之于人的价值。

古人将劳育作为"文行忠信"之根基。古代教育固然指向培养士大夫，却并没有因为士大夫日后的衣食起居会有专人照顾而弱化劳育，也不会因为他们将来会成为"治人者"而在教育的起点懈怠劳动。相反，传统教育一方面让童子参与必要的劳动，一方面还要教育他们"一粥一饭当思来之不易，半丝半缕恒念物力维艰"。参与劳动、尊重劳动并重是中国教育的一大特点，即便是贵为天子的皇帝，尚且在先农坛留有"一亩三分地"，每年在此亲自参与稼穑，垂教百姓。

孔夫子当年强调社会分工，认为自己稼穑不如老农，为圃不如老圃，但与此同时他又对"禹稷躬稼而有天下"称赞不已。如此看来，毕生追求入世的儒家开山始祖，也绝不轻视劳动，忽视劳育。

13.4 子曰："其身正，不令而行；其身不正，虽[①]令不从。"

解词

①虽：即使。

释句

孔子说："自己行为正当，不发命令百姓也会按政令行事；自己行为不正当，即使发出命令百姓也不听从。"

通讲

夫子类似的话说了不少，诸如"政者，正也。子帅以正，孰敢不正?""苟正其身矣，于从政乎何有? 不能正其身，如正人何?"儒家眼中的政治是伦理政治，家国同构，统治者就是一个"大家长"，他们的特殊地位决定了他们自身就是天下人的典范，其一言一行都具备标杆作用。

从统治层面来看，"上好礼，则民易使也"是上行下效的缘故，儒家称之为"絜矩之道"。所谓"上老老而民兴孝，上长长而民兴弟，上恤孤而民不倍"（在上位的人尊敬老人，老百姓就会孝顺自己的父母；在上位的人尊重长辈，老百姓就会尊重自己的兄长；在上位的人体恤救济孤儿，老百姓也会同样跟着去做），"尧舜帅天下以仁，而民从之；桀纣帅天下以暴，而民从之"，统治者想要达到怎样的结果，自己就应该做怎样的选择，这就是夫子说的"子欲善而民善矣"，"先之劳之"。

从百姓层面来看，"举直错诸枉，则民服；举枉错诸直，则民不服"。提拔正直的人，安置在邪曲的人之上，百姓就服从；提拔邪曲的人，安置在正直的人之上，百姓就不服从。

如此看来，在贤人政治中，统治者自身的修为尤为重要，正人先正己。《大学》有云："一家仁，一国兴仁；一家让，一国兴让；一人贪戾，一国作乱。"反过来讲，若是国家治理不尽如人意，也要先反求诸己，反省自己的不足。总之，进德修业始终都是统治者治理天下的逻辑起点，唯有如此，才能让百姓信服，让天下太平。

13.5 子适[①]卫，冉有仆[②]。子曰："庶[③]矣哉！"冉有曰："既[④]庶矣，又何加[⑤]焉？"曰："富之[⑥]。"曰："既富矣，又何加焉？"曰："教之。"

解词

①适：到……去。
②仆：驾车。
③庶：众，众多。
④既：已经。
⑤加：施加（某种行为）。
⑥富之：使动用法，使……富裕起来。

释句

孔子到卫国去，冉有驾车。孔子说："人口真多啊！"

冉有说："人口已经很多了，又该怎么办呢？"孔子说："使他们富裕起来。"

冉有说："已经富裕了，又该怎么办呢？"孔子说："教育他们。"

通讲

冉有是夫子政事科的第一大弟子，多才多艺，性格谦逊，"千室之邑，百乘之家，可使为之宰也"。他年轻时候就做过季氏的家臣，后随夫子周游列国。夫子晚年依靠他得以归隐鲁国，又受到他多方照顾。

冉有是一个非常务实的人，不重视礼乐教化，所以我们很少见他谈仁、义、礼、孝等貌似"很理论"的问题，也不向夫子求教这些东西。他觉得自己不具备学习"仁"的能力，认为礼乐教化的事情还要等待贤人君子去做。

这一章就集中地体现了冉有的这一特点。他向夫子请教如何治理地方的问题，不谈主义，直指实践。而夫子也是因材施教，告诉他兴国三部曲，或者说是三字诀——庶、富、教。其中，这个"教"就是针对冉有提出的——没有礼乐教化，即便能够使得百姓富足，那还是不够的。"大学之道，在明明德，在亲民，在止于至善。"始于夏商、成于周初的礼乐制度，其价值就在于维护社会秩序上的人伦和谐。

然而，后世的人们有时过分强调礼教，却忽视了夫子所说的富民基础，那就大错特错了。所谓"仓廪实而知礼节，衣食足而知荣辱"，"庶之——富之——教之"得一步一步来，急不得。

13.6 子曰："苟有用我者，期月[1]而已可也，三年有成。"

解词

①期（jī）月：一年。

释句

孔子说："如果有人用我，一年就可以差不多，三年就会很有成绩。"

通讲

夫子给我们的印象是"温良恭俭让"，是文质彬彬的谦谦君子，子路说自己治理国家"比及三年，可使有勇，且知方也"，他还"哂之"，批评说"其言不让"。而这一章中，他的一句"海口"，似乎把所有的一切都颠覆了。

因此，有人提出一个大胆的想法，这一章不是"子曰"的。其实，这样为夫子掩饰，只能让我们看不到一个真实的夫子。

《史记》中说这一章是夫子因得不到卫灵公的任用有感而发的，还有人以为，这是夫子在应佛肸以及公山弗扰的征召，弟子怀疑他行为的正当性与合理性时，夫子发出的豪言壮语。我认为这些情况都是可能的，这不是夫子高傲，不谦虚，相反，这是夫子的自信。正如面对公山弗扰与佛肸的征召，夫子都曾自信满满："如有用我者，吾其为东周乎?""吾岂匏瓜也哉？焉能系而不食?"

夫子是真实的，他用自己的行为告诉后人，谦虚不是唯唯诺诺，不是虚与委蛇，不是虚情假意，更不是畏葸懦弱，谦虚是低调做人、高调做事。

"苟有用我者，期月而已可也，三年有成。""十室之邑，必有忠信如丘者焉，不如丘之好学也。" "我非生而知之者，好古，敏以求之者也。"……这些话貌似都不够谦虚，实际上，又都是夫子忠诚的自我评价，夫子的率真笃诚由是可见。

夫子的谦让是有度的，不是一味谦让，毫无节制，像这样如实地为自己的政治生涯打一个“广告”，搞一个自我推销，又有什么不可以呢？

13.7 子夏为莒父[①]宰，问政。子曰：“无欲速，无见小利。欲速，则不达；见小利，则大事不成。”

解词

①莒（jǔ）父：鲁国城邑。

释句

子夏做了莒父地方的长官，问怎样治理政事。孔子说：“不要图快，不要顾小利。图快，就达不到目的；顾小利，就办不成大事。”

通讲

年轻人大多心浮气躁，干什么都想立竿见影，再加上急功近利的社会风气熏染，求速就可想而知了。这正如树木一样，速成往往速朽。松树、槐树，生长周期长，长得慢，却能长达几百年，甚至上千年；而梧桐、樟树，长得快，但不过能活过百年罢了。

从夫子的回答来看，或是因为年轻，或是因为性格原因，子夏从政大概是求快求急的，故而夫子才有这样的叮嘱。其实未必。夫子这里针对的不一定是性格问题，更可能是职业问题。不要忘了“子夏为莒父宰”这句话。夫子说：“三年学，不至于谷，不易得也。”在他看来，从政绝对不能着急。比如“子使漆雕开仕。对曰：‘吾斯之未能信。’子说”，就是说漆雕开不急着做官，夫子反而高兴。做官不是小事，关系国计民生，不可操之太急。

不过，从“见小利，则大事不成”中，的确可以看出弟子性格——子夏极可能是一个贪图小利的人。

《孔子家语》和《说苑》记载了同一个故事。有一天，夫子出行，老天忽然下起雨来，而夫子的车上没有伞盖。身旁的弟子说这里离子夏家不远，要不要去和他借一下。夫子断然拒绝了，他说：“卜商的为人，很

吝惜财物！我听说与人交往，要推重他的长处，避开他的短处，这样交往才能长久。”不同的是，对这个故事发生的缘由，两本书的看法各异：前者说子夏“甚吝于财”，后者说子夏“甚短于财”。也有人说，他是因贫困而吝惜财物，不论怎样，都可以确定子夏是一个贪图小利的人。

《尚书大传》中记载，子夏说自己“退而穷居河、济之间”，《荀子·大略篇》中说“子夏家贫，衣若县（悬）鹑”——鹌鹑毛斑尾秃，似披敝衣，因以“悬鹑”比喻衣服破烂。子夏生活清苦寒陋，爱惜财物是可以理解的，夫子根据他的特点给出这样的告诫，真是用心良苦。

然而，在现实生活中，即便是慢性子的人也有急功近利之心，即便是物质上富有的人也不乏贪图小利的毛病。这样看来，夫子的这两句告诫，不但有针对性，而且具有普遍性，被广为流传。

13.8 叶公语孔子曰：“吾党①有直躬②者，其父攘③羊，而子证④之。”孔子曰：“吾党之直者异于是⑤：父为⑥子隐，子为父隐，直在其中矣。”

解词

①党：乡里。

②直躬：行事正直之人。

③攘：偷盗，窃取。

④证：告发。

⑤异于是：状语后置，按照现代汉语语序可以调整为“于是异”，与这个不一样。

⑥为：介词，替，给。

释句

叶公对孔子说：“我们那里有个行事正直的人，他的父亲偷羊，他告发了父亲。”孔子说：“我们那里正直的人与这个不一样：父亲替儿子隐瞒，儿子替父亲隐瞒，正直就在其中了。”

通讲

“父为子隐，子为父隐”是夫子眼中的“直”，即公正、正直，对此，千百年来大多以为其合理，少有异议。《汉书·宣帝纪》：“父子之亲，夫妇之道，天性也。虽有患祸，犹蒙死而存之。诚爱结于心，仁厚之至也，岂能违之哉？自今子首匿父母，妻匿夫，孙匿大父母，皆勿坐。其父母匿子，夫匿妻，大父母匿孙，罪殊死，皆上请廷尉以闻。”说明汉代法律已经有明文，明确指出“父子相隐”合乎事理人情。

情、理、法是我国古代法律文化的核心概念，“天理”“人情”和“国法”三位一体，形成了中国特有的“礼法”格局，也深深影响着我国当代法制发展和法治社会建设。“父为子隐，子为父隐”的做法貌似不直，但如果纳入儒家的思想体系中，确实有“直在其中”的道理可言。

事实上，情与理之间应该是统一的、不矛盾的，所以，我们经常说“合乎情理”“合情合理”“入情入理”等。但是，毕竟情、理与法从属于不同的社会规范，情、理、法之间不可能完全吻合，也会存在间隙。

情、理是法的优化基础，因此法律优化之前，需要历经情、理净化，优中选优，将最能体现公众意志、社会利益和价值观念的情、理转化为有约束力的法律规范，让法律成为实现情、理的重要途径。须知完美的秩序应该是情、理、法的结合，是符合天理、人情、国法三者最完美的一种境界。

13.9 子曰：“不得中行而与之，必也狂狷[①]乎！狂者进取，狷者有所不为也。”

解词

①狷（juàn）：拘谨自守。

释句

孔子说：“得不到合乎中庸的人交朋友，一定要交到激进与拘谨自守的人吧！激进的人积极进取，拘谨自守的人有所不为。”

通讲

《孟子·尽心下》中，孟子解释说："孔子'不得中道而与之，必也狂狷乎！狂者进取，狷者有所不为也'。孔子岂不欲中道哉？不可必得，故思其次也。……（狂者）其志嘐（xiāo）嘐然（志大而言大的样子），曰：'古之人，古之人。'夷考其行，而不掩焉者也。狂者又不可得，欲得不屑不洁之士而与之，是狷也，是又其次也。"

孟子将"中行"解释为中道，也就是中庸，并且增加了一个次第，即首先是要交往中庸之人，求之不得而狂者，再次是狷者。朱熹据此以为："狂者，志极高而行不掩；狷者，知未及而守有余。"也有人据此以为：狂，是只知进不知退；狷，为是只知退不知进。或认为：狂是偏激，狷是保守；狂是自高自大，狷是自暴自弃。如此等等，应该说都有道理，但是从感情色彩来看，似乎都与夫子的理解存在偏差。

从"狂者进取，狷者有所不为也"一句，我们不难看出，夫子对于这两类人似乎没有太多批评。从语气上看，他们虽不及"中行"之人，但也非常人可比，且这二者之间并没有孟子所说的优劣之别。

钱穆先生在《论语新解》中理解为：

> 中行，行得其中。孟子所谓中道，即中行。退能不为，进能行道，兼有二者之长。后人舍狂狷而别求所谓中道，则误矣。

由是观之，狂狷之士同样是难能可贵的。他又说：

> 伊尹圣之任，狂者也。伯夷圣之清，狷者也。狂狷皆得为圣人，惟不如孔子仕止久速（指出仕或隐退）之时中。时中，即时时不失于中行，即时而狂时而狷，能不失于中道。故狂狷非过与不及，中行非在狂狷之间。《中庸》"贤者过之，不肖者不及"。不能移说此章之中行。

伊尹就是狂者，伯夷就是狷者——狷介之人同样是圣人，只不过不像夫子那样能做到"中行"，而且这里所说的狂并非"过"，狷也并非"不及"。

事实上，生活中的狂者往往特别热情，对朋友，他们能单刀直入地指出对方的错误，也能在朋友危难之时仗义执言、挺身而出；而生活中的狷者往往特别冷静，他们更懂得全身而退、有所不为，有操守与秉持，从而成为朋友学习的范本。较之“中行”之人，他们一个热情，一个冷静，然而又“都有一颗火热的心”，故而同样为夫子所推崇。

13.10 子曰：“君子和①而不同，小人同而不和。”

解词

①和：和谐，古代哲学术语，与“同”相对，有相反相成之意，即在矛盾对立诸因素的作用下实现真正的和谐统一。

释句

孔子说：“君子和谐却不同一，小人同一却不和谐。”

通讲

“和”作为古代哲学的学术用语，在春秋时代非常常见。在《左传·昭公二十年》中就有晏子对于这个问题的相关讨论。晏子说：“和如羹焉，水火醯醢盐梅以烹鱼肉。”烹调要将酸、甜、苦、辣、咸调和，五味俱全；正如音乐须将宫、商、角、徵、羽配合，五音共鸣。故而晏子又说：“若以水济水，谁能食之？若琴瑟之专一，谁能听之？”

到了夫子这里，他将“和”与“同”的概念引入人与人关系的思考中：和就是“和谐”，“不同”就是要保持自己的独立。“和而不同”，与他所说的君子“群而不党”“周而不比”相似，都是尊重差异、差等，求得和谐。不过，“和而不同”强调求同存异，“群而不党”“周而不比”更强调人与人之间要团结而不勾结。

“和”与“同”貌似相同，都是追求一致，但又有不同：“和”强调“度”，要将二者的度调试到最佳位置，是变通的，流动的，有生命的，追求动态平衡；而“同”强调“值”，是呆板不变的。“礼之用，和为贵。先王之道，斯为美；小大由之。有所不行，知和而和，不以礼节之，亦

不可行也。”“和”虽是变化的，但绝不能为了变化而变化：一方面，我们需要依照“礼”来达成“和”的目的，另一方面，我们又要通过“和”来维持“礼”。

“和”在我们的生活中无处不在，国家层面的有君臣、官民、朝野等和谐，人与人之间有远近、亲疏的和谐，文学艺术层面有虚实、刚柔、抑扬等因素的和谐——“和”成为我们的终极追求，而“和”的观念也成为我们独特的行为方式。

13.11 子曰：“君子泰①而不骄②，小人骄而不泰。”

解词

①泰：安舒。

②骄：高傲，骄纵。

释句

孔子说：“君子安舒而不骄纵，小人骄纵而不安舒。”

通讲

“泰”与“骄”一样，也有骄纵、傲慢的意思，比如《子罕篇》中说“拜下，礼也；今拜乎上，泰也”中的“泰”便是。而这里是安宁、安舒的意思，安详而舒泰。

与平时夫子的说话风格一样，他又一次将君子与小人并举，展示君子与小人截然相反的行事特点。这是夫子对人性深入体验的结果，也是他阅人无数后的经验之谈。那么，我们不禁要追问：君子为何泰而不骄？小人又为何骄而不泰？

钱穆先生解释为：“君子无众寡，无小大，无敢慢，故不骄。然心地坦然，故常舒泰。小人矜己傲物，惟恐失尊，心恒戚戚，故骄而不泰。”意思是，君子一视同仁，不因财物多寡、地位高低而怠慢别人，故而不会有骄矜之气。他们做人坦坦荡荡，不以物喜，不以己悲，宠辱不惊，自然就会舒泰、通泰，气定神闲。而小人自恃清高，目无下尘，他们希望保持高高在上的姿态，又总是担心失去地位，失去当下的尊严，于是“长戚戚”。小人外强中干，患得患失，焦躁不安，难免会表现出骄而不泰的神色。实践告诉我们，越是表现得很清高的人，往往越是高度自卑，而骨子里的自卑又决定了他们无法战胜自我，于是无法做到泰然自若。

钱先生又说：“然亦有不骄而未能泰者，亦有泰而或失之骄者。求不骄易，求能泰难，此又不可不知。”是的，在现实生活中，真正的君子和小人不多，更多的人是处于君子与小人之间，虽不骄矜但也做不到安泰，或者安泰却仍旧会失之骄矜。毕竟，泰而不骄，需要足够强大的自我，需要足够强大的自信，更需要足够强大的内心。

13.12 子路问曰：“何如①斯②可谓之士矣？”子曰：“切切③偲偲④，怡怡⑤如也，可谓士矣。朋友切切偲偲，兄弟怡怡。”

解词

①何如：如何，怎么样。

②斯：助词，不译。

③切切：相互尊重、切磋勉励的样子。

④偲（sī）偲：互相勉励督促的样子。

⑤怡怡：和顺的样子。

释句

子路问道：“怎么样才可以叫‘士’呢?”孔子说：“相互督促，和睦相处，可以叫‘士’。朋友之间要督促，兄弟之间要和睦。”

通讲

《论语》中的“士”，如“士而怀居，不足以为士矣”“士志于道”等，多作主语与谓语，都是名词；而“仕”，如“吾将仕矣”“仕而优则学，学而优则仕”，都是动词。“士”是古代四民之一，后泛指读书人，知识阶层；“仕”是“做官”的意思，一般是儒家学派。

对于“士”这个阶层，余英时先生有过专门的研究，他曾写过一本《士与中国文化》，通过“士”这个阶层的历史发展来探索中国文化的独特形态。在中国，“士”的传统，从夫子开始，延续了2500多年，风流余韵，至今不绝。“士不可不弘毅”，自古以来，读书人每每以坚守大道为己任，从孔孟到东汉李膺、陈蕃、范滂，到宋代的范仲淹、文天祥，再到明朝的东林党……他们一次次地展现了“以道自任”的理想主义精神。

在《论语》中，弟子曾有两次问到什么是“士”，夫子的回答也各不相同。这里子路问“士”，夫子特别强调“士”是如何处理与朋友、兄弟关系的。李泽厚先生以为，之所以夫子只是提出这两伦，而不谈君臣、父子、夫妇其他三伦，就在于这两伦中的个体独立性和自主性强，即它们更能体现“士”不同于常人的所在。朋友之间迫于面子、碍于联系，往往说话客套，生怕伤和气，所以夫子强调“切切偲偲”，提醒他们相互再坦诚一些，在相互尊重的基础上还要多一点相互砥砺才好；兄弟之间关系亲近，说话自然就会自在，如此又难免会因为无所忌惮而发生矛盾，所以夫子强调“怡怡”，要学习晏平仲，“善与人交，久而敬之”——越是亲近的人越要和善相处才是。

此外，夫子只提这两伦恐怕还有出于因材施教的考量。朱熹在《论语集注》中引用胡氏的话说：“皆子路所不足，故告之。又恐其混于所施，则兄弟有贼恩之祸，朋友有善柔之损，故又别而言之。”怕刚烈的子路被“便辟”“善柔”“便佞”这等损友所误，又怕他的率真会伤及其兄弟，于是才有了这样的建议。正如子贡问夫子何为“士”，夫子的回答是：“行己有耻，使于四方，不辱君命，可谓士矣。”“宗族称孝焉，乡党称弟焉。”“言必信，行必果，硁硁然小人哉！”显然，也是针对子贡的职业和性格量身打造的。

宪问篇第十四

14.1　宪问耻。子曰："邦有道，谷[1]；邦无道，谷，耻也。"

"克[2]、伐[3]、怨、欲[4]不行焉，可以为仁矣？"子曰："可以为难矣，仁则吾不知也。"

解词

①谷：享受俸禄。

②克：好胜，忌刻。

③伐：夸耀，这里指"自夸"。

④欲：欲望，欲念，这里指"贪欲"。

释句

原宪问什么是耻辱。孔子说："政治清明，做官拿俸禄；国家无道，做官拿俸禄，这就是耻辱。"

又问："好胜、自夸、怨恨、贪欲都不曾表现，可以算'仁'了吧？"孔子说："可以说是很难得了，是不是做到了仁，那我不知道。"

通讲

宪，这里是指夫子的弟子原宪，原宪与夫子的孙子孔伋一样，也字子思，他是春秋末年宋国商丘人。原宪出身贫寒，个性狷介，一生安贫乐道，不肯做官。夫子做鲁司寇时，曾让他做过家宰，夫子给他九百斛的俸禄，他都推辞不要。

夫子这里是针对他谈的：儒家从不讳言求取官位，相反，"学而优则仕"，儒士毕生学习就是要出来做官的。夫子以为"邦有道，贫且贱焉，耻也；邦无道，富且贵焉，耻也"。身在乱世，不出来做官，甘于贫贱却

也无妨，但是若是邦国有道，还是应该有所作为的，也不辜负毕生才华。原宪有才华，时代又需要，他就该出来为官。若是“邦无道”，那就不必助纣为虐、为虎作伥了；“邦有道”时出来做官拿俸禄则是天经地义的，无可厚非。

然而，原宪太低调了，他似乎拒绝一切仕途，而且不愿意以此获得俸禄，宁愿过粗茶淡饭的清苦生活。甚至在夫子死后，他便隐居草泽中，过着茅屋瓦牖、蓬门荜户的生活。

至于原宪所谓的“克、伐、怨、欲”，显然，他以为“仁”就是要学会克制，但夫子虽也肯定克服好胜、自夸、怨恨、贪欲的不易，但又认为自我压抑非人性之举。清代李颙《四书反身录》：“昔罗近溪先生见颜山农，自述遘危病，生死得失能不动心。颜不许，曰：是制欲，非体仁也。先生曰：非制欲，安能体仁？颜曰：子不观孟子之论四端乎？知皆扩而充之，如火之始燃，泉之始达，如此体仁，何等直截！”夫子尊重情感，尊重人性。仁，更强调积极有为，而非消极克制。

14.2 子曰：“士而怀居①，不足以为士矣。”

解词

①怀居：留恋安逸。

释句

孔子说：“读书人留恋安逸，就不配做读书人了。”

通讲

士，大致相当于后世的“读书人”，今天的“知识分子”。读书人的心思要用在什么地方？《四书反身录》中说：“士若在身心上打点，世道上留心，自不屑区区耽怀于居处。一有系恋，则心为所累。”“身心上打点”，就是要观照自我内心，让自己的内心变得更加丰盈；“世道上留心”，便是要心忧天下，以天下为己任。

夫子曾说“君子怀德，小人怀土”。“怀土”本为安于所居之意，后

指怀念故乡；“怀居”也指怀念故居，这里则引申为留恋安逸。不“怀居”不意味着就一定要过着“食无求饱，居无求安”的生活，生活中的夫子也曾有“申申如”“夭夭如”的舒畅和乐；不“怀居”是指不要沉溺于安逸，甚或只追求安逸。《左传·僖公二十三年》记载：重耳来到齐国，齐桓公把本族的一个女子嫁给他为妻，还给了他八十匹马。重耳对这种生活很满足，妻子姜氏说：“行也。怀与安，实败名。”（走吧。怀恋享乐和安于现状，足可以摧毁一个人的名声。）本章含意便和此意相近。

安逸会消磨人的斗志，会让人丧失理想，夫子所指在此，而非不让人享受生活。读书人当以励志修行为世用，不以怀居念家为羁绊，若是二者兼顾固是最好，若是不能兼得，自然要以“身心”“世道”为先。

14.3 子曰：“邦有道，危言危行；邦无道，危行言孙[①]。”

解词

①孙（xùn）：同“逊”，恭顺，谦恭。

释句

孔子说：“国家有道，语言正直，行为正直；国家无道，行为正直，语言谦恭。”

通讲

这是夫子的经验之谈，也是夫子的智慧之道。不论国家是否有道，行为的正直不可改变：若是国家政治清明，身为儒士，自然要跻身政坛，施展自己所学与抱负；即便是朝代没落之时，也不能为虎作伥，随波逐流，失去自己的秉持与操守。

然而，作为个人，必然会受到时势政局的限制。夫子从自己的经验出发，告诫我们在言论方面千万不可造次，要认清时局，不要轻易开口。这是说话的艺术、处世的方式，是外圆内方的自我保护：应时而动，全身而退。

夫子历来强调“敏于事而慎于言”，为何要“慎”？一者，夫子强调做躬行君子，反对巧舌如簧的光说不练；二者，夫子以为“言之不出，耻躬之不逮也”，他深知说得容易做起来难的道理；三者，夫子生逢乱世，危机四伏，一言不慎便会殃及性命，所谓“病从口入，祸从口出”，唯有谨言慎行，才会避免不必要的牺牲。

诱惑无处不在，物欲横流中的夫子不失热心，却又别具冷眼，他始终坚守内心的那一份澄澈，同时深谙言行之大道。行动与语言同等正直固然是好的，然而，当我们身处黑暗时，这样做势必让自己暴露于奸佞面前，受到无端的伤害。“邦无道，危行言孙”，正如“邦无道”的“愚”与“隐”，不过是为了“免于刑戮”罢了。

总之，“危行”是不随波、不媚俗的高洁品行，无论世道如何，绝没有放弃的理由；“危言”不同，语言只能对愿意听的人才能发生效力，才有必要，否则除了给自己带来麻烦之外，毫无益处。隋唐时期的裴矩，在隋朝做官，阿谀逢迎，溜须拍马，可到了唐朝，却一反故态，成了敢于当面跟唐太宗争论的诤臣。对此，司马光说得好：“裴矩佞于隋而忠于唐，非其性之有变也。君恶闻其过，则忠化为佞；君乐闻直言，则佞化为忠。”

14.4 子曰：“爱之，能勿劳①乎？忠焉，能勿诲乎？”

解词

①劳：操劳，劳苦。这里是使动用法，使操劳，使劳苦。

释句

孔子说：“爱他，能不让他操劳吗？忠于他，能不教诲他吗？”

通讲

在今天看来，“爱”是对下，“忠”是对上。而在夫子的时代，未必如此，“爱”多是对下，而“忠”应该是“忠恕之道”的“忠”，可以是对所有的人。

“爱之，能勿劳乎?”这句话的意思不是“爱他，能不为他操劳吗”，而是“爱他，能不让他操劳吗”。这里的施者当为儒士，对象可以是百姓。《国语·鲁语下》中说：“夫民劳则思，思则善心生；逸则淫，淫则忘善，忘善则恶心生。”百姓参加了劳动就会因劳累而去思考如何节俭律己，若经常思考这些问题，就会使自己的心地善良起来；无所事事就会放肆起来，一旦放肆，就会忘掉善良，没有善良就会滋生作恶之心。故而爱百姓，不是让他们无所事事，养尊处优，而是让他们找到自己的位置，有所作为。生活中，我们常讲要情感留人、待遇留人，还少不得一个事业留人。因为对于一个人而言，活得有意义才意味着活得有意思。

对孩子的培养也是如此。爱，绝对不是一味地付出，不是教他们好逸恶劳，而是要教他们自食其力。《战国策》中，触龙说：“父母之爱子，则为之计深远。”作为君主的后代，“位尊而无功，奉厚而无劳，而挟重器多也”绝非好事，还需要“劳之”，让他们有作为，“而况人臣乎”?

“忠焉，能勿诲乎?”这里的“忠”即“忠心”，也就是把对方的心当作我的心，完全为对方着想。对别人忠心为何会去教诲别人呢?

生活中，当我们完全为对方着想的时候，爱之深，责之切，反而会对其提更多要求，不能苟且其过失，生怕其误入歧途，故而教诲也便多了起来。也正是这个原因，古代那些耿介之士，对待君主的错误往往义正词严、激烈剀切。

爱而劳之，谓之真爱；忠而诲之，谓之大忠。爱而不劳，是打着爱的名誉，辛辛苦苦坑对方；忠而不诲，是举着忠的大旗不作为。

14.5 子曰：“晋文公谲[1]而不正，齐桓公正而不谲。”

解词

①谲（jué）：欺诈，诡诈。

释句

孔子说：“晋文公诡诈而不正派，齐桓公正派而不诡诈。”

通讲

《孟子·梁惠王上》中有齐宣王向孟子询问"齐桓晋文之事"的记载。孟子说："仲尼之徒无道桓文之事者，是以后世无传焉，臣未之闻也。"孟子这么说无非是想要让对方放弃霸道，施行王道，为了阐发自己的仁政主张罢了。

事实上，夫子不但讲"齐桓晋文之事"，而且大赞齐桓公，究其缘由在于齐桓公的行为接近夫子学说。简单地说，他们的价值观相似。

夫子与齐桓公都推崇并维护周礼。齐桓公在周王室衰落的情况下，"尊王攘夷"，遵从周天子，维持了诸侯间的秩序与稳定。夫子主张"礼乐征伐自天子出"，因此，在夫子看来，晋文公称霸后召见周天子，是谲而不正，齐桓公打着"尊王"的旗号称霸，符合礼制规定，便是公正而不谲。

夫子与齐桓公都推崇"仁"的思想。葵丘之盟，齐桓公与盟国提出著名的"五禁"，其内容就与夫子"仁"的思想极为吻合。夫子对齐桓公与管仲不用武力平定天下的行为更是极为赞赏："桓公九合诸侯，不以兵车，管仲之力也。如其仁。如其仁。"

14.6 子曰："其言之不怍①，则为之也难。"

解词

①怍（zuò）：惭愧。

释句

孔子说："一个人大言不惭，实现这些话就困难了。"

通讲

这又是夫子在阅人无数后的经验之谈。

"怍"就是愧怍，不懂害羞。一个人一旦不懂得害羞，恬不知耻，就会大言不惭。想说就说，不考虑后果，这样的人做起事来很难。为什么？因为他们没有责任感，不在乎说到是不是能做到，食言而肥，夸夸其谈，行动力差，时间长了，早已习以为常。

知耻近乎勇，知耻才会畏难，畏难才会慎言。“古者言之不出，耻躬之不逮也。”不说话，不是不爱说，不想说，甚至也不见得是不会说，而是害怕说了做不到，言过其行，为人所笑。有了这样的一份羞耻心，便有了一丝敬畏心，就自然会重视“为”而慎于“言”。

当然，言与行之间，行虽重于言，但并非言就没有价值，夫子要求自己做躬行君子，同时也重视语言的交际功能与效果。对于言行之间的关系问题，后世大多过分强调夫子的“讷于言”，使得中国人变得越来越内敛、木讷，实际上是不得要领的。

在这个问题上，倒是荀子得到了夫子的真传。《荀子·大略篇》：“口能言之，身能行之，国宝也。口不能言，身能行之，国器也。口能言之，身不能行，国用也。口言善，身行恶，国妖也。治国者敬其宝，爱其器，任其用，除其妖。”荀子同样重视行动，但也不忽视语言，在他看来，能做又能说，言行合一，自是最好，是为“国宝”；即便能说不能做，也不是百无一用，依然有其价值；然而，若是言善行恶，那就是“国妖”了，让人深恶痛绝，务必除之。

知行合一、为善去恶是中华民族的优良传统，时至今日，依然应该成为我们共同遵循的社会道德。

14.7 子路问事君。子曰：“勿欺也，而犯[①]之。”

解词

①犯：触犯，冒犯。

释句

子路问怎样侍奉君主。孔子说：“不能欺骗他，可以触犯他。”

通讲

敢于直谏一向被定义为封建臣子的美德，周昌之于刘邦，海瑞之于明世宗，魏征之于唐太宗，莫不被传为佳话，广为流传。这些人的思想

来源大概就是夫子“勿欺也，而犯之”的训诫。

不过，这句话貌似简单，却仍需仔细辨析一番。

夫子守礼，但他对于君主的态度并非无原则的服从，相反，他对君主的态度是有原则的，而这个原则就是礼。换句话说，夫子所推崇的是周礼，而非君主。当君主的行为违背了礼的时候，夫子就要“忠告而善道（导）之”了。若是君主不听，又该怎么办呢？是如子游所说的因担心“事君数，斯辱矣”，就“不可则止，毋自辱焉”；还是要如夫子所说的“勿欺也，而犯之”，犯颜谏诤；或是先极力劝诫，如若不行就适可而止呢？对此，夫子没有给出一个放之四海而皆准的标准答案。相反，他所给出的意见往往是有针对性的，是因材施教的，而非泛泛而谈，拿出一个所谓的公理。

说到这里，可能有人会问，“勿欺也，而犯之”是针对子路而提吗？子路原本就勇猛刚直，让他“犯之”岂不是危险之举？我认为夫子这六个字并不在强调“而犯之”，相反，他是在强调“勿欺也”。也就是说，只要你说的是对的，不是自以为是而是实事求是，不是别有用心而是一片诚心，那就可以“犯之”了。正如钱穆先生所说：“如言过其实以求君之必听，虽出爱君之心，而所言近于欺。以子路之贤，不忧其欺君，更不忧其不能犯。然而子路好勇之过，或有以不知为知而进言者，故孔子以此诲之。”夫子意在告诫子路，你触犯君主是可以的，不过前提是你的看法是正确的，是为君而非欺君。

14.8 子曰：“君子上达[①]，小人下达。”

解词

①达：至，达到。

释句

孔子说：“君子向上走，小人向下走。”

通讲

明代冯梦龙曾在《古今谭概》中讲过一个笑话：

有两个人，一个叫达毅，一个叫王达，二人同为郎中官。一天签署公文时，王达戏弄达毅："每次签名时，都以你的上半作我的下半。"

达毅应声答道："君子上达，小人下达。"

如此巧妙地用《论语》作答，为自己解围，又回击了对方，有"理"有力，着实让人叫绝。

笑话中的"上达"与"下达"只取字面意思，实际上，对于"上达""下达"的解释，并非易事，长期以来，在学术界都是莫衷一是。

一说，"上达者，达于仁义也；下达，谓达于财利，所以与君子反也"（皇侃《论语义疏》）。上者为义，下者为利，故有"君子喻于义，小人喻于利"。

一说，"形而上者谓之道，形而下者谓之器"（焦竑《焦氏笔乘》）。君子不器，故做事都指向"道"；小人格局逼仄，见器不见道——高下有别，妍媸自见。

一说，"行而上为君子，行而下为小人"（宦懋庸《论语稽》）。此说不谈"道"与"器"的问题，更为简洁：君子上达，长进向上；小人下达，沉沦向下。

一说，"君子循天理，故日进乎高明；小人徇人欲，故日究乎污下"（朱熹《论语集注》）。朱熹将之扯到天理与人欲方面，相较前三种说法，最不可信。

虽说是作者为必然，读者未必不然，但我们辨析的时候，还是要切合实际。今人虽可作多解，但也不能郢书燕说，任意胡解。

14.9 子曰："古之学者为己，今之学者为人。"

释句

孔子说："古代的学者是为了提高自己，现在的学者是为了给别人看。"

通讲

今天，我们对这一章的理解，多来源于《荀子·劝学篇》的认识：

“君子之学也，入乎耳，著乎心”，“小人之学也，入乎耳，出乎口”，“君子之学也，以美其身；小人之学也，以为禽犊（禽犊，小的禽兽。古人相见，常拿小禽兽作为礼物）”。君子以学问来丰富自己，提升自己的修为，而小人是用学问来炫耀于人，甚或是教训于人。正如《后汉书·桓荣传论》中所言：“为人者凭誉以显扬，为己者因心以会道。”

刘宝楠《论语正义》说：“为己，履而行之；为人，徒能言之。”夫子强调践行，为己才有践行之可能，若是为人而学，就只是为了言语的炫耀了，有什么意义呢？当然，为己不是利己，为己是增强自我，起于修身、齐家，止于治国、平天下，最终“为天地立心，为生民立命，为往圣继绝学，为万世开太平”。如此，既是为己，也是为人。

出于卖弄、炫耀的学问于己无益，于人无补，然而，反观今日，出于这样目的做学问的人也不少见。钱穆先生以为，在夫子生活的时代，“学风初启，疑无此后世现象”，依我看来，恐怕也未必，人性使然，什么时候都不乏哗众取宠者、轻浮虚荣者，夫子可谓洞悉人性，故有此句。

16世纪，法国文艺复兴后期人文主义思想家蒙田说：“我过去学习是为了炫耀，学得一些后才发现，自己是在炫耀无知，再然后我就以使自己不愚蠢而学习了。”古今中外，凡人性问题，概莫能外，蒙田的这一段话就是对夫子思想很好的注脚。

14.10 或曰：“以德报怨，何如？”子曰：“何以报德？以直[①]报怨，以德报德。”

解词

①直：正直。

释句

有人说：“用恩德来回报怨恨，怎么样？”孔子说：“那又该用什么回报恩德呢？该用正直回报怨恨，用恩德回报恩德。”

通讲

夫子似乎反对以德报怨的做法，他以为，如果这样，何以报德？这是不是说夫子气量不足、格局不大呢？回答是否定的。

李泽厚先生对此的看法是："（这）也正是实用理性的充分表现。既不滥施感情，泛说博爱（这很难做到），也不否认人情，一切以利害为准则（如法家），而是理性渗入情感中，情感以理性为原则。在这里，儒家的社会性公德（正义、公平）与宗教性私德（济世救人）又是合在一起的。"换句话说，夫子的做法更具合理性。什么是"直"？"直"并不是"直来直去"，更不是"冤冤相报"，而是"正直"，那意味着公平、公正、正当，以不同的方式对待不同情况，做到合情合理，符合道义。从这个角度上说，"直"同样是一种中庸之道，是一种因事而异的通权达变。

14.11 子路宿于石门。晨门[①]曰："奚自[②]？"子路曰："自孔氏。"曰："是知其不可而为之者与？"

解词

①晨门：掌管城门开闭的人。

②奚自：奚，疑问代词，何处。宾语前置，按照现代汉语语序可以调整为"自奚"，从何处（来）。

释句

子路在石门过夜。早上守城门的人说："从哪里来？"子路说："从孔子那里来。"守门人说："是那个明知做不到却还要去做的人吗？"

通讲

《春秋》中介绍，曲阜一共有十二座城门，其南第二门叫石门，是外城门。这里所记录的大约是夫子周游在外时的故事。子路回家探望，到曲阜时天色已晚，城门关闭，子路只得夜宿石门。第二天，子路便早早起来进城，守门人不免惊讶，盘问他的情况。子路说明来历，守门人便顺口说了一句：你的老师就是那个"知其不可而为之"的人吗？

"知其不可而为之"，这是对夫子政治生活的高度概括，更是夫子人

生境界的悲壮写照。在当时的人看来，夫子是十足的理想主义者，而晨门能对夫子作出这等评价，可见其也非等闲之辈，应该是隐于市的一位高士。

中国古代神话中有填海之精卫、逐日之夸父，他们不断地奋进，不纠结于结果。自强不息是中华文化的基本精神，夫子的“知其不可而为之”便是对这一精神的最佳注脚。而且夫子完全是主动的，且是拼尽全力的，夫子的努力出自一种情怀、一种使命、一种担当。正如曾国藩当年讲的：“能尽一分力，必须拼命效此一分，成败利钝，付之不问。”

明末清初文学家张岱说：“不知不可为而为之，愚人也；知其不可为而不为，贤人也；知其不可为而为之，圣人也。”夫子以为“贤者辟世，其次辟地，其次辟色，其次辟言”，然而，夫子却从未避世，从这个意义上来说，可谓圣人。

14.12 原壤夷俟①。子曰：“幼而不孙弟②，长而无述③焉，老而不死，是为贼④。”以杖叩其胫⑤。

解词

①夷俟（sì）：夷，箕踞。坐时两腿前伸，形如箕，是一种倨傲无礼的表现。俟，等待。叉着腿坐着，等待（孔子）。

②孙（xùn）弟（tì）：孙，同“逊”，恭顺，谦恭。弟，同“悌”，顺敬兄长。

③述：记述，称述。

④贼：害人的人。

⑤胫：小腿。

释句

原壤叉着腿坐着，等待孔子。孔子说：“年幼的时候不讲谦恭孝悌，长大了又没有什么可说的成就，老而不死，真是害人虫。”用手杖敲他的小腿。

通讲

夫子说“毋友不如己者”，然而，他偏偏有一个貌似一无是处的老朋友——原壤。

原壤，鲁国人。《礼记·檀弓下》中记载，原壤的母亲去世了，作为老朋友，夫子帮助原壤准备棺椁。没想到，原壤居然以手叩击棺材，说自己已经很长时间没有唱歌了，于是引吭高歌起来：“狸首之斑然，执女手之卷然。”（棺椁上的纹理就像狸首一般，握着你的手，是如此柔软。）

原壤不拘礼法，恣意忘情，更像是后世的庄子。此时的夫子却装作没听见的样子，走开了。跟随的人都觉得夫子应该与这样不讲孝道的人绝交，然而夫子却谅解了他，理由是“丘闻之：亲者毋失其为亲也，故者毋失其为故也”。大意是“亲人总归是亲人，老朋友总归是老朋友”。这句话不好意会，大概是夫子觉得，他的放诞，源自悲伤，不必苛责。

这个与夫子思想格格不入的原壤是夫子的老朋友，这一章就记述了原壤晚年与夫子交往的一个小故事。

夷，是箕踞，意味着对对方极不礼貌，后世的刘邦就因特别喜欢这样坐而为人诟病。原壤等待夫子的到来，说明他也想念夫子，但他的这个动作让夫子厌恶。夫子并非计较他对自己不尊重，而是反感他违背礼制，没有规矩。

“年幼的时候，你不讲谦恭孝悌；长大了又没有什么可说的成就；如今，老而不死，真是害人虫。”都以为夫子敬老，其实这样的理解是粗浅的。夫子说“后生可畏，焉知来者之不如今也？四十、五十而无闻焉，斯亦不足畏也已。”王阳明以为：“‘无闻’是不闻道，非无声闻。”也就是说，四十岁不一定有美名远播，但是一定要闻道——懂道理。如果一个人到了四五十岁还不懂得道理，那就不值得敬畏了。如此说来，原壤年幼不讲孝悌，长大了又不懂道理，没什么成就，不就是个害人虫吗？

对待原壤这样的人，夫子能包容他，还将他当作自己的朋友。而此时，夫子用手杖敲他的小腿，便是出于恨铁不成钢的考量了。

卫灵公篇第十五

15.1 卫灵公问陈[1]于孔子。孔子对曰："俎豆之事[2]，则尝闻之矣；军旅之事，未之学也[3]。"明日遂行。

解词

①陈：同"阵"，列阵。

②俎（zǔ）豆之事：俎豆，祭祀用的礼器。这里代指祭祀。

③未之学也：宾语前置，按照现代汉语语序可以调整为"未学之也"，从来没有学过。

释句

卫灵公向孔子问作战阵列之法。孔子回答说："礼仪的事情，我曾听说过；军队的事情，从来没有学过。"第二天就离开了卫国。

通讲

据《史记·孔子世家》记载："孔子为儿嬉戏，常陈俎豆，设礼容。"也就是说，夫子小时候玩得都和别的小朋友不一样。他天生好"礼"，经常把玩具当作礼器摆设起来，模仿大人祭祀的样子。而关于夫子"军旅之事"的学习的确于史无载。

"俎豆之事，则尝闻之矣；军旅之事，未之学也。"像这样的话，夫子说过不止一次，《左传·哀公十一年》中也有类似的记载。卫国大夫——那个被夫子赞誉不耻下问、敏而好学的孔文子，曾因女婿大叔疾出轨决定发兵攻击。发兵前他也曾向夫子"问阵"，而夫子的回答与此如出一辙："胡簋之事，则尝学之矣；甲兵之事，未之闻也。"不仅回答相同，做法也一致——第二天夫子就搬走了。

夫子真的不懂军事吗？

夫子教六艺，也擅长六艺。六艺包括礼、乐、射、御、书、数，其中射、御两项技能本来就是直接服务于军事的，只是后来渐趋于礼仪化了。《左传·哀公十一年》中记载，齐国攻打鲁国，鲁国季孙氏的家宰冉有用长矛阵战胜了齐国的车战。对于此战，《孔子家语》也有叙述。战争结束后季康子询问冉有的军事才能时，冉有说自己“学之孔子也。夫孔子者，大圣，无不该，文武并用兼通。求也，适闻其战法，犹未之详也”。

而众弟子中，具有军事才能的又何止冉有一人。《左传·哀公八年》记载，吴王攻打鲁国，鲁国想要挑选武力超群的好汉，组建一支敢死队夜袭吴王，这支队伍共有三百人，其中在夫子门下就选中了有子。这次行动最终因为害怕鲁国伤亡太大而取消了，即便如此，也吓得吴王一晚上换了三次驻地。又有谁会想到，这个反对犯上作乱、口口声声主张“和为贵”的弟子，居然还是一位武林高手呢？

在子贡身上，我们同样可以看到夫子军事才能的影子。《左传·哀公十一年》就记录了子贡代叔孙接受吴王盔甲跟着夫差参战的故事。此外，樊迟、公良孺等也都是一等一的军事高手……无疑，他们都深受夫子的教育和影响。

《论语》虽然没有介绍太多夫子及其弟子军事成果的内容，然而，字里行间，我们依然能有所察觉。《述而篇》中，子路说：“子行三军，则谁与？”就透露出夫子会带兵打仗；《公冶长篇》中，夫子说：“由也好勇过我，无所取材。”又可以看出夫子也确有勇力（只是自认为不及弟子子路罢了）。

事实胜于雄辩，夫子长于战争，在他做大司寇时的隳三都、夹谷会盟等事件中，都有印证。《论语》中也有不少孔子军事思想的记录，包括他反对战争，主张慎战，同时又主张“足兵”，强调教而后战、善谋而战，等等。

明明擅长军事，却说自己不懂打仗，这不是夫子的谦虚，而是他强调为政以德、以礼治国的结果。

15.2 在陈绝粮，从者病，莫能兴①。子路愠②见曰："君子亦有穷③乎？"子曰："君子固④穷，小人穷斯⑤滥⑥矣。"

解词

①莫能兴（xīng）：兴，起来，起身。不能起来，意译为"爬不起来"。

②愠（yùn）：恼怒，生气。

③穷：困厄，处于困境。

④固：固守，坚持。

⑤斯：助词，不译。

⑥滥：过度，无节制，引申为"没有操守，肆意妄为"。

释句

孔子在陈国断绝了粮食，跟随的人都饿病了，爬不起来。子路生气地来见孔子说："君子也有处于困境的时候吗？"孔子说："君子处于困境时仍会坚持，小人处于困境就肆意妄为了。"

通讲

在陈绝粮，是夫子一生中的低谷。

《史记》记载，夫子迁居到蔡国的第三年，吴国攻伐陈国。楚国出兵援救陈国，驻扎在城父。楚王听说夫子在陈国、蔡国之间，便派人邀请夫子。陈国和蔡国的大夫考虑到夫子长久滞留在陈、蔡之间，自己的所作所为都违反夫子的思想，定会引发夫子不满。倘若夫子被楚国重用，自己岂不危险？于是就共同调发役徒将夫子围困在野外，使夫子及其弟子无法行路，断绝了粮食。

此时，跟随夫子的弟子早已疲惫不堪，饿得都站不起来了。夫子却仍旧讲习诵读，演奏歌唱，传授诗书礼乐，毫不间断。火爆的子路终于爆发了……

对一个人的"仁"的考验，最佳的办法莫过于将之置身于"造次"与"颠沛"之中了，山穷水尽之时还能保持节操，无疑才是真君子。

当然，此时的子路恼怒了，一来是因为他的修为不够，二来也是因

为他足够真诚和坦率。别人或许也想问却不开口，子路不仅开口了，而且问得还特别直接。“愠”，是生气见于颜色，也是心怀不满，二者兼而有之。

夫子您不是曾说“君子谋道不谋食”“忧道不忧贫”吗？为何我们会陷入今天这般境地？夫子回答说：“君子固穷，小人穷斯滥矣。”

这里的“固”有两种解释：一种是孔乙己理解的，君子“一定”穷；一种是朱熹说的“言君子固有穷时”。孔乙己这样理解无疑是在为自己的贫穷开脱，他参加科举考试，《论语集注》烂熟于心，不可能不知道朱老夫子的解释，朱熹说的是，君子不是没有穷的时候。不过，这不是君子与小人的区别，君子与小人的区别在于，君子“穷”就坚持着，小人“穷”就无所不为了。

15.3 子曰：“直哉史鱼[①]！邦有道，如矢[②]；邦无道，如矢。君子哉蘧伯玉[③]！邦有道，则仕[④]；邦无道，则可卷而怀之。”

解词

①直哉史鱼：直，正直。谓语前置，按照现代汉语语序可以调整为“史鱼直哉”，史鱼正直啊。

②矢：箭。

③君子哉蘧伯玉：蘧伯玉是君子啊。

④仕：做官。

释句

孔子说：“史鱼正直啊！国家太平，他像箭一样正直；国家危乱，他像箭一样正直。蘧伯玉是君子啊！国家太平就做官，国家危乱就把自己藏起来。”

通讲

关于史鱼的故事主要见《韩诗外传》卷七、《大戴礼记·保傅》和

《新序·杂事》。

卫国有位贤人蘧伯玉，他是夫子的好朋友，这个人为人正直，德才兼备。然而，卫灵公无视这个人的存在，却重任作风极不正派的弥子瑕。史鱼，名佗，字子鱼，也称史鳅，卫国大夫。他看到这种情况，就屡次进谏，卫灵公却始终不予采纳。史鱼自以为生时不能做到“进贤而退不肖”，于是选择死后继以“尸谏”。史鱼奄奄一息，叮嘱儿子：“我活着不能进荐蘧伯玉，劝退弥子瑕，是我身为臣子的过失！‘生不能正君者，死不当成礼。’儿啊！我死后不在正堂治丧，把我放到北堂去！”在史鱼死后，史鱼的儿子便按照父亲的遗愿做了。卫灵公前来吊丧，得知史鱼是用尸体谏言，由衷慨叹：“吾失矣！”最终重用了蘧伯玉，并罢免了弥子瑕。

夫子对史鱼的做法是肯定的，称赞他的正直。然而，他对于蘧伯玉的做法却更为赞赏，盛赞蘧伯玉为君子。

史鱼是不管现实怎样变化，始终如一，保持“直”之本色，而蘧伯玉却会根据境遇的变化决定自己的去留。史鱼的精神可嘉，蘧伯玉的做法富于智慧。这两个人，一个勇，一个智。

夫子向来主张“无可无不可”，适合的就是最好的。不过，在残酷的现实面前，像卫灵公这样能醒悟的毕竟不多见，多数情况下，一味地正直只能换来无谓的牺牲。故而，夫子的态度很明确。他常常告诫弟子：“守死善道。危邦不入，乱邦不居。天下有道则见，无道则隐。”“邦有道，危言危行；邦无道，危行言孙。”“邦有道，则知；邦无道，则愚。”“邦有道，不废；邦无道，免于刑戮。”……

15.4 子曰：“志士仁人，无求生以害仁，有杀身以成仁。”

释句

孔子说：“志士仁人，不为了求生损害仁德，宁肯牺牲生命成全仁德。”

通讲

康有为说："仁者，近之为父母之难，远之为君国之急，大之为种族宗教文明之所系，小之为职守节义之所关。见危授命则仁成，隐忍偷生则仁丧。……哀莫大于心死，而身死次之。"

儒家尊生，强调生的价值、现世的意义，所谓"未知生，焉知死"。《周易·系辞传》中说："天地之大德曰生，圣人之大宝曰位。"天地最大的美德就是孕育生命，承载生命，维系生命。《周易·系辞传》又说"生生之谓易"，事实上，"周易"的"易"就是创造生命，繁衍生命，让生命之水长流不涸。

夫子爱惜生命，但他更看重仁德，"仁者安仁"，仁是儒家的最高精神操守，神圣不可动摇。在夫子看来，若是为了生而生，便是苟且——这也是儒家尊生与道家尊生的根本区别所在。

儒家思想一脉相承，到了孟子，便有了《孟子·告子上》中的"生，亦我所欲也；义，亦我所欲也。二者不可得兼，舍生而取义者也"。李泽厚先生在谈到《卫灵公篇》的这一章时说："这是流传至今的重要格言。可作道德的和超道德的解释。所谓'超道德'，就是指'仁'发自内心而可与宇宙交通；所谓'浩然之气'，'沛然而莫之能御'，均'集义所生'（孟子）的道德而超道德。"他进一步解释："'志'古解作'知'，即有智慧的人，可见牺牲生命并非盲目情绪，而是自觉行为。"也就是说，虽然有舍生取义与杀身成仁，但也不意味着贸然行动与无谓牺牲。故而，钱穆先生说："然殷有三仁，亦非必尽如比干之甘刀锯鼎镬始为成仁。舜、禹为民御大灾，捍大患，亦即仁。有志求仁者，于《论语》此章当善加体会。"

15.5 子贡问为仁。子曰："工欲善其事，必先利其器①。居是邦也，事其大夫之贤者②，友其士之仁者③。"

解词

①利其器：利，锋利，锐利，这里是使动用法，使……锋利。使工具

锋利。

②大夫之贤者：定语后置，按照现代汉语语序可以调整为“贤大夫”，有贤德的大夫。

③友其士之仁者：友，意动用法，以……为友。士之仁者，定语后置，按照现代汉语语序可以调整为“仁士”，有仁德的士人。以有仁德的士人为友，意译为“结交有仁德的士人”。

释句

子贡问如何实行仁。孔子说：“工匠要做好他的工作，一定要使他的工具锋利。住在那个国家，就要侍奉那些有贤德的大夫，结交有仁德的士人。”

通讲

夫子喜欢形象化说理，“工欲善其事，必先利其器”，工匠要做好一件事，就得有得力的工具；而君子想要成就仁德，就必须要有贤友的助力。所谓“工以利器为用，人以贤友为助”，“以友辅仁”，贤友的助力，不一定是物质上的辅助，还可能是精神上的督促或支撑。

弟子们多次问夫子什么是“仁”，子贡如今又问如何“行仁”，他们要的是方法，而非定义。不过夫子往往会因人而异，给出不同的回答。子贡是言语科的高才生，语言功夫自然不差，不过，他的行动力比不上他的言语力。夫子乐见于他的发问，同时，又深知弟子的弱点。正如朱熹在《论语集注》中所说：“夫子尝谓子贡悦不若己者，故以是告之。欲其有所严惮切磋，以成其德也。”子贡不能做到“无友不如己者”，喜欢交朋友，而所交的朋友大多又不如自己。如此，如何与之“切磋琢磨”？如何与之“切切偲偲”？于是夫子“对症下药”，以求对子贡有所裨益，可谓用心良苦。

15.6 子曰：“人无远虑，必有近忧。”

释句

孔子说：“一个人没有长远的考虑，一定会有眼前的忧患。”

通讲

《左传·襄公二十八年》有云："君子有远虑，小人从迩。"中国人常有忧患意识，凡事讲究深谋远虑，居安思危，防患于未然。这里的"远"包含两层含意，一是空间意义上的，二是时间意义上的。钱穆先生说："一以地言，人之所履，容足之外，皆若无用，而不可废。故虑不在千里之外，则患常在几席之下矣。一以时言，凡事不作久远之虑，则必有日近顷败之忧。两解皆可通。"

《中庸》说："凡事豫则立，不豫则废。言前定则不跲（jiá，绊倒），事前定则不困，行前定则不疚，道前定则不穷。"意思是说，任何事情，事先有准备就会成功，事先没准备就会失败。说话先有准备，话就不会说不下去；做事先有准备，事就不会遭受挫折；行动先有准备，行动就不会出问题；执行大道先有准备，大道就不会陷入绝境。一句话，不论做什么都需要着眼长远，有持续发展的眼光，否则势必会被眼前的忧虑所困扰。

有此忧患意识，于民族而言，可以保证我们趋利避害，少走弯路，能使国家长治久安，使民族数千年而不堕；于个人而言，可以保证我们着眼未来，未雨绸缪，避免鼠目寸光，能使个人兴旺而不衰。

15.7 子曰："躬自[①]厚[②]而薄[③]责于人，则远怨矣。"

解词

①躬自：自己对自己。
②厚：重，大，多，这里引申为"严格要求"。
③薄：少。

释句

孔子说："自己对自己严格要求，而很少责怪别人，就会远离怨恨。"

通讲

静坐常思已过，闲谈莫论人非。我对这一章的理解是，要用道德要

求自己，而用法律要求别人，严于律己，宽以待人。

从人性的弱点来看，每个人总是能看到甚至放大自己的优点，却无视或是屏蔽别人的优点。于是夫子说："已矣乎，吾未见能见其过而内自讼者也。"算了吧，我没有见过能看到自己错误便自我责备的人。"讼"就是责备、埋怨。相反，因为旁观者清，我们反倒会很快发现别人身上的问题，并且一直钉着不放。于是，我们常常对自己多有宽恕，而对别人则求全责备。试想，假如人人都是如此，人与人的关系岂不会变得非常僵化？

人同此心，心同此理。我们应该换位思考，用对待自己的方式对待别人，再用对待别人的方式来认识自己，人与人之间就自然会和谐了。

这一章与后面的"君子求诸己，小人求诸人"密切相关。君子，遇到问题先查找自身原因；而小人，出现麻烦时总是想方设法推卸责任，撇清自己，很少自我反思，查找自身原因。如果我们都能如《孟子·离娄上》中所说"行有不得者皆反求诸己"——行动一旦达不到预期效果，就反省自我，问题岂不简单了？

15.8 子曰："君子疾①没世而名不称②焉。"

解词

①疾：憎恶，怨恨。

②称（chēng）：称述，称道。

释句

孔子说："君子痛恨到死而名声不被称道。"

通讲

对于这一章历来有两种解释：一是"君子憎恨这个世界，名不符实"，此时，"称"读作"chèn"，是"相称、符合"的意思——以王阳明为代表，持有此说；二是"君子痛恨到死而自己的名声不被称道"，此时，"称"读作"chēng"，是"称述、称道"的意思，也可以理解为

“颂扬、扬名”的意思——以朱熹为代表，持有此说。后者以为，这里的“称”与《泰伯篇》“三以天下让，民无得而称焉”中的“称”的用法相同。

《孟子》说：“声闻过情，君子耻之。”一个人名气大而实不至，这是一种耻辱。可以想象，这种现象在夫子所生活的那个时代，应该不算少见。事实上，人性使然，即便是今天，这样好大喜功、沽名钓誉之徒依然屡见不鲜。

朱熹在《论语集注》中说：“君子学以为己，不求人知，然没世而名不称焉，则无为善之实可知矣。”夫子说“君子病无能焉，不病人之不己知也”，可见，君子还是害怕别人不知道自己的。一时不被认知，我们就不断增加自己的修为与能力，要相信“求为可知也”。

君子重名，不过重的是美名，而非虚名、盗名。以上这两种说法看似不同，实际上，仔细想一想又是一回事。君子忧患的是去世的时候名声与德行不相配，也忧患美名不为人知：名实不副，又被称道，是耻辱；相反，如果被称道了，就应该是名实相符而非浪得虚名。

15.9 子曰：“君子求诸①己，小人求诸人。”

解词

①诸：相当于“之于”。

释句

孔子说：“君子求之于自己，小人求之于别人。”

通讲

这里所说的“君子”“小人”并非现代意义上的道德层面的意思，而是就社会分工而言的。统治者是君子，平民是小人。夫子的时代分工不同：统治者是精英阶层，治理国家，承担重要责任，理应严格要求自己，也只得依靠自己；被统治者是平民阶层，听从指令，不必承担太多责任，而且要依靠统治阶层。

不过，跳出历史语境，我们会发现，这一章对于我们每个人都有着很强的现实意义。要知道，君子——如今已经不再是一个固化的阶层，而是一种精神境界的代名词，它已经成为我们今人共同的价值追求。

“求”是“责求、要求”。《论语正义》说“君子责己，小人责人”，君子做事向内找自己的原因，小人做事向外找别人的原因。“君子求诸己”就是说，君子就要严于律己，宽以待人，即“躬自厚而薄责于人”。

“求”又是“依靠、凭借”。“天行健，君子以自强不息”，小人求人，而君子求己。谋事在人，成事在天。求人不如求己，真正的君子只能靠自己，也只能凭借自己。

回到现实语境，我们还可以把以上内容结合起来：我们要做君子，既要严格要求自己，求助自己，还要有夫子时代君子的担当。陶行知先生的《自立立人歌》就是对这一理解的最佳注脚：

> 滴自己的汗，吃自己的饭，自己的事自己干，靠人、靠天、靠祖上，不算是好汉！
>
> 滴自己的汗，吃自己的饭，别人的事我帮忙干，不救苦来不救难，可算是好汉？
>
> 滴大众的汗，吃大众的饭，大众的事不肯干，架子摆成老爷样，可算是好汉？
>
> 大众滴了汗，大众得吃饭，大众的事大众干，若想一个人包办，不算是好汉！

15.10 子曰：“君子矜①而不争，群②而不党③。”

解词

①矜：持重，庄重。

②群：会合，群聚。

③党：朋党。这里用作动词，结党，为私利而勾结在一起。

释句

孔子说：“君子持重而不争夺，合群而不结党。”

通讲

为何会“争”？又为何会“党”？皆由一个“私”字。

中华文化大多主张不争，法家算是一个个例。道家《道德经》说：“上善若水。水善利万物而不争。”道家的这一思想来源于《周易》，主张“不争为争”，以为“夫唯不争，故天下莫与之争”。

夫子说，“君子无所争”，“其争也君子”。夫子不主张竞争，主张和而不同，同生共育，和谐相处。《中庸》有言：“万物并育而不相害，道并行而不相悖。”儒家以为，君子只与自己争，“苟日新，日日新，又日新”，做最好的自己就可以了，这就是自强不息，根本没有必要与别人较劲。

道家的思想，对于修为高的人而言，表现为智慧；而对于慧根浅的人而言，就容易变成权术。相较而言，在这个问题上，儒家比道家更实在，也更容易操作。

儒家主张群而不党，“党”就是“比”。“君子周而不比，小人比而不周”，君子团结不勾结，小人勾结不团结。“周”是周密、遍及的意思，出于公心；而“比”是依附、靠近的意思，出于私心。“党”则是相互依附，相互勾结，就是为了一己私利而结党营私。所以，夫子主张“群”而反对“党”，主张“周”而反对“比”。

将“不争”与“不党”放在一起，难道是要我们无欲无求吗？当然不是——是要我们提升自我的格局与境界，“其争也君子”，“其群也君子”，依仁据义，一心为公。

15.11 子曰：“君子不以言举人，不以人废[①]言。”

解词

①废：废弃。

释句

孔子说：“君子不根据言语推举人，不因为人的好坏而废弃他的言语。”

通讲

我们对一个人的认定往往是从“听其言”开始的，即便是夫子也概莫能外。他曾慨叹：“吾以言取人，失之宰予；以貌取人，失之子羽（澹台灭明）。”就是那个夸夸其谈的宰我，让夫子清醒地认识到，“今吾于人也，听其言而观其行”。“其言”未必真实，行动远比言语可信。

《宪问篇》中，夫子说：“有德者必有言，有言者不必有德。”无德之人也可能会有言，如果我们轻易相信他的话就胡乱推举他，那就非常危险了。相反，既然无德者也会有言，我们也不能因为对方的德行不好而否定他的语言。

夫子的公允与客观让人敬佩，然而，时至今日，我们还尚未能领会，更难以做到，让人遗憾。

15.12 子贡问曰：“有一言[①]而可以终身行之者乎？”子曰：“其[②]‘恕’乎！己所不欲，勿施于人。”

解词

①一言：一个字。

②其：副词，表示推测，大概，或许。

释句

子贡问：“有一句话可以一辈子奉行的吗？”孔子说：“大概是‘恕’吧！自己不想要的，不要给予别人。”

通讲

曾子说“夫子之道，忠恕而已矣”，忠恕是对夫子仁道思想的基本解释。忠是“忠心”，“己欲立而立人，己欲达而达人”；恕是“如心”，“己所不欲，勿施于人”。忠是仁的上限，恕是仁的底线。忠求诸己，恕以待人。《中庸》说：“忠恕违道不远，施诸己而不愿，亦勿施于人。”一个人做到了忠恕，离仁道也就不远了。

自己不喜欢的不施加给别人，心心相通，推己及人，这是仁道的开

始。之后的儒家在此基础上提出了絜矩之道，明确君子言行的示范作用。

子贡曾经问夫子："如果能向百姓遍施好处，且能救助群众，使大家生活得更好，怎么样？可以说是仁吗？"孔子说："哪里仅仅是仁啊！一定是圣了！尧舜尚且难以做到！所谓仁，己欲立而立人，己欲达而达人。能从近处做起，推己及人，可以说是践行仁的方法。"子贡富有，他有志于遍施恩惠，受到了夫子的赞誉。"己欲立而立人，己欲达而达人"，可以看出子贡志向高远，似乎已经达到了仁的最高境界。然而，事实并非如此，他志向虽高，未必真的能达成。其实，莫说是仁的最高境界了，恐怕就连仁的底线——"己所不欲，勿施于人"，他都尚未能够达到。对此，《公冶长篇》有这样的记载：

> 子贡曰："我不欲人之加诸我也，吾亦欲无加诸人。"子曰："赐也，非尔所及也。"

子贡所说的"不欲人之加诸我也，吾亦欲无加诸人"不就是"己所不欲，勿施于人"吗？显然，夫子对子贡在这个方面的执行力是深表怀疑的。因此，夫子这里才会告诫他：子贡，对你而言，"终身行之"的便是"己所不欲，勿施于人"。

15.13 子曰："巧言[①]乱德，小不忍则乱大谋[②]。"

解词

①巧言：花言巧语。

②谋：计谋，计策。

释句

孔子说："花言巧语会败坏道德。小事上不忍耐，就会破坏大计谋。"

通讲

"巧言令色，鲜矣仁！"鲜仁就容易动用口舌搬弄是非。朱熹说："巧

言变乱是非，听之使人丧其所守。”鲜仁而乱德，这是自然之理。那“小不忍”奈何就能“乱大谋”呢？

对此，朱熹没有给出逻辑上的解释，而是举例说明：“小不忍，如妇人之仁、匹夫之勇皆是。”事实上，不忍就会产生愤怒，人在愤怒的时候就容易丧失理智，破坏大的计谋就容易理解了。

拿破仑说：“一个人能控制了自己，才能控制别人。”韩信能忍胯下之辱，终成盖世英雄；越王勾践卧薪尝胆，方能一雪前耻；司马迁一忍奇耻大辱，竟能成就皇皇巨著。夫子主张忍让：忍，出于被动，多有无奈，忍气吞声，忍于难忍之时；让，来自主动，少有怨气，气象非凡，更见雅量风度。忍一时风平浪静，让三分海阔天空。

仁者之忍，往往是为江山社稷，为民族大义，为天下苍生。忍一切难忍之事，于个人是小事，于国家民族却是大谋。还是拾得那句话：“只是忍他，让他，由他，避他，耐他，敬他，不要理他，再待几年你且看他！”

至于为什么会把“巧言乱德”和“小不忍则乱大谋”并举，有两种可能。一是两者为并列关系，二者都指向生“乱”，有共同点；二是两者为因果关系，意在告诫我们不要因为别人如簧的巧言而坏了大事。

15.14　子曰：“众恶[①]之，必察焉[②]；众好之，必察焉。”

解词

①恶（wù）：憎恨，讨厌。

②焉：指示代词，此，这里指“他”。

释句

孔子说：“大家都憎恶他，一定要考察他；大家都喜欢他，一定要考察他。”

通讲

《子路篇》中有一章与这一章紧密相关的内容：

子贡问曰："乡人皆好之，何如？"子曰："未可也。"

"乡人皆恶之，何如？"子曰："未可也。不如乡人之善者好之，其不善者恶之。"

夫子不是不相信群众，而是要我们理性地对待"大多数"。不要轻易以为群众喜欢的我们就支持，群众反对的我们就厌恶，一定要看清你所面对的是怎样的群众。"众恶"也好，"众好"也罢，我们都要持有一种审慎的态度，必须要严格考察才是。

15.15 子曰："过而不改，是[1]谓过矣。"

解词

①是：代词，这。

释句

孔子说："有了过错不改正，这就真的是过错。"

通讲

《左传·宣公二年》中曾记录了这样一个故事：

晋灵公做事不合为君之道。有一次，厨子烧煮熊掌不熟，灵公便杀死他，放在畚箕里，让一女子拖着走过朝堂。臣子赵盾和士季看到了死人的手，得知杀人的缘故，就商议好先后进谏。当时，士季告诫晋灵公的一句话便是"人谁无过？过而能改，善莫大焉"。一个人谁没有犯过错，有了过错能够改正，便是最大的善。这句话充满温情，也体现出极大的与人为善的宽容精神。只可惜，晋灵公口惠而实不至，表面答应，却仍旧我行我素，不但不听，最终还一而再再而三地要置之后屡次进谏的赵盾于死地。

夫子的"过而不改，是谓过矣"与士季的话如出一辙，这句话反过来就是"过而能改，便不是过"，所以夫子又说"过则勿惮改"。

夫子赞赏自己的弟子颜回对待错误的做法，不是因为颜回不犯错误，而是颜回“不贰过”——不犯同样的错误。所谓“人非圣贤，孰能无过”，人都有犯错误的时候，即便是“复圣”颜回都在所难免。

一般人犯了错误，第一反应往往是自我掩饰，正如子夏所说“小人之过也必文”，人性使然。殊不知，掩饰错误的结果就是错上加错，或是同类错误的一再重犯。

我们不怕犯错误，但要懂得“过而不改，是谓过矣”：于人而言，这是一种宽容的精神；于己而言，这又是一种勇气。

夫子的弟子子贡说：“君子之过也，如日月之食焉。过也，人皆见之；更也，人皆仰之。”这句话与子夏的“小人之过也必文”一样，都是对夫子这句话的补充。所不同的是，子夏从“小人”角度阐发，而子贡从“君子”角度阐发；子夏说话直白，一语中的；子贡则惯用比喻，文采飞扬。

15.16 子曰：“吾尝[①]终日不食，终夜不寝，以思，无益，不如学也。”

解词

①尝：副词，曾经。

释句

孔子说：“我曾经整天不吃饭，整夜不睡觉，用来思考，没有益处，不如学习。”

通讲

夫子是一个实践家，他强调实操，他的学与思都是指向践行的。

夫子学习，目的是“学而时习之”，要将所学的东西落实在实践中；夫子思考，同样是为了让自己少一点迷惘，从而更好地行动。因此夫子提出“学而不思则罔，思而不学则殆”。这个观点不是空想出来的，而是经过实践得出的。这一章告诉我们，夫子曾经废寝忘食地去思考，想要

有所开悟，但是实践告诉夫子，空想无益，唯有实干！

正因为夫子的一切行为大多是指向实用的，所以夫子反对游手好闲，反对无所事事。《阳货篇》中夫子曾说：“饱食终日，无所用心，难矣哉！不有博弈者乎？为之，犹贤乎已。”即便是下下棋都比“群居终日，言不及义，好行小慧”要好得多，因为下棋尚且可以开动脑筋，也还算不上荒废人生。

学思并重，学以致用，思亦致用。学和思是要兼顾的，但思要着眼于学，不是空想，也非乱想，从这个角度上看思也是学。就如同猜谜，猜谜必须要去思，这个思的过程便是猜。倘若你耐不住性子，每次看到谜面就匆匆看谜底，虽然马上恍然大悟，却无大益：一者，失去了思的乐趣；二者，也很难学到猜谜的方法。此时，思也是学，二者是一回事，不是两回事。

不过话又说回来了，学思都指向实用虽然是好，但太过强调实用也会导致“中国纯粹思辨不太发达，以致无真正哲学可言，亦一大损失”（李泽厚语）。

15.17 子曰：“君子谋道不谋食。耕也，馁[①]在其中矣；学也，禄[②]在其中矣。君子忧道不忧贫。”

解词

①馁（něi）：饥饿。

②禄：俸禄。

释句

孔子说：“君子谋求道义，不谋求饭食。为谋食耕田，也难免会饿肚子；为谋求道义学习，就可以做官拿到俸禄。君子只担心道义而不担心贫穷。”

通讲

这里的“道”是道义，也是指事业。这句话可以有两种解释：

从浅的角度看，夫子只不过是在陈述一个事实。夫子所面对的教育对象是儒士，做官就是这些知识分子追求的本分。夫子意在强调儒士（或者说君子）要听从天命，君子的天命就是要谋道。

所谓各司其职，谋道就是君子的天职。樊迟曾经向夫子询问关于稼穑的事情，夫子说："小人哉，樊须也。"不少人都以为这充分说明夫子轻视农业活动，其实是极大的误解。这里说的"小人"只不过是在强调社会身份罢了，并无贬低之意。夫子以为，儒家是在培养"谋道"的"君子"，而非如农家培养"谋食"的"小人"，仅此而已，别无他意。这个说法与《左传·襄公九年》所说的"君子劳心，小人劳力，先王之制也"，以及之后孟子提出的"或劳心，或劳力；劳心者治人，劳力者治于人；治于人者食人，治人者食于人：天下之通义也"，如出一辙，别无二致，都没有歧视劳动者的想法。

从深的角度看，夫子却也是在讲述一个道理。"君子谋道不谋食"，"君子忧道不忧贫"，这里的"谋道"着眼于追求人生理想，而这里的"谋食"着眼于解决当下的生计问题。二者关系并非如宋明理学家理解的那样是对立的，君子固然不是不食人间烟火的神，却有着更为高远的追求。他们绝不能只为了地上的"六便士"，便不顾头顶的"月亮"。在夫子看来，一个人，胸怀天下，志在高远，不断努力，便自然不会为温饱问题担忧；反是那些鼠目寸光，只顾眼前蝇头微利、蜗角虚名之徒，常常会为衣食所困。

我们为什么而活着？或许你说，一为名，一为利，富贵而已。如若我们真的把这富贵穷通置换为自己的人生目标，我们就是在"谋食"。如此，我们就将无法安顿好自己的内心，变得焦虑不安。夫子的这句话无疑是在帮助我们找到精神的家园，确定人生的目标，教会我们用出世的精神做入世的事情。着眼于"谋道"，就自然会让我们拥有出世的精神，让我们的心灵更有力量。

谋道，不谋食，食自至；忧道，无忧贫，贫自去。这一章意义深远，完全可以作为后人，尤其是年轻人的座右铭。真可谓：

春风十里泗河滨，木铎千年尚化民。
从此邯郸枕中客，羞于患位不忧贫。

15.18 子曰："民之于仁也，甚于水火①。水火，吾见蹈②而死者矣，未见蹈仁而死者也。"

解词

①甚于水火：状语后置，按照现代汉语语序可以调整为"于水火甚"，意译为"比水火还重要"或"比水火还需要"。

②蹈：踏入，奔向。

释句

孔子说："百姓对于仁，比水火还重要。我看见踏入水火而死的人，却没有看见践行仁而死的人。"

15.19 子曰："当①仁，不让于师②。"

解词

①当：面对。

②不让于师：状语后置，按照现代汉语语序可以调整为"于师不让"，对于老师（也）不谦让。

释句

孔子说："面对仁德问题，即便对于老师也不谦让。"

通讲

前一章可能存在着传抄上的问题，不好直译，但其大意比较好理解，即朱熹《论语集注》中所言"勉人为仁之语"。以上两章的精神内核是完全一致的，都是在强调仁的至高地位。

一方面，夫子说"吾未见好德如好色者也"，他希望人们追求仁德如同爱慕美色一样，能内化为一种自觉的精神需求，靠内驱力行使；另一方面，夫子说"无求生以害仁，有杀身以成仁"，仁德至高，我们不仅要

爱好仁德，更要为了仁德而不惜牺牲自己的生命。既然如此，为了仁，我们赴汤蹈火在所不辞也就不难理解了。

西方先哲柏拉图说“吾爱吾师，吾更爱真理”，这是学生提出来的；与西方先哲不同，东方先哲夫子提出的“当仁，不让于师”是教师主动提出来的，应该说难度更大，需要勇气，更需要理智，需要对自我有清晰的认识。

儒家向来是很强调“师”的地位的。夫子之后，发端于《国语》，成形于《荀子》，产生了“天地君亲师”的崇拜，将教师放在了与天地、君主、父母同等的地位，明清之后甚至还要将“天地君亲师”的牌位或条幅供奉在家中最显赫的地方——中堂，足见教师的地位。然而，即便如此，依然是“当仁，不让于师”，这就足可以看出仁德的至高地位。

15.20 子曰：“君子贞①而不谅②。”

解词

①贞：正，固守正道。

②谅：无原则地守信，固执。

释句

孔子说：“君子固守正道而不拘执小信。”

通讲

《说文解字》：“贞，卜问也。”贞的本意是在鼎上占卜，察看吉凶祸福，之后延伸出有节操、坚定不移等意思。贾谊《新书·道术》中说：“言行抱一谓之贞。”一言以蔽之，“抱一”便是“贞”。夫子的操守在于正道，面对正道，夫子会不让于师，会蹈死不顾，坚定不移，始终如一。

“谅”本是诚信、信实之意，然谅有大小之分。

所谓大信，就是“言必信，行必果”，说到就要做到。“人而无信，不知其可也”，人如果没有了信，就如同车没有了驾车的横木销钉，根本无法行走；管理一方百姓，信是根本，所谓“自古皆有死，民无信不

立”，之后才考虑粮食和军队的问题；与朋友交往，更要考虑信，一方面要交往说话算话的朋友，所谓“友直，友谅，友多闻”，另一方面交往时还要扪心自问：“与朋友交而不信乎？”

所谓小信就是无原则地守信，不分场合，不辨对象。《史记·孔子世家》中记述了这样一个故事：

（孔子去陈，）过蒲，会公叔氏以蒲畔，蒲人止孔子。弟子有公良孺者，以私车五乘从孔子。其为人长贤，有勇力，谓曰：“吾昔从夫子遇难于匡，今又遇难于此，命也已。吾与夫子再罹难，宁斗而死。”斗甚疾。蒲人惧，谓孔子曰：“苟毋适卫，吾出子。”与之盟，出孔子东门。孔子遂适卫。子贡曰：“盟可负邪？”孔子曰：“要盟也，神不听。”

夫子为何会言行不一？因为在夫子看来，这是被胁迫遵守的盟约，不符合道义，就不用管它。这就如同国与国之间因武力不对等而签订的不平等条约，或者在敌人胁迫下许下的诺言，理应没有任何约束力。

应该说，贞是中华民族的传统美德。《周书·谥法》上说“清白守节曰贞”，让我们清清白白做人；诸葛亮《出师表》说“贞良死节之臣”，让臣子对待君主要忠贞。应该说，作为基本的做人准则，贞是没错的，否则，朝三暮四、见异思迁，于国于家都不得安宁。然而，如果没有原则地讲贞，讲小信而不见大义，不懂得通权达变，盲目地谈操守就大错特错了。

15.21 子曰：“有教无类①。”

解词

①类：种类，类别。

释句

孔子说：“教学生不要分类别。”

通讲

有教无类，用今天的眼光来看就是一则招生广告。广告内容言简意赅，仅仅四个字，便告知了自己的招生范围、招生要求。即不论国籍、部族、等级、血统、身份、地域、贫富、善恶、天资、禀赋、老幼……在孔门，均有受教育的权利，正如南郭惠子所慨叹的“夫子之门何其杂也”！

从地域来看，夫子跨区域招生。就今天我们所了解的，他的弟子主要来自鲁国，如子渊（颜回）、曾参、公冶长等。此外，卫国有子贡、子夏等，齐国有子羔（高柴）等，秦国有子南（秦祖）等，陈国有子张等，楚国有子选（任不齐）等，蔡国有子开（秦冉）等，宋国有子思（原宪）等，吴国有子游等……夫子那里没有知识或技术封锁，夫子心中装的是天下，在夫子看来“知识无国界”。

从贫富来看，夫子的弟子中，富者有冉有、子贡，贵者有孟懿子、孟武伯，贫贱者有颜回、原宪、曾参。尤其是颜回之徒，一个个生活贫困，原宪瓮牖绳枢，曾参三餐不饱，然而，夫子照单全收，绝不会以青白眼看人。

从品行来看，夫子的弟子形形色色，高柴憨厚，曾参迟钝，子张偏激，宰予刁钻……夫子都不以为意。他广收门徒，不曾戴着有色眼镜看人，更未把他们逐出门墙，反是把他们都改造成了圣贤。即便是对官德极差的冉有，夫子曾经也说过“非吾徒也”，并扬言要让其他弟子群起而攻之，但最终还是没有放弃他。

夫子之前的教育均为官学，是“学而优则仕”，很多人是原本无缘教育的。直到夫子，他开办私学，扩大门墙，将更多的人收入门下，才使之有机会接受教育。夫子说“自行束脩以上，吾未尝无诲焉”，求学者只要带着十条干肉的薄礼来，夫子都会接受。《朱子语类》中说：“古人空手硬不相见，束脩是至不直（同‘值’）钱底，羔雁是较直钱底。真宗时，讲筵说至此，云：‘圣人教人也要钱。’”可见，十条干肉，与其说是学费，不如说是一种仪式，一种礼的形式罢了。夫子在乎的是礼，而非钱。

夫子的教学思想是有教无类，教学方法是因材施教。表面看来是交

同样的学费，给予不同的教育，似乎是教育的不公平；事实上，正好相反，这是交同样的学费，却根据不同的学情，因人、因时、因地给予有差异的教育。

15.22 子曰："道不同，不相为谋①。"

解词

①谋：咨询，谋议。

释句

孔子说："道路不同，不必相互商量谋议。"

通讲

由于"道"可大可小，不易理解，故而这句话也就变得极富张力。

一般认为，"道"就是人生道路、方向、途径。所谓人各有志，大家所选的道路不同，价值取向各异，就难以形成对话，无法同频共振，更不要说理解沟通了。大到政治路线，小到生活方式，莫不如此。既然不能相商，那就各自走自己的道路。《子罕篇》中夫子说："可与共学，未可与适道；可与适道，未可与立；可与立，未可与权。"这里所说的"未可与适道"便是"道不同"——同学可以，未必志同道合。《子张篇》曾子评论子张说"堂堂乎张也，难与并为仁矣"，也是说曾子和子张虽同出于孔门，由于没有共同的志向，故而所走的道路迥然不同。这正如孟子将禹、稷、颜子视为同道，而将曾子、子思视为同道，是一个道理。

又或者说，夫子的"道不同"就是从专业角度区分的，如钱穆先生《论语新解》："道指术业，如射与御，各精其事，不相为谋。"是啊！术业有专攻，互有不同，如何相谋？直须各行其道，分道扬镳，不必掺和。

再或者将"道"说得更具体些，如将"道"理解为主张、观点，或是意见、志趣，如此等等，也未尝不可。

夫子微言大义，大概是因为"道可道，非常道"，故而这句话理解起来自然就多元了。不论哪一种说法又都能说得通，都有道理，那我们就

各取所需好了。

不过，夫子的思想是一个整体，《论语》又是一个体系，因此读这本书切不可断章取义，搞碎片化阅读。夫子说“和而不同”，故而，虽“不相为谋”，但也并非零和博弈，非要争个高下，斗个你死我活。不谋也不必相攻，若是美，则美美与共。但若是其害于仁、违于义，恐怕就得赴汤蹈火也在所不辞了。此所谓：“礼之用，和为贵。先王之道，斯为美；小大由之。有所不行，知和而和，不以礼节之，亦不可行也。”

15.23 子曰：“辞①达②而已矣。”

解词

①辞：言辞，文辞。

②达：通晓。

释句

孔子说：“言辞能表达意思就足够了。”

通讲

夫子对于说话（言语）这个问题一向是非常审慎的，因为他对现实生活中巧言令色的行为深恶痛绝。巧言乱德，让他出离愤怒，于是他一再提出自己对于说话的看法。其看法大致可以分为三个层次：

第一层是“讷”与“慎”。“讷于言而敏于行”，“敏于事而慎于言”，“刚、毅、木、讷，近仁”……一句话，说话要慎重，要学会闭嘴。夫子以为，行胜于言，行动是第一位的，要“先行其言而后从之”。夫子说：“天何言哉？四时行焉，百物生焉，天何言哉？”《老子》说：“知者不言，言者不知。”同为一理。

第二层是“诚”与“达”。慎，不等于不说；讷，又多是针对司马牛、宰予之流所言的。夫子说话都有针对性，不可泛泛理解。话还是要说的，但要在该说时再说，且要讲究“诚”与“达”。诚，就是“修辞立其诚”，不仅强调外在的态度，更强调内心的虔诚。没有诚便是虚情假意，对人要诚，对神也要诚，心诚则灵。达，就是“辞达而已矣”，从“而已矣”三个语气词连用可以窥见夫子的态度——诚就“足够了”，不要迂回曲折，不要佶屈聱牙，不要云山雾罩，不要故弄玄虚，不要连篇累牍。“兵不在多，独选其能；药不贵繁，唯取其效”，语言不在于多，言简意赅，表达清楚了就好。

第三层是“文”与“质”。夫子反对语言的“巧”与“佞”，倡导语言的“文”与“质”。夫子说“言之无文，行之不远”，文字若无文采，便流传不远。然而夫子所谓的“文”绝非繁复的文辞、华美的辞藻、高超的技巧，这个“文”是指在不同的语境中采用适合的表达。形式服务于内容，该华美的时候不吝言辞，该质朴的时候又绝不卖弄。所谓“质胜文则野，文胜质则史。文质彬彬，然后君子”，便是这个意思。

季氏篇第十六

16.1　季氏将伐[①]颛臾。冉有、季路见于孔子曰："季氏将有事[②]于颛臾。"

孔子曰："求！无乃尔是过与[③]？夫颛臾，昔者先王以为东蒙主[④]，且在邦域之中矣，是社稷之臣也。何以伐为[⑤]？"

冉有曰："夫子[⑥]欲之，吾二臣者皆不欲也。"

孔子曰："求！周任有言曰：'陈力就列[⑦]，不能者止。'危而不持[⑧]，颠而不扶[⑨]，则将焉用彼相矣[⑩]？且尔言过矣，虎兕出于柙[⑪]，龟玉毁于椟中[⑫]，是谁之过与[⑬]？"

冉有曰："今夫颛臾，固而近于费。今不取，后世必为子孙忧。"

孔子曰："求！君子疾夫舍曰欲之而必为之辞[⑭]。丘也闻有国[⑮]有家[⑯]者，不患寡而患不均，不患贫而患不安。盖[⑰]均无贫，和无寡，安无倾。夫如是[⑱]，故远人不服，则修文德以来之[⑲]。既来之，则安之[⑳]。今由与求也，相夫子，远人不服，而不能来也；邦分崩离析[㉑]，而不能守也；而谋动干戈于邦内[㉒]。吾恐季孙之忧，不在颛臾，而在萧墙[㉓]之内也。"

解词

①伐：进攻，征伐。

②有事：有战事。意译为"攻打"。

③无乃尔是过与：无乃，比较委婉地表示对某一事或问题的估计或看法，相当于"恐怕""只怕"。是，助词，宾语前置的标志。过，罪，加罪，这里可以引申为"责备"。与，同"欤"，语气助词。用于句末，表示

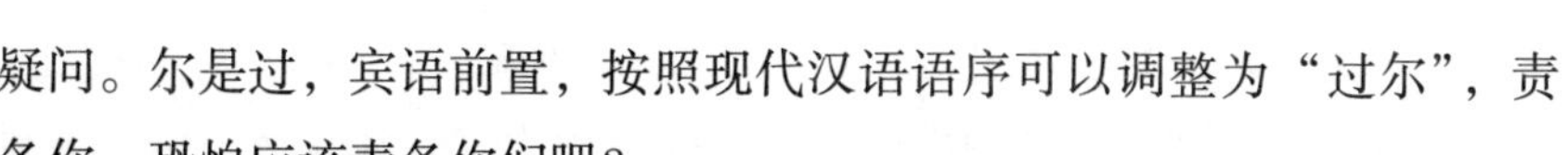

疑问。尔是过，宾语前置，按照现代汉语语序可以调整为“过尔”，责备你。恐怕应该责备你们吧？

④东蒙主：东蒙，在今山东蒙阴县南，接费县界。主持东蒙山的祭祀，东蒙地区的主祭，意为“东蒙地区的主人”。

⑤何以伐为（wéi）：何以，为什么。为，句尾语气词，表示反问语气。为什么要攻打（它）呢？

⑥夫子：古代对男子的尊称。这里代指季氏。

⑦陈力就列：陈力，贡献力量。就，从事。列，位次，爵位。贡献力量再任职。

⑧危而不持：危，不稳定，不安全。持，扶持。遇到危险不扶持。

⑨颠而不扶：颠，自高处坠落，跌倒。跌倒却不搀扶。

⑩则将焉用彼相矣：将，助词，无实义。相，扶助盲人的人。那何必用那个扶助盲人的人呢？

⑪虎兕（sì）出于柙（xiá）：兕，兽名，独角犀牛，一说雌性犀牛。柙，关猛兽的木笼。状语后置，按照现代汉语语序可以调整为“虎兕于柙出”，老虎、犀牛从木笼中逃出。

⑫龟玉毁于椟（dú）中：椟，木匣子。状语后置，按照现代汉语语序可以调整为“龟玉于椟中毁”，龟甲、玉石在匣子里毁坏。

⑬是谁之过与：是，指示代词，此，这。谁之过，谁的过错。也可以理解为宾语前置句，即“过谁”。“之”是宾语前置的标志。过，罪，加罪，这里可以引申为“责备”。这该责备谁呢？

⑭君子疾夫舍曰欲之而必为之辞：疾，憎恨，怨恨。君子憎恶那种不说（自己）想要做却（偏偏托词他人）必须要这么做的言辞。

⑮国：诸侯的封地。

⑯家：古代卿大夫的统治区域。

⑰盖：连词，大概因为。

⑱夫如是：夫，语气词，用于句首，以提示下文。像这样。

⑲修文德以来之：修，修理，整治。文德，文教之德，指礼乐教化。修文德，整治礼乐教化。来之，使动用法，使之来，使他们来。整治礼乐教化使他们到来，意译为“整治礼乐教化招致他们”。

⑳既来之，则安之：来之，使动用法，使之来，使他们来。安之，使动用法，使之安，使他们安定。既然让他们来了，就让他们安定下来。

㉑分崩离析：形容国家四分五裂，不可收拾。

㉒动干戈于邦内：干戈，指战争。动干戈，动用武力。状语后置，按照现代汉语语序可以调整为“于邦内动干戈”，在国内使用武力。

㉓萧墙：古代宫室内当门的小墙，后以“萧墙”比喻内部。

释句

季氏将要进攻颛臾。冉有、子路去见孔子说：“季氏快要攻打颛臾了。”

孔子说：“冉求！恐怕应该责备你们吧？颛臾，过去已故的君王让他做东蒙地区的主人，而且就在鲁国境内，它是国家的臣属。为什么要攻打它呢?”

冉有说：“主人想要这么做，我们两个做臣子的都不想这么做呀!”

孔子说：“冉求，周任有句话说：‘尽自己的力量去负担你的职务，实在做不好就辞职。’（比如盲人）遇到危险不扶持，跌倒了不搀扶，那何必用那个扶助盲人的人呢？而且你说的话错了。老虎、犀牛从木笼中逃出，龟甲、玉石在匣子里毁坏，这又该责备谁呢?”

冉有说：“如今的颛臾城墙坚固，而且离费邑很近。现在不把它夺取过来，将来一定会成为子孙的忧患。”

孔子说：“冉求，君子憎恶那种不说自己想要做却偏偏托词他人必须要这么做的言辞。我也听说，对于诸侯和大夫，不怕稀少就怕不均，不怕贫穷就怕不安定。大概因为平均就不怕（无所谓）贫穷，和谐就不怕（或不会觉得）稀少，安定就不会有倾覆的危险。像这样，如果远方的人还不归服，就整治礼乐教化招致他们，既然让他们来了，就让他们安定下来。现在，仲由和冉求你们二人辅助季氏，远方的人不归服，而不能招致他们；国家四分五裂，不能守住；反而计划在国内使用武力。我恐怕季孙的忧患不在颛臾，而是在自己的内部呢!”

通讲

《季氏篇》谈论的问题比较集中，多涉及夫子与人相处的原则，还有一些具有史料价值的故事。《季氏篇》可谓《论语》中的“另类”：一者，很多章目都具有条理性，如“三友”“三乐”“三愆”“三戒”“三畏”“九思”等，一反夫子“课堂语言”的随意率性；二者，这一篇中的“子曰”都变成了“孔子曰”，显得很庄重。《论语》是由曾子、有子等人组织大家编写的，可能是编写这一篇的先贤特立独行，才使得该篇有着很强的个人烙印。

有趣的是，开篇的《季氏将伐颛臾章》又是这一篇中别具特色的一章。与全书的语录体不同，这一章是少有的叙事性长篇，可以被视为散文的名篇。

春秋时期的鲁庄公有三个弟弟，分别是庆父、叔牙、季友，他们一起把持着鲁国的国政，因为他们都是鲁桓公的儿子，因此后人称之为“三桓”。到了夫子生活的时代，三桓的后人已经把持鲁国一百六七十年之久了。此时，三桓的后人分别是孟孙氏、叔孙氏、季孙氏，作为私室，他们与公室（国君鲁昭公）斗争。他们把鲁国分成四块，季氏分两份，其他各分一块，而昭公却被赶到了齐国，至此，三家的势力已经登峰造极了。

三家切分鲁国时只留有一个附庸小国，那便是颛臾这个弹丸之地。何谓“附庸”？这个概念是由周初定名的，《礼记·王制》中说：“公、侯、伯、子、男凡五等……天子之田方千里，公、侯田方百里，伯七十里，子、男五十里，不能五十里者，不合于天子，附于诸侯曰附庸。”可见附庸虽在国事上依附于大国，却不是大国之臣。不过到了季孙当权的时候，颛臾早已成为鲁臣，所以夫子这里说它是“社稷之臣”。即便如此，季氏还是想要彻底消灭它，而夫子与弟子的故事就此展开。

在这个故事里，夫子与弟子展开了三个回合的对话：

第一回合。季氏要攻打颛臾，冉有、子路见到夫子，含糊其词、轻描淡写地说“有事”。我们还原当时的历史情境，再按照现代人的习惯再现出来——

老师问：“这是怎么回事？”

学生说：“没事，——他们有点事。”

学生的回答是矛盾的，那到底是有事还是没事呢？显然，冉有、子

路是自知有错，底气不足，才有了这番支支吾吾、表意不明的回答。对此，夫子的态度大变，可以说是雷霆万钧。先是当头棒喝，直呼其名——“求”，之后便是一通责备：难道不是你们的错误吗？作为季氏的家臣，冉有、子路当然应该义不容辞地去制止这种不仁不义的事情啊！接着便晓之以理，说明季氏攻打颛臾错误的理由：“夫颛臾，昔者先王以为东蒙主，且在邦域之中矣，是社稷之臣也。”

对此，朱熹的评论堪称经典：“孔子言颛臾乃先王封国，则不可伐；在邦域之中，则不必伐；是社稷之臣，则非季氏所当伐也。此事理之至当，不易之定体，而一言尽其曲折如此，非圣人不能也。”也就是说，夫子三句话，一句说“不可”，一句说“不必”，一句说“不当”，言之凿凿，句句点在季氏的死穴上。因此朱熹称赞夫子的话是“不易之定体”，即不刊之论。

在第一个回合中，一向温良恭俭让的夫子先是感性批评，后是理性分析，语言不多，但句句珠玑，一针见血。夫子为何如此生气？夫子主张以“仁”治国，讲求仁政与礼制，反对战争，要求和平。显然，季氏以及弟子的做法触犯了夫子的底线，是可忍，孰不可忍！

第二回合。这一回合的开始先是冉有的辩解。要知道，听到对方的指责，人在下意识中都是先辩解，很少会有人直接承认错误。夫子批评之后，莽撞的子路可能是认识到错误了（依照他的性格，若是认识不到错误，就会直接怼回去的），就不吭声了。冉有却不甘心。不过，毕竟夫子所讲的道理无可辩驳，对此他无话可说。然而，对于夫子“无乃尔是过与”这句话，冉有似乎觉得有点委屈。他不愿接受夫子认定自己推卸责任的指责，于是嘟囔了一句：“主人想要这么做，我们两个做臣子的都不想这么做呀！”相当于说，领导要这么做，我们有什么办法。

夫子的情绪难免会升级：“求！”他再次直呼其名，这一次更恳切了，之后，应该是稍作停顿，稳定了一下自己的情绪，再次晓之以理：“周任有言曰：‘陈力就列，不能者止。’危而不持，颠而不扶，则将焉用彼相矣？且尔言过矣，虎兕出于柙，龟玉毁于椟中，是谁之过与？”

这里，面对弟子的遁词，夫子是顺势利导。情绪之中，说话能见条理，足见夫子控制情绪的能力，更见夫子洞见本质的水平。这里三句话，

有引用论证，有比喻论证，更有道理论证：周任的名言，有理有力，言之凿凿，意在提出原则；瞽者之相与典守者之责生动形象，意在批评，更在教育，给出正确的解决途径。

夫子的话外音是在告诫冉有、子路，作为家臣应该作出正确的选择：对于这样性质的问题，理应力谏而非退缩，甚至应该拒绝俸禄，选择离开。正所谓："邦有道，谷；邦无道，谷，耻也。"

第三回合。冉有还是不甘，继续辩解，不过这一次辩解，一开口就露了怯："如今的颛臾（城墙）坚固，而且离费邑很近。现在不把它夺取过来，将来一定会成为子孙的忧患。"恐怕是因为慌了神，直接露馅了，显然，这与前面所说的"吾二臣者皆不欲也"严重不符，自相矛盾。

夫子一语中的："君子疾夫舍曰欲之而必为之辞。"从字面来看，便是"舍其贪利之说而更作他辞，是所疾也"，自己想要做却偏偏托词他人要求必须这么做，这不分明是伪君子吗？明杨慎《丹铅总录·史籍类·王安石》："盖真小人，其名不美，其肆恶有限；伪君子则既窃美名，而其流恶无穷矣。"

夫子这句话一语双关：一者，批驳冉有的托词，原本同意季氏的观点，却说"夫子欲之，吾二臣者皆不欲也"，为自己开脱；二者，批评季氏的虚伪，季氏为了贪利，扩大自己的势力范围，还托词说"今不取，后世必为子孙忧"。当然，夫子这里也在影射其他诸侯国。

之后，夫子水到渠成，提出自己的主张（从这个角度看，这一篇有点像后世孟子的文章）。于内政而言，"不患寡而患不均，不患贫而患不安"。从后世《春秋繁露·度制》中引用这句话时写作"不患贫而患不均"推断，这里存在着抄写错误，原文应为"不患贫而患不均，不患寡而患不安"。"均"实质上并非"平均"的意思，夫子向来强调"有差异的平等"，这里的"均"应如朱熹解释的——"均谓各得其分（fèn）"。于外交而言，治国原则是"修文德"，让远人归附，安居乐业。然而现实偏偏是，外交"远人不服，而不能来"，内政"邦分崩离析，而不能守"。这与夫子治国原则正好相悖，故而夫子得出一个结论，季氏的结果一定是"祸起萧墙"。

果不其然。公元前505年，季氏后院起火，季氏的家臣阳虎囚禁了季

桓子，验证了夫子的预言，也显现出夫子高度的政治敏感和政治见地。其实，季氏讨伐颛臾，表面上是在扩大地盘，发展实力，其根本目的还是在削弱鲁君的实力，最终篡取鲁国政权。如此看来，季氏征伐颛臾不过是一种烟幕，是一种试探性武力示威，其“醉翁之意不在酒”，更在于觊觎鲁国的君位。夫子凭借丰富的政治经验和深刻的政治眼光，一语道破季氏的阴谋，同时又有力地驳斥了冉有的观点。

纵观三个回合，冉有从含糊到推卸再到强词夺理，夫子则从不满到生气再到怒不可遏，二人的争论针锋相对，且不断升级。在这三个回合中，人物形象之鲜明，情节之激烈，宛然在目；而夫子教育之循循善诱，有礼有节，更是让人啧啧称赞。

在夫子的众多弟子中，冉有是政事第一，不过，在政事方面，他又是最没有原则的一个。他助纣为虐，没有底线，夫子对他这一点一向深恶痛绝。夫子批樊须，说他是“小人”，因为他喜欢农业，“不务正业”（毕竟是儒生，应以为政为追求）；批宰予，说他“朽木不可雕”，因为他“昼寝”；批子路，说他粗野，因为他鲁莽无礼……然而即便如此，都没有批冉有那么严厉，甚至一度还动了将冉有逐出师门的念头，足见夫子态度之坚决。

16.2 孔子曰：“益者三友，损者三友。友直，友谅[①]，友多闻，益矣。友便辟[②]，友善柔[③]，友便佞[④]，损矣。”

解词

①谅：诚信，信实。这里引申为“诚信的人”。

②便（pián）辟（bì）：谄媚奉承、玩弄手腕的人。

③善柔：阿谀逢迎的人。

④便（pián）佞（nìng）：花言巧语、阿谀逢迎的人。

释句

孔子说：“有益的交友有三种，有害的交友有三种。同正直的人交朋友，同诚信的人交朋友，同见闻广博的人交朋友，是有益的。同玩弄手腕的人交朋友，同阿谀逢迎的人交朋友，同花言巧语的人交朋友，是有害的。”

通讲

《说苑·杂言》中说：“与善人居，如入兰芷之室，久而不闻其香，则与之化矣；与恶人居，如入鲍鱼之肆，久而不闻其臭，亦与之化矣。”所谓“近朱者赤，近墨者黑”，古人强调环境，强调交友。正如一株树苗的生长，若是把它放到花盆里，最多不过是长成漂亮的盆景，但若是将它放到沃野之中，恐怕就会变成参天大树。故而，《荀子·劝学篇》中说：“蓬生麻中，不扶而直；白沙在涅，与之俱黑。”

儒家重视朋友，将其视为“五伦”之一。夫子重视交友，强调“三人行，必有我师焉”。然而，与其他人空谈朋友如何之重要不同，夫子更喜欢讲该怎么做：他不止一次地强调“无友不如己者”，又提出“见贤思齐焉，见不贤而内自省也”，要“友直，友谅，友多闻”，不能“友便辟，友善柔，友便佞”，等等。

“直”是直率，更是正直。“谅”在《论语》中有两种理解：一是“小信”（朱熹语）、“信而不通之谓”（何异孙语），如《宪问篇》中“岂若匹夫匹妇之为谅也”，《卫灵公篇》中“君子贞而不谅”。二是诚信、信实，如本篇此章所言。“多闻”是见闻广博，这在夫子那个信息闭塞的时代有着非凡的意义，故而《礼记·学记》有云：“独学而无友，则孤陋而寡闻。”

朱熹《论语集注》说：“便辟，谓习于威仪而不直；善柔，谓工于媚悦而不谅；便佞，谓习于口语而无闻见之实。”玩弄手段、阿谀逢迎、花言巧语——这等描述，可以说把那些圆滑、虚浮小人的嘴脸勾勒殆尽了。这样的人，心术不正又富有心机，于我们有百害而无一利。

“尝遍人间甘辛味，言外冷暖我自知”，夫子阅人无数，遍尝浮华，对于那些小人的嘴脸更是了如指掌。于是，他将自己的识人术教给弟子，同时也告诫他们不要被表面的伪善遮蔽双眼，蒙蔽心智。

“道不同，不相为谋。”“一死一生，乃知交情；一贫一富，乃知交态；一贵一贱，交情乃见。”（司马迁《史记·汲郑列传》）择友不易，要有一双慧眼，才能找到真正的知音，“平居可与共道德，缓急可与共患

难”（蒲松龄语）。

16.3 孔子曰：“君子有三戒[1]：少之时，血气[2]未定，戒之在色；及其壮也，血气方刚，戒之在斗；及其老也，血气既[3]衰，戒之在得。”

解词

①戒：警惕，戒备。

②血气：精力。

③既：副词，已经。

释句

孔子说：“君子有三件事情应警惕戒备：年少时候，血气不稳定，要警戒女色；等到壮大了，血气旺盛，要警戒与人争斗；等到年老了，血气衰弱，要警惕贪婪。”

16.4 孔子曰：“生而知之者，上也；学而知之者，次也；困[1]而学之，又其次也；困而不学，民斯为下矣。”

解词

①困：遇到困难，被难住。

释句

孔子说：“生来就知道，是上等；学习然后知道的，是次等；遇到困难再去学习，又次一等；遇到困难还不学习，这种人就是下等了。”

通讲

夫子将人分为四等，不是按照出身、地位分的，是按照学习的资质、个人天性分的。

第一等人天赋异禀，有慧根，是生下来就聪明的天才。不过天才是

少之又少的，夫子以为“唯上知与下愚不移”，上等的聪明人与下等的愚人是难以改变的。这倒不是说，天才无师自通，用不着借助教师，也用不着努力，相反，我们看到的天才，他们往往一点就通，一学就会，而且又特别勤奋（当然也有被耽误的伤仲永之流，不在其列）。要知道，他们的勤奋多是靠天资与兴趣驱使的勤奋，是被规定了的勤奋。对于这样的上等人，教师的作用是相对有限的。

“学而知之者”与“困而学之”者属于中等人，他们资质平平，中等智慧。二者所不同的是，前者具有学习的主动性，后者缺乏主动，属于被动学习。夫子说“我非生而知之者，好古，敏以求之者也”，显然，夫子从不认为自己是什么天才，他将自己定义为“学而知之者”。然而，夫子极具主动性，而且又极其勤奋，他对于自己的好学也极为自信：“十室之邑，必有忠信如丘者焉，不如丘之好学也。”《中庸·第二十章》中说：“好学近乎知，力行近乎仁，知耻近乎勇。”天生不是聪明人，通过好学也可能会开悟。退一步讲，只要好学，即便没能开悟，仍没有达到聪明，却也接近聪明了。反之，如果不聪明还不好学，那就是真糊涂，根本谈不上聪明。夫子这样的圣人尚且学习，我们这些凡夫俗子，芸芸众生，又哪有不学的理由呢？夫子的成就不在于他“生而知之”，而在于他“学而知”且非“困而学”——主动学习，乐此不疲。“知之者不如好之者，好之者不如乐之者”，天才不足羡慕，夫子好学、乐学的精神才值得我们追求。

“困而不学”者属于最下一等。孔安国说：“困，谓有所不通。”由是可知，“困”不仅仅是外在遭遇困难，还包括心灵遇到阻隔。一个人遇到难处还不学习，不去解决，那当然是最下等的了。《中庸》中说：“人一能之己百之，人十能之己千之。果能此道矣，虽愚必明，虽柔必强。”别人下一分功夫，自己就下上百分功夫；别人下十分功夫，自己就下上千分功夫。它告诉我们，如果愚钝，就得多下功夫，万不能“困而不学”；再或者说，如果愚钝，但通过多下功夫，仍可以变得明智。

总之，夫子将人分为三六九等，着眼点却是一个“学”字，从中可以看出夫子对于“学”的重视。尤其是夫子特别关注“学”的态度，而非天分高低，从中可见一个教育者的情怀与担当。

16.5 子曰："见善如不及，见不善如探汤[①]。吾见其人矣，吾闻其语矣。隐居以求其志，行义以达其道。吾闻其语矣，未见其人也。"

解词

①探汤：试探沸水。后比喻戒惧。

释句

孔子说："看到善良，像赶不上似的去追求；看到邪恶，像试探沸水似的躲避。我见到过这样的人，也听到过这样的话。隐居来保全自己的志向，出来后依照道义来贯彻自己的主张。我听到过这样的话，却没有见到过这样的人。"

通讲

一个人趋善避恶，出于本能，无论说这样的话，还是做这样的事，都不是难事。但若是能矢志不渝地执行下去，即便是在归隐之后还能保持自己的志向，坚持道义，那就属于说起来容易做起来难了。通过观察，夫子发现，从执行上来看，前者尚有，后者无存。

"隐居以求其志，行义以达其道"，夫子谈论的是关于"隐者"的看法。夫子主张"知其不可而为之"，然而君子不立于危墙之下，若是天下滔滔，那就要相机行动。"邦无道，危行言孙"，"邦无道，免于刑戮"，这样做是在保护自己，也是在保护大道。万不得已，甚或还要选择"邦无道，则可卷而怀之"，"无道则隐"。

儒家之"隐"不是忘情于江湖，相反，归隐，是今日之变相为政，更是为了明日之伺机出仕。

夫子说："《书》云：'孝乎！惟孝友于兄弟，施于有政。'是亦为政，奚其为为政？"（《尚书》说："孝啊！只有孝顺，友爱兄弟，把这种做法延续到政治上去。"这也就是参与政治，为什么只有做官才算参与政治？）归隐之人固然没有机会治国，但依旧要修身齐家，然而，若是人人都把家治理好了，天下不也就太平了吗！若是有朝一日，归隐者能重出江湖，出来做官，用修身齐家的方法去治国平天下，同样能让四海升平天下大治。总之，不论如何，儒家都在参与政治，他们从来都是避人、避世，但不避政。因此，辜鸿铭先生将“隐居以求其志，行义以达其道”意译为：“但是隐居的人为了研究其目标并实施正义的事情，以达到实现自己的原则目的。”应该说这样的翻译是恰切的。

事实上，儒道都强调“为”，只是儒家相对更为积极一些。王德峰先生以为，儒家不强调做事的目的，他们做事指向心中的大道。做事强调目的，就是“有所为而为”，每做一件事都是下一件事的手段和途径，如此做事，功利心太强，往往会有挫败感，往往会被现实的焦虑所裹挟。而儒家以为，做事不必强调目的，或者说自己是自己的目的，自己是自己的价值，人生来就是来做事的，我就该做，不做就不对，这就是“无所为而为”，这样的人生永无失败。于是我们看到，夫子做事，明知不利还在做，或者明知没有结果还会坚持，“知其不可而为之”。儒家是先出世再入世。出世，让自己从现实的利害得失中超脱出来，明确大道的存在，而后再回到现实世界，这叫入世，最终完成了“以出世的精神做入世的事情”。道家讲“无为”，然而也非什么都不做，而是强调学会做减法，不要用力过猛，不到该做的时候就不做。道家以为“人为”即是“伪”，因此，要尽量减少不必要的人为，顺其自然才好，正所谓“为道日损，损之又损”，这就是“无为而无不为”。事实上，儒道两家都强调“天人合一”，相较而言，儒家强调人的力量，道家强调天的力量：儒家以为尽人事，听天命，七分靠打拼，三分靠天命；道家以为人的幸福取决于天，而人的烦恼一定来自人，我们要顺应天道。

“隐居以求其志，行义以达其道。吾闻其语矣，未见其人也。”隐居来保全自己的志向，出来后，依照道义来贯彻自己的主张，夫子听人这么说，却没有见有人这么做。因为大多数的人，在大道不行的隐居之后，都不免会心灰意懒，万念俱灰，真正能愈挫愈勇的人毕竟少之又少。从这个角度来看，夫子这里一方面是在慨叹他人，另一方面也可能是“夫子自道”，自我肯定。

阳货篇第十七

17.1 阳货欲见孔子，孔子不见，归①孔子豚②。

孔子时其亡也③，而往拜之。

遇诸涂④。

谓孔子曰："来！予与尔言。"曰："怀其宝而迷其邦⑤，可谓仁乎？"曰："不可。""好从事⑥而亟⑦失时⑧，可谓知乎？"曰："不可。""日月⑨逝矣，岁不我与⑩。"

孔子曰："诺⑪，吾将仕⑫矣。"

解词

①归（kuì）：同"馈"，赠送，给予。

②豚（tún）：小猪。

③孔子时其亡（wáng）也：时，伺，窥伺。亡，不在，出门在外。孔子窥伺他不在家（的时候）。

④遇诸涂（tú）：诸，相当于"之于"。涂，同"途"，道路。在路上遇到了阳货。

⑤怀其宝而迷其邦：怀，怀藏，怀抱。怀其宝，拥有宝物，收藏宝物，比喻怀才不用。迷，使迷惑，使人分辨不清。迷其邦，使国家处于迷惑状态。怀才不用却使国家处于迷惑状态。

⑥从事：行事。这里指参与政事。

⑦亟（qì）：屡次。

⑧失时：错过时机。

⑨日月：光阴。

⑩岁不我与（yǔ）：与，等待。宾语前置，按照现代汉语语序可以调整为"岁不与我"，岁月不等待我，这里意译为"岁月不等人"。

⑪诺：表示同意或遵命的应答之声。

⑫仕：做官。

释句

阳货想要见孔子，孔子没见，阳货赠给孔子一头乳猪。

孔子窥伺阳货不在家的时候，就去回拜他。

孔子在路上遇到了阳货。

阳货对孔子说："来！我和你说说。"阳货说："怀才不用却使国家处于迷惑状态，可以叫仁心吗？"孔子说："不可以。"阳货又说："喜欢参与政事却又屡次错过时机，这是聪明吗？"孔子说："不可以。"阳货说："光阴消逝，岁月不等人。"

孔子说："好吧，我将要去做官了。"

通讲

《卫灵公篇》开端是写国君不像国君，《季氏篇》开端写大夫不像大夫，接着，《阳货篇》开篇就在写家臣不像家臣。对待这不像家臣的阳货，乃至之后出现的公山弗扰、佛肸，夫子将如何？入世便意味着要与腐败势力同流合污，而出世岂不是又意味着弃之如敝屣，置天下百姓于不顾？

"不曰坚乎，磨而不磷；不曰白乎，涅而不缁。吾岂匏瓜也哉？焉能系而不食？"孟子有浩然正气，固然可贵；隐士洁身自好，也令人向往；然而夫子清廉忠贞，勇于担当，难道不更令人钦佩吗？

当然，浩然正气不意味着清高自许，枉顾百姓；洁身自好也不意味着置身事外，当一个看客。然而，除却坚决抵御与远祸全身之外，或许还有第三条道路可以选择。这一条道路不是与之合作，为虎作伥，相反，是为了实现自己心中的大道，为了护一方安宁、保一方太平，不惜周旋于宵小之间，这又何其不易！"出淤泥而不染，濯清涟而不妖"，这才是真正的廉洁。社会是一个大染缸，可以让纯洁的心灵变得肮脏，让简单的内心变得复杂；社会也是一面照妖镜，可以让丑恶的灵魂露出真容，让贞洁之士更显本色。为生民立命，真正的君子是受命于个人却谋事于天下百姓。

不过，夫子也是纠结的，毕竟这样的追求于大道、谋事于苍生，客观上也是服务于乱臣贼子。按照《孟子·滕文公下》中的说法，阳货知道夫子不愿与之合作，于是他抓住夫子讲“礼”的“软肋”——按照礼制，接受礼品的人若没有亲自接收，就必须回拜——选了夫子不在家的时候造访（不同于《论语》版本的“孔子不见”），以期与夫子的会晤。夫子也很聪明，他以其人之道还治其人之身，又选了阳货不在家的时候回访。然而，富有戏剧性的是，冤家路窄，夫子在途中偏偏遇到了阳货，于是出现了接下来阳货对夫子傲慢说教的一幕。他再次利用夫子的思想来对付夫子——他以夫子看重的仁、智、时责问，搞得夫子措手不及。何晏《论语集解》引马融语：“言孔子不仕，是怀宝也。知国不治而不为政，是迷邦也。”“年老，岁月已往，当急仕。”对此，有人曾为孔子辩解，说“愈雍容不迫，而愈刚直不诎，此所以为圣人时中之妙也”（胡炳文《四书通》）。事实并非如此，我们看到的是夫子的狼狈——面对对方的奚落，他支支吾吾，一时不知怎么回答（更有甚者，有学者干脆认为两个“不可”都是出自阳货之口，那就是说，夫子就没来得及说一句话，或者说是一时尴尬，当时无言以对）。

阳货以礼访、以仁问、以智难、以时劝，不过是貌似合情合理。然而，他逼人还礼，非礼；逼人就范，非仁；颐指气使，非智；当面斥责，非时。如此看来，夫子同意出仕并非被迫，而是本有出仕之心，这不过是夫子通权达变、灵活应对的结果罢了。

权变不是权谋，而是灵活，是夫子着眼大局的胸襟，更是夫子以天下为使命的担当。

17.2 子曰：“性相近也，习相远①也。”

解词

①习相远：习，习俗，习染。远，使动用法，使……遥远。习染使之遥远。

释句

孔子说：“人的本性相近，习染使之遥远。”

通讲

这一章因为《三字经》而闻名，成为尽人皆知的名句。然而，真要一个字一个字地落实，翻译出来，可不是一件容易的事情。

夫子少言“性”，故而夫子所说的“性”不好确认，这里大体是本性、禀赋之意。夫子以为，每个人生命的起始状态没有多大差别，生命成长过程中的习染让人与人的差距越来越大了。夫子不强调先天差异，而强调后天作用，这就自然会涉及交友、读书、环境、教育、社会等各方面因素，尤其是与学习的作用密切相关。

康有为说得对，夫子“不言善恶，但言远近”，等到了后世的孟子与荀子，就开始讨论善恶问题了。孟子讲“性本善”，以为人有“四端”，“端”就是根源。他提出“恻隐之心，仁之端也；羞恶之心，义之端也；辞让之心，礼之端也；是非之心，智之端也”。孟子的“性本善”来源于先验，而非经验。他以为人本有“良能”“良知”：“人之所不学而能者，其良能也；所不虑而知者，其良知也。孩提之童无不知爱其亲者，及其长也，无不知敬其兄也。亲亲，仁也；敬长，义也；无他，达之天下也。”也就是说，上孝下悌是君子仁德的根本，也是人的天性。天性是客观存在的，是个定量，我们的使命就在于唤醒它，经由后天习染去改善它。《大学》中又提出要“明明德”——人本有“明德”，只是被遮蔽了，我们的任务就是要清除那些遮蔽物，露出善端，发扬人性。于是，到了王阳明那里就有了“致良知”，要“破心中贼”。说法各异，然其理一也。

正是因为对“性”的定义不同，与孟子不同，荀子提出了性恶论。事实上，虽然都是在谈心性，孟子的“心”是心学层面的，而荀子的“心”是生物学、自然性方面的，二人并非完全对立，只是所说范畴有所不同。从生物角度看，人有生存本能，由于生存所需就会有利益之争，故而不免会显示出其动物性之恶的一面。认定了“性本恶”，故而荀子特别强调环境与学习的价值，以期通过后天教化实现对人性的改变。后来他的弟子又在此基础上发展出法家的思想，用法律来约束人的行为，治理人性，从而维持社会秩序。

17.3 子之[①]武城，闻弦歌[②]之声。夫子莞尔而笑[③]，曰："割[④]鸡焉用牛刀？"

子游对曰："昔者偃也闻诸夫子曰[⑤]：'君子学道则爱人，小人学道则易使也。'"

子曰："二三子！偃之言是[⑥]也。前言戏之耳。"

解词

①之：往，到……去。

②弦歌：依琴瑟而歌咏。

③莞尔而笑：形容微笑的样子。

④割：宰杀。

⑤昔者偃也闻诸夫子曰：也，用在句中，表示语气的停顿。诸，相当于"之于"。状语后置，按照现代汉语语序可以调整为"昔者偃也于夫子闻之曰"，以前我从老师那里听说。

⑥是：正确。

释句

孔子到武城去，听到依琴瑟而歌咏的声音。孔子微笑地说："杀鸡何须用宰牛的刀？"

子游回答说："以前我从老师那里听说：'君子学礼乐之道就会爱人，百姓学礼乐之道就容易听从指挥。'"

孔子说："同学们，子游的话是对的。我刚才说的不过是开玩笑罢了。"

通讲

言偃字子游，作为夫子的弟子，他深得夫子真传。子游任武城宰，以弦歌为教化之具，故而后世将"弦歌"作为出任邑（县）令的典故，由此可见这一章的影响之大。

关于"割鸡焉用牛刀"，有两种声音：一说是夫子以为子游才华横溢，让他治理武城，大材小用；一说是夫子之道的至高境界在于礼乐，用礼乐大道治理武城小邑，大材小用。两种说法不同，体现出夫子的心境也不同：前者见得夫子之“惜”，后者见得夫子之“喜”；或惜才未能大用，或喜道得以通行。

然而，若是细读全文，体会事件之始夫子的“莞尔而笑”，我们不难看出，夫子始终是开心的，并无惋惜之意。夫子闻得琴瑟歌咏，知道弟子能学以致用，以礼乐治理地方，将自己的思想认真落实，就已喜上眉梢了。但眼见为虚，除了实地考察，观察弟子的践行能力，他还想测试一下弟子的“理论水平”，再听一听弟子的治理理念，于是故意质疑：“杀鸡何须用宰牛的刀？”换句话说，治理如此弹丸之地，用得着如此大动干戈吗？不想，子游的回答是坚定的——礼乐之道，不是君子才能学习的，即便是百姓也完全可以接受。子游牢记夫子的教诲：“君子学道则爱人，小人学道则易使也。”大道之行也，不在乎对谁，不在乎何地，都能接受。所谓“道在伦常日用中”，理应渗透在生活的方方面面才是。即便治理武城这样的小地方，礼乐大道也不该缺席。夫子听罢，自然喜不自胜——实践证明，子游是经得住考验的，他的理解是极为深入的。

旁边的弟子们不解，他们为子游捏了一把汗，此时一定是目瞪口呆，不明就里。夫子哈哈一笑：“同学们，子游的话是对的。我刚才说的不过是开玩笑罢了。”

多么生动的历史一幕！这一笑，让我们看到了一个真实的夫子：他绝不是一个呆板的冬烘先生，他固然有严肃的一面，但更有幽默风趣的一面。

17.4 公山弗扰以费畔①，召，子欲往。

子路不说，曰：“末之也已②，何必公山氏之之也③？”

子曰：“夫④召我者，而岂徒哉⑤？如有用我者，吾其为东周乎⑥？”

解词

①公山弗扰以费畔：畔，同“判”，背叛，违背。公山弗扰凭靠费邑背叛

(季氏),意译为“公山弗扰盘踞费邑背叛(季氏)”。

②末之也已:末,同“莫”,没什么地方。之,往,到……去。也已,句末语气词。没有地方去了。一说,已,算了。没有地方去就算了。

③何必公山氏之之也:前一个“之”是宾语前置的标志词。后一个“之”是动词,往,到……去。按照现代汉语语序可以调整为“何必之公山氏也”,何必到公山氏(那里)呢。

④夫:指示代词,表示近指,相当于“这”“这个”。

⑤而岂徒哉:徒,副词,白白地,徒然。省略句,前面省略了主语“我”,“徒”后又省略了动词,(我)难道就会白(去)吗?

⑥吾其为东周乎:其,副词,表示反问,难道。东,名词作状语,在东方。省略句,我难道(不能)在东方(复兴)周道吗?

释句

公山弗扰盘踞费邑背叛季氏,召见孔子,孔子想去。

子路不高兴,说:“没有地方去就算了,何必到公山氏那里呢?”

孔子说:“这个人召见我,我难道就会白去吗?如果有人用我,我难道不能在东方复兴周道吗?”

通讲

公山弗扰,姓公山,名弗扰,又名不狃、不扰,字子泄,春秋时期鲁国人。公山弗扰和阳虎是同时代的人,且都是鲁国当政者季桓子的家臣。季桓子器重公山弗扰,曾让他担任季氏私邑费(bì)邑的邑宰。

“公山弗扰以费畔”,对于这个事件的时间以及背景莫衷一是,我们不甚了解,但不管怎样,夫子想要给背叛大夫的家臣服务的意愿是不争的事实。对此,我们不但没必要为夫子避讳,而且还应正视理解。

夫子服务于乱臣贼子,不就等于为虎作伥、助纣为虐吗?于是,不论是夫子将要赴费邑受命于公山弗扰,还是赴中牟受命于佛肸,子路都深表怀疑:夫子怎么能做出这等不仁不义之事呢?殊不知,夫子心存的是大道而非某个君主或者大夫,套用韩愈的一句话,是“道之所存,君之所存”,谁能行我大道,我便服务于谁。故而,我们看到的夫子,不似屈原“狭隘”地爱国,死守楚国,至死不渝。相反,当他的政治理想在父母之邦鲁国不能达成时，就周游列国，用十四年的时间四处寻找能够真心任用自己的贤主。不仅如此，为了自己的大道，夫子不但打算去追随乱臣阳虎、公山弗扰、佛肸之徒，甚至他还曾经打算去“乘桴浮于海”，或是“居九夷”，要到海外之所或蛮夷之地去践行自己的大道。

此外，夫子讲“君君，臣臣，父父，子子”“君使臣以礼，臣事君以忠”，如此说来，若是“君不君”，君不以礼使臣，那臣子又何必以礼相对呢？在夫子那里，礼尚往来，礼是对等的，不是只强调下对上“忠”而不顾上对下“礼”的愚忠。故而，在齐国，齐景公对夫子说“我要以次于季氏而高于孟氏的待遇来对待你”，夫子就黯然离开了；在鲁国，当他发现季桓子收下了齐国送来的歌姬，三天不问政事，而且忘记了给自己发放祭肉的时候，他便远走他乡；在卫国，当卫灵公车载南子，让夫子的车跟在自己后边招摇过市之后，夫子便又一次带着弟子们去往别地了……这倒不是说夫子看重俸禄多寡，而是他在乎礼节高低；这不是夫子的清高，也非矫情，而是他始终在关注礼乐的存废罢了。

“吾其为东周乎”，这句话透露出一个信息，夫子似乎是在提醒我们：周朝兴起前不也是一个弹丸之地、蛮夷小国吗？商纣无道就必然会被周朝替代，周朝之后有礼乐制度才决定了它享国八百年之久。夫子似乎没有纠结过改朝换代问题，他更关注的是礼乐制度的延续，大道的执行。

17.5 子曰：“小子①何莫学夫《诗》？《诗》，可以兴，可以观，可以群，可以怨。迩②之事父，远之事君。多识于鸟兽草木之名。”

解词

①小子：老师对学生的称呼。

②迩：近。

释句

孔子说：“弟子们，为什么不学《诗经》呢？《诗经》，可以兴发情感，可以观察风俗，可以提高人际交往能力，可以讽刺时政。近用来侍

奉父母，远可以侍奉国君；还可以多认识一些鸟兽草木的名称。”

通讲

夫子对《诗经》价值的考量，是着眼于实用原则的。总体而言，《诗经》有三大功能：一是诗教，兴观群怨以修身；二是诗识，鸟兽草木以致知；三是诗用，事父事君以齐家治国。

兴观群怨着眼于自己，且皆以心为：“兴”是兴发情感，是心动；“观”是观察事物，为心用；“群”是会合群众，求心正；“怨”是讽刺时政，以泄心忿。兴观群怨是中国传统文艺批评的一大原则，夫子影响下的文艺批评，一方面强调用诗歌来生发、宣泄情感，一方面又强调“思无邪”，即诗歌的思想纯正。同时，又强调“乐而不淫，哀而不伤”，诗歌的“发乎情，止乎礼”，温柔敦厚，中和而非无节制地表达。

多识鸟兽草木是着眼于对世界的认识。与兴观群怨关注“内宇宙”的情感不同，多识鸟兽草木之名关注外在事物，其实用性与功利性更强。对于夫子所处的那个知识匮乏的年代而言，学习《诗经》又是指向获得知识的。

事父事君是着眼于家族乃至天下的。君子要从学习《诗经》中懂得侍奉父母、关怀天下的道理。如《诗经》中的《小雅·蓼莪》，便是表达孝道这一美德的文学作品，它抒发了父母去世后，自己不能终养的痛极之情，从某种意义上讲，可以被视为诗歌中的《孝经》，对后世影响很大。再如《诗经》中的《小雅·天保》，又是一首为君王祝愿和祈福的诗，诗歌期望君主励精图治，重振先祖雄风，完成中兴大业，可以被视为一首引导后人如何事君的诗作。

从修身到致知，再到齐家治国，这是一个有差等展开的过程。从这个角度上来看，这一章特别能体现儒家“差序格局”这一思想。差序格局是费孝通先生提出的，影响巨大。差序格局是发生在亲属关系、地缘关系中的，以自己为中心，像水波纹一样推及开，愈推愈远，愈推愈薄，且能放能收、能伸能缩的社会格局，它会随着自己所处时空的变化而产生不同的圈子。

生活中，差序格局从纵向、横向和自身方面都能有所体现。从纵向来看，中国人强调自己在家族血脉中的坐标地位，向上我们从父亲、祖父、曾祖、高祖等逐次上推，这是“序”，同时也体现了由亲到疏的关系，这又是“差”；同理，向下从儿子、孙子、曾孙、玄孙等也是如此。从横向来看，我们从族亲再到表亲，从近亲再到远亲，从亲戚再到朋友，同样也有远近亲疏的次第。从自身来看，我们从修身齐家再到治国平天下，就有次第；我们从亲亲、仁民再到爱物，也讲差等。

差序格局，决定了次第，所谓“序”；也决定了差等，所谓“差”。差序格局，深植于夫子的思想之中，又延伸于中国文化的方方面面。

17.6 子曰：“礼云礼云，玉帛①云乎哉？乐云乐云，钟鼓云乎哉？”

解词

①玉帛：瑞玉和缣帛，古代祭祀、盟会时使用。诸侯盟会执玉帛，因以“玉帛”表示和好。

释句

孔子说：“礼呀，礼呀，就是供玉献帛吗？乐呀，乐呀，就是敲钟击鼓吗？”

通讲

夫子时代，礼崩乐坏，然而形式尚在，在他们看来，礼就是供玉献帛一类的活动，乐不过是敲钟击鼓一类的行为。

夫子要的礼乐，不是流于形式的存在，而是一套完备的制度体系，其根本在人内心的真实情感。

中国人讲“礼”，我们以为“礼”就是“理”。即便是今天，礼，几经损益，形式几多变化，然而，尚且存在。例如，我们在初次见面的时候，往往先要问两个问题，一是问“贵姓”，二是问“贵庚”。问贵姓，是为了辨亲疏，试图拉近与对方的关系。同姓即为近，异姓远一些。中国是人情大国，初次见面，少不了问问对方的老家在哪，在哪里读过书，在哪里高就，如此等等，目的就是一个：找到大家的共同点，以使双方

关系更亲近一些。当然，问清贵姓，也好确定接下来如何称呼对方，这又是指向“礼”的。问“贵庚”，也就是问年龄，是为了辨尊卑，搞清楚对方和自己的长幼关系。此时，为了搞清自己与对方的大小，我们往往会问得特别具体，有时竟会具体到月日甚至时辰，其目的也是指向“礼”的，为了之后交际时得体的行事方式。把这两个问题都搞清了，小到称呼，大到座位的顺序，都依序进行，这就是礼。

相反，西方人的礼节与我们不同，他们大多是避讳问年龄的。一者年龄属于隐私，二者与中国尚老不同，他们喜欢将自己“包装”得年轻一些。中国人喜欢老，也尊老，我们过去见到陌生人，见到比自己大的叫“大哥”，见到比自己小的叫“小哥”，天津人见到女性不论年龄，一律叫“大姐”，都是这个道理。西方人不同，你把对方说“老”了，对方会反感的，他（她）会问你：“我有那么老吗？”当然，随着西方文化的不断涌入，今天的国人也受到了这样的影响。

然而，这些不过都是形式上的不同，儒家则不关注形式上的不同——儒家的礼是在不断损益变更的，它更关注内在生命情感的真诚，也就是一个“敬”字。不管形式如何变化，内心的仁心——虔诚与敬畏是必不可少的。

17.7 子曰：“乡原①，德之贼②也。”

解词

①乡原：指貌似谨愿忠厚，实与恶俗同流合污的人。也作“乡愿”。

②贼：祸害。

释句

孔子说：“好好先生，是道德的祸害。”

通讲

夫子主张仁义，世上却又不少满口仁义道德伪装成正人君子的乡愿。“德之贼”，从称呼上听得出，夫子对这样的人恨之入骨。孟子对这些人的理解是“阉然媚于世也者”，“阉然”，是隐蔽、掩藏的样子，外貌忠厚，实际上是丧失原则、是非不分、欺世盗名、曲意逢迎。

孟子不知道看的是什么版本的《论语》，他在《孟子·尽心下》中说：“孔子曰：‘过我门而不入我室，我不憾焉者，其惟乡原乎！乡原，德之贼也。’”从这个版本中，我们看到的夫子态度更为坚决，情感更为激烈。显然，莫说不愿与之为伍，夫子都不愿与之接触，唯恐避之不及。

夫子与人交往，首选中行之士，如果接触不到中行之士，他宁愿与孤僻高傲、洁身自好的狂狷之士在一起，也不愿与那些好好先生共事。

那么，夫子为什么那么厌恶乡愿之徒呢？宋人吕伯恭说：“乡原之心，要牢笼尽天下人。天下之人，非庸人即君子，故同乎流俗，合乎污世，以求合乎庸人；居之似忠信，行之似廉洁，以求合乎君子。”清人王永彬在《围炉夜话》中指出：“孔子何以恶乡愿，只为他似忠似廉，无非假面孔；孔子何以弃鄙夫，只因他患得患失，尽是俗人心肠。”一句话，乡愿之徒貌似君子，实则小人，不论是非对错，只谈利害得失。然而，最为可恶的是他们本是小人，还要伪装成君子的样子，里外迎合，左右逢源，上下其手，故君子不齿。

真小人可恶，伪君子更可耻！

17.8 子曰：“道听而涂说①，德之弃②也。”

解词

①道听而涂说：道，名词作状语，在道路上。涂，同“途”，道路，名词作状语，在道路上。在道路上听说到就传说。

②弃：抛弃，放弃。一说“违背”。

释句

孔子说：“在路上听到的传言又到处传播的人，是道德要抛弃的（是对道德的违背）。”

通讲

道听途说的消息，多是无凭无据的不可靠的东西，故而夫子厌弃。

世上常有一些不实之言、无稽之谈：一是无聊之辈，耐不住寂寞，喜欢故意制造一些爆炸性消息、花边新闻等来博人关注；二是别有用心之徒，见不得天下太平，喜欢搞假性消息、负面新闻，煽风点火，唯恐天下不乱。当然，更多的是出于嫉妒或是敌对，针对个人而制造流言蜚语，利用“浸润之谮，肤受之愬”来进行人身攻击。

众口铄金，积毁销骨，夫子深知其厉害。人有才华，必定会遭人嫉妒，这是常理，夫子也不例外。在他35岁时，鲁国发生内乱，于是他来到齐国，受到齐景公的青睐。然而当景公准备将尼溪之田封赠夫子，使夫子取得贵族身份在齐国做官时，却受到了名相晏婴的反对，他的理由是：儒者奸诈狡猾，能说会道，不能轻信；高傲任性，自以为是，难于领导；过分看重丧事，竭尽哀情，为了隆重的葬礼不惜倾家荡产，让恶俗横行；油嘴滑舌，只为跑官要官，不考虑国家利益；且他们只关注繁复、过时的周礼，而那些繁文缛节，几代人也学习不完，误导百姓……最终，景公没有任用夫子，夫子的抱负也无法在齐国施展。事实上，夫子常常会遭遇这样“人之不已知”的尴尬，甚或被人误解毁谤的苦恼：微生亩当面指责，觉得夫子是“栖栖”的佞者；陈子禽多次怀疑，以为夫子不如子贡贤能；叔孙武叔又一再背后诋毁，对夫子不以为然……人间冷暖，夫子自知，由此看来，夫子反对道听途说就不难理解了。

三人成虎，人言可畏。而且明枪易躲，暗箭难防，背后流言，最让人头疼。于是夫子告诫：“道听而涂说，德之弃也。”一者不做流言的制造者，二者不去信谣传谣。流言止于智者。

17.9　子曰：“鄙夫①可与事②君也与哉？其未得之也，患得之③。既④得之，患失之。苟⑤患失之，无所不至⑥矣。”

解词

①鄙夫：鄙陋浅薄的人。

②事：服侍，侍奉。

③患得之：患，忧虑，担忧。这里根据语意应为“患不得之”，忧虑不能得到，生怕得不到它。

④既：副词，已经。

⑤苟：连词，假如，如果。

⑥无所不至：没有什么地方达不到，意译为“没有什么事情做不出来”或“什么事情都能做得出来”。

释句

孔子说：“粗鄙的人可以和他侍奉国君吗？他没有得到的时候，生怕得不到它。已经得到了，生怕失掉它。如果生怕失掉，那么什么事情都能做得出来。”

通讲

患得患失，是在谈鄙陋浅薄的小人，事实上，也符合世人大多数人的特点，不过小人尤甚。

夫子为了自己的政治理想，周游列国十四年，目睹了形形色色的无数鄙夫。他们沽名钓誉，好大喜功，过分重视自己的利益，为了名利不择手段。同时，也正是因为名利得来不易，自然不能忍受轻易失去，于是便会为了保护既得利益而无所不用其极。

这不禁让人想起《庄子·秋水》里的那个小故事。庄子的朋友惠子在梁国做宰相，庄子来看望他。惠子担心庄子与他争夺相位，惶恐不安。于是，庄子给他讲故事：“南方有一种鸟，名字叫鹓雏，它从南海出发飞到北海，‘非梧桐不止，非练实不食，非醴泉不饮’（不是梧桐树它不停息，不是竹子的果实它不食，不是甘美的泉水它不饮用）。正在这时，一只鸱鸟（猫头鹰）寻觅到一只腐烂了的老鼠，鹓雏刚巧从空中飞过，鸱鸟抬头怒视鹓雏，大喝一声：‘吓！’”之后，他反问惠子：“如今，你也想用你的梁国来怒叱我吗？”讽刺惠子以其急功近利之心度君子淡泊无欲之腹，显得尤为可笑。

庄子说：“其嗜欲深者，其天机浅。”夫子见多了这等嘴脸，“道不同，不相为谋”，夫子自然不愿与之同朝为官。

在名利问题上，夫子以为“不义而富且贵，于我如浮云”，“不患无位，患所以立”。夫子不是不食人间烟火的神，他在乎金钱，更在乎官位，但绝不会为名缰利锁而丧失理智。对金钱，正如弟子子夏所言——“富贵在天”，不必固执；至于名位，夫子只是强调自身的努力，也不去苛求：这等名利观才是正道。

17.10　宰我问：“三年之丧①，期已久矣。君子三年不为礼，礼必坏②；三年不为乐，乐必崩③。旧谷既没，新谷既升④，钻燧⑤改火⑥，期可已矣⑦。”

子曰：“食夫稻，衣夫锦，于女安乎？”

曰：“安。”

“女安，则为之！夫君子之居丧⑧，食旨不甘⑨，闻乐不乐⑩，居处⑪不安，故不为也。今女安，则为之！”

宰我出。子曰：“予之不仁也⑫！子生三年，然后免于父母之怀⑬。夫三年之丧，天下之通⑭丧也，予也有三年之爱于其父母乎⑮！”

解词

①丧（sāng）：居丧守孝。

②坏：破败，衰败。

③崩：败坏，毁坏。

④升：成熟。

⑤钻燧（suì）：钻燧（取火用具）取火，原始的取火方法。

⑥改火：古人钻木取火，四季所用木头不同，每年轮一遍。

⑦期（jī）可已矣：期，一年。一年就可以了。

⑧夫君子之居丧：之，助词，用于主谓之间，取消句子独立性，无实义。君子服丧。

⑨食旨不甘：旨，美味。甘，以为甘美。吃美味不觉得甘美。

⑩闻乐不乐：听音乐不觉得快乐。

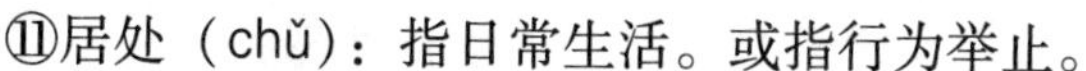

⑪居处（chǔ）：指日常生活。或指行为举止。

⑫予之不仁也：之，助词，用于主谓之间，取消句子独立性，无实义。宰我没有仁德啊。

⑬免于父母之怀：免，脱离。状语后置，按照现代汉语语序可以调整为“于父母之怀免”，从父母怀中脱离。

⑭通：共同的，普遍的。

⑮予也有三年之爱于其父母乎：也，用在句中，表示语气的停顿。状语后置，按照现代汉语语序可以调整为“予也于其父母有三年之爱乎”，宰我在他的父母那里（也）有过三年的爱护啊。

释句

宰我问：“三年居丧守孝，为期太长了。君子三年不习礼义，礼仪就会破败；三年不演奏音乐，音乐就会失传。旧的谷子已经吃完，新的谷子已经成熟，钻燧取火的木头换了一轮，一年就可以了。”

孔子说：“吃着白米饭，穿着好衣服，对你来说心安吗？”

宰我说：“心安。”

孔子说：“你心安，就这么做吧！君子服丧期间，吃美味不觉得甘美，听音乐不觉得快乐，行为举止不安心，所以不那样做。现在你觉得心安，就那样做吧。”

宰我走出去。孔子说：“宰我没有仁德啊！子女生下来三年后，才能从父母怀中脱离。这个三年的丧制，是天下共同遵守的规则，宰我在他的父母那里也有过三年的爱护啊！”

通讲

儒家关注的是生命情感，帮助我们安顿好自己的内心。

夫子将礼制建立在人的心灵情感之上，以情为本。因为着眼于情，于是就有了人三年“免于父母之怀”故而应有“三年之丧”这样的认识。夫子从情感出发，认为不能做到守孝三年即为不孝，不守孝还能心安理得“食稻”“衣锦”便是不仁，这个认识固然合情，然而，我们又不能说宰我说的全无道理，毕竟三年时间不短，三年之后如何生计呢？总不能因孝亲而不顾安身立命吧？也不能因孝亲而忘记了家国担当吧？古人

（尤其是官员）要守孝三年，若是不巧，某人的父亲、母亲、祖父、祖母恰是挨着离开人世，三年送一个，三年送一个，那么，这个人岂不是十几年不能服务于家国了？当然，皇帝也会“夺情”，强迫召任，不许守孝，或命其不着公服，素服治事。这般看来，这个爱问刁钻问题的宰我，也未必是真心不仁，或是比较刁钻，或是比较率直，也或是比较幼稚罢了。

显然，夫子也清楚，自己只是从情感出发，的确是很难应对现实的。此外，他也不想跟这个“杠精”无休止地互怼，于是只得说了一句“你若心安，那就按照自己的办法去做好了”。

夫子与宰我的碰撞，实质上是情感与现实的冲突。夫子所言固然合情合礼（理），但未必合乎现实。事实上，夫子也非只关注形式，“与其易也，宁戚”，夫子只是担心形式不在，仁心也会无存。就如《先进篇》中，夫子根据礼制，不愿厚葬爱徒颜回，也不愿卖掉自己的车子为他置办外椁，然而，当弟子们真的厚葬了颜回时，他虽有批评，但于其内心还是认可的。

把礼制建立在情感上是正确的，但过分追求心理上的满足而忽略现实也是万万不可的。情感与现实是我们做事的两个依据，取舍不易，的确让人两难。然而，不管怎样，摸着良心定夺，大致不会有太大差池。

17.11 子曰：“唯女子与小人为难养[①]也，近之则不孙[②]，远之则怨。”

解词

①养：对付。

②孙（xùn）：同“逊”，恭顺，谦恭。

释句

孔子说：“只有女人和小人最难对付，亲近他们就不谦恭，疏远他们又会抱怨。”

通讲

先秦思想固然丰富深奥，然而“读书切戒在荒忙”，要探求真意，也必须从文字的本义出发，循序渐进，不可躐等。例如《老子》版本众多，一字之差内涵就大不相同。即便是《论语》，看似通俗，其意思也会因为过于简洁（当然，也有脱文、衍文，甚或错简的原因），微言大义，而不易准确理解；再加上语录体这一特殊形式，缺乏上下语境，也会造成各家解读不尽相同。此外，对于古书而言，断句不同，理解也迥然有别。比如《老子》中的“道可道，非常道”，有一种断句是“道可，道非，常道”，如此分开来读，意思就全变了。

当然，我们又不能简单停留在文字层面，还要将其放置在具体的历史语境中解读。如果说前面读出“字面义”是要我们回归“原典”，这一步读出“历史义”就是要我们回归“原点”，回溯到时间上游的历史原点，还原一个真实的经典，而非主观意识强行入侵，生拉硬拽强解原文。探求一个历史的真实，即便对于有历史局限性的内容，也绝不为尊者讳。

对于女性解读，夫子说：“唯女子与小人为难养也，近之则不孙，远之则怨。”对于这一章，李泽厚先生以为这里绝不是夫子在诋毁女性，相反，夫子只不过是在客观讲述“心理学的某种事实”罢了。“近之则不孙，远之则怨”，与女性思考方式和心理特点有关，谈不上什么歧视。这样理解，还原历史真实面目，不以辞害意，也不为贤者讳，可能更为确凿。至于这里说的小人，也不见得是指道德层面的“小人”，而或是地位低下的人、平民百姓，更或是指小孩子，也未可知。

当然，学习先秦的这些经典的终极目的并非只是为了还原一个历史的原意，程颐说：“读《论语》，未读时是此等人，读了后又只是此等人，便是不曾读。”先秦散文大都是思想经典，它们不只是需要读的，更是需要印证的，需要将经典照进现实。罗曼·罗兰说：“从来没有人读书，只有从书中发现自我。”这就是我们所说的第三层含义——读出现实义，以经典为触发点，用自己的体验去与先贤进行生命的对话，用自己的经历去解读经典，去验证、践行先哲的思想。陆九渊说：“六经注我，我注六经。”读出历史义是“我注六经”，而读出现实义就是“六经注我”了。

微子篇第十八

18.1 微子去①之，箕子为之奴，比干谏而死。孔子曰：“殷有三仁焉。”

解词

①去：离开。

释句

微子离开商纣王，箕子做了纣王的奴隶，比干因劝谏而死。孔子说：“殷代有三位仁人。”

通讲

《微子篇》位于《论语》尾声处，记录的大多和“仁”有关系，表达夫子之道不行之怅惘；而且多讲一些“不同于或不同意孔子的‘隐者’”（李泽厚语）的事迹，以见夫子行道之坚决。

微子，名启，商纣王兄。纣王无道，微子反复规劝而得不到回应，于是选择离开。箕子，名胥余，纣王的叔父，一说庶兄。纣王同样不听他的规劝，他便披发装疯，终被纣王降为奴隶。比干，同样是纣王的叔父，他也强谏纣王，结果被纣王剖心而死。

这三个人被夫子赞誉，于是后世有了“殷末三仁”的说法。三个人，面对衰世，作出不同的选择：微子是邦“无道则隐”，躲避不说，最终为了天下，打破自己的出身，放弃家族利益，跑到西岐投奔周武王；箕子是“邦无道，则愚”，唱着“箕子操”，佯狂自保；比干则是“舍生取义”，成为中国历史上第一个死谏君主的忠臣，在中国神话中，被姜子牙封为“文曲星”，更被后世奉为“文财神”。

隐逸，是“仁”；贰臣，是“仁”；装疯，是“仁”；独立，是“仁”；殉国，是“仁”……夫子之“仁”，无可无不可，只要是心怀天

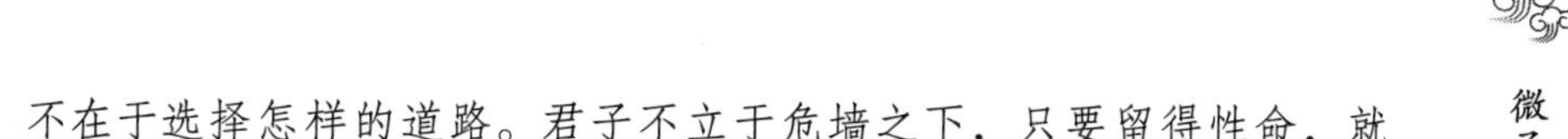

下，不在于选择怎样的道路。君子不立于危墙之下，只要留得性命，就有完成大道之可能，至于侍奉，他不在乎。他没有后世董仲舒那种君权神授的观念，但也没有像孟子那样“极端”地无视君主：“贼仁者谓之贼，贼义者谓之残。残贼之人谓之一夫。闻诛一夫纣矣，未闻弑君也。”

当然，夫子的离开，不是逃避，而是选择新的开始，因为他始终相信：斯文在我，大道将行。

18.2 楚狂接舆歌而过孔子①曰：“凤兮凤兮！何德之衰？往者不可谏②，来者犹可追。已而③，已而！今之从政者殆④而！”

孔子下，欲与之言。趋而辟之⑤，不得与之言。

解词

①歌而过孔子：而，连词，表示方式或状态。唱着歌经过孔子（的车）。

②谏：止，挽回。

③已而：已，算了。而，助词，表示语气，相当于“啊”或“吧”。算了吧。

④殆：危险。

⑤趋而辟之：趋，跑，疾走。辟，同“避”，避开，回避。跑着避开了。

释句

楚国狂人接舆唱着歌经过孔子的车说：“凤鸟啊，凤鸟！为什么德行会这么衰落？过去的不可挽回，未来还来得及。算了吧，算了吧！今天从政的人危险啊！”

孔子下车，想要和他说话。他跑着避开了，孔子没能和他说话。

通讲

通常认为接舆是楚国的贤者，姓陆名通，字接舆。昭王时政令无常，为逃避现实，他装疯卖狂，后人便将之作为狂士的代名词。于是有了李白的“我本楚狂人，凤歌笑孔丘”，有了辛弃疾的“何人为我楚舞，听我

楚狂声”，有了刘克庄的“上古闻巢父，衰周有楚狂”。

事实上，从《论语》中对于隐士的记录方式来看，“接舆”未必是人名。曹之升《四书摭余说》云：“《论语》所记隐士皆以其事名之。门者谓之‘晨门’，杖者谓之‘丈人’，津者谓之‘沮’‘溺’，接孔子之舆者谓之‘接舆’，非名亦非字也。”这样说来，“接舆”应该是“拦车”的意思。

狂人有狂人的表达方式：拦车是粗暴的，不讲礼貌的；“歌”而不言，也非正常交流的方式，很不严肃。然而，从强行拦车中，我们却能看到接舆对时局的强烈不满；从歌唱中，我们又能听出他激动的情绪。从这个角度上讲，他又是热情的，急切的。他或许也曾是一个像夫子一样热衷于政治的人，古道热肠，积极进取，而冰冷的现实让他一再碰壁，不得已才有了今天的选择。

与长沮、桀溺、荷蒉丈人、晨门等人不同，接舆是一个先行者，也是夫子真正的知音，于是夫子没有因为他的唐突而生气，相反，他急忙下车。

没有想到，接舆没有与他更多交流，因为此时的接舆已经成为真正的隐士。相较之下，夫子经历过的磨难更多，然而他始终没有选择退缩，与接舆不同，夫子最终做了一名真正的勇士。

18.3　长沮、桀溺耦而耕①，孔子过之，使子路问津②焉。

长沮曰：“夫执舆③者为谁？”

子路曰：“为孔丘。”

曰：“是鲁孔丘与④？”

曰：“是也。”

曰：“是知津矣。”

问于桀溺。

桀溺曰：“子为谁？”

曰：“为仲由。”

曰："是鲁孔丘之徒与？"

对曰："然。"

曰："滔滔[⑤]者天下皆是也，而谁以易之[⑥]？且而[⑦]与其从辟[⑧]人之士也，岂若从辟世之士哉？"耰而不辍[⑨]。

子路行以告。

夫子怃然[⑩]曰："鸟兽不可与同群，吾非斯人之徒与而谁与[⑪]？天下有道，丘不与易也。"

解词

①耦（ǒu）而耕：耦，两人并耕。而，连词，表示方式或状态。一同耕地。

②津：渡口。

③执舆：舆，车箱，借指车。这里指执辔（拉马的缰绳）。

④与：同"欤"，语气助词，用于句末，表示疑问、感叹或反诘。

⑤滔滔：周流的样子。比喻动乱。

⑥谁以易之：以，介词，跟，同。易，改变。省略句，"谁以（之）易之"，谁同你一起改变它。

⑦而：代词，你。

⑧辟：避开，回避。后作"避"。

⑨耰（yōu）而不辍：耰，古代农具，用于捣碎土块、平整土地。播种后，用耰平土盖上种子。这里泛指耕种。辍，停止，终止。继续耕种不停歇。

⑩怃（wǔ）然：怅然失意的样子。

⑪谁与：宾语前置，按照现代汉语语序可以调整为"与谁"，和谁（在一起）呢。

释句

长沮和桀溺一同耕地，孔子从那里经过，派子路去问渡口。

长沮说："拉马缰绳的是谁？"

子路说："是孔丘。"

长沮说："是鲁国的孔丘吗?"

子路说："是呀。"

长沮说："这个人知道渡口啊。"

子路又去问桀溺。

桀溺说："你是谁?"

子路说："是仲由。"

桀溺说："是鲁国孔丘的学生吗?"

子路回答说："是的。"

桀溺说："天下洪水滔滔，谁同你一起改变它呢？况且你与其跟从躲避坏人的人，怎么比得上跟从躲避世事的人呢?"继续耕种不停歇。

子路回来告诉孔子。

孔子怅然地说："我们不能与鸟兽一起生活，我们不跟人在一起还能跟谁在一起呢？如果天下太平，我就不去改变了。"

通讲

同是隐者，各有不同：楚狂接舆算是夫子的知音——他曾经有过与夫子相同的政治追求，而今心灰意冷，对政治彻底失望；荷蓧有着后世农家的味道，他代表的阶层与夫子不同，道不同，不相为谋；而长沮、桀溺之人，更像是道家的隐者。

这一章，把道家与儒家的"隐"进行对比。道家主张出世，他们讲"隐"，实质是"避世"，远离世俗，小国寡民；儒家主张入世，他们热衷于政治，但如果"邦无道"，也会选择"隐"，然而他们的"隐"本质上是"避人"，也就是"避政"——远离坏的政治，寻找好的政治，或者等待美好政治的出现。儒家是"身在江湖，心存魏阙"，他们"总难忘情于国家大事，总与政治相连"（李泽厚语）。他们的归隐，只是等待，或是通过"独善其身"来实现"兼济天下"，也就是夫子所说的"《书》云：'孝乎！惟孝友于兄弟，施于有政。'是亦为政，奚其为为政?"（《尚书》说："孝啊！只有孝顺、友爱兄弟，把这种做法延续到政治上去。"这也就是参与政治，为什么只有做官才算参与政治?）

"鸟兽不可与同群，吾非斯人之徒与而谁与?"在夫子看来，这些不关心政治、无视民瘼的人与鸟兽无异。人是具有社会性的动物，人的价值绝不能脱离社会性。遗世独立的高士的确是一股清流，他们超然物外，拒绝同流合污，然而，他们缺失了社会性的担当。在夫子看来，既然天下滔滔，那就更不应逃避，更需要知识分子的良知和社会责任感。

“邦有道，则仕；邦无道，则可卷而怀之”“用之则行，舍之则藏”“危邦不入，乱邦不居。天下有道则见，无道则隐”……夫子也有“隐”，然而，与道家的“隐”不同，在夫子的字典里，“隐”与“现”的精神内涵是一致的，都是拯救而非逍遥，是担当而非舍弃。

“天下有道，丘不与易也。”夫子一语中的，如果天下太平了，他也不会从事改革了，换句话说，只要天下滔滔，他就绝不会放弃。

对待楚狂接舆，夫子下车，期待与之交谈；对待荷蓧丈人，夫子“使子路反见之”——自己不去求见，却让弟子再次拜访。而对于与鸟兽同群的长沮、桀溺，“夫子怃然”，无意与之沟通……

18.4 子路从而后，遇丈人①，以杖荷蓧②。

子路问曰：“子见夫子乎？”

丈人曰：“四体不勤，五谷不分。孰为夫子？”植③其杖而芸④。

子路拱而立⑤。

止子路宿，杀鸡为黍⑥而食之⑦，见⑧其二子焉。

明日⑨，子路行，以告⑩。

子曰：“隐者也。”使子路反见之。至，则行矣。

子路曰：“不仕无义。长幼之节⑪，不可废也；君臣之义，如之何其废之⑫？欲洁其身，而乱大伦⑬。君子之仕也，行其义也。道之不行，已知之矣。”

解词

①丈人：对年老男子的尊称。

②荷蓧（diào）：荷，扛，担。蓧，古代的除草用具。

③植：立，树立。

④芸：同“耘”，除草。

⑤拱而立：拱，拱手，两手相合胸前，表示恭敬。而，连词，表示方式或状态。拱手站着。

⑥为黍：做黍米饭。

⑦食（sì）之：食，喂。给他吃。

⑧见（xiàn）：引见。

⑨明日：第二天。

⑩以告：省略句，“以之告”，把这件事告诉（孔子）。

⑪节：礼节。

⑫如之何其废之：其，助词，用在句中，起调整音节作用，无实义。怎么能废弃它呢？

⑬大伦：重要的伦理关系。

释句

子路跟从孔子，落在了后面，遇见一位老人，用拐杖挑着除草工具。

子路问：“您看见我的老师了吗？”

老人说：“四肢不劳动，五谷不认识。谁是你的老师？”便把拐杖插到田头去除草。

子路拱手站立。

老人留子路住下来，杀鸡做黍米饭给子路吃，向子路引见他的两个孩子。

第二天，子路走了，把这件事告诉了孔子。

孔子说：“这是一位隐者啊。”派子路回去再拜见他。子路到了那里，老人已经离开了。

子路说：“不做官是没有道理的。长幼礼节既然不能废弃，君臣的关系又怎么能废弃呢？为了自身的清白，却破坏了重要的伦理关系。君子做官，是为了施行道义。道义行不通，我们已经知道了。”

通讲

这一章内容不多，却很有意思。两个主人公——隐者和子路前后都有一些“翻转”变化：隐者是先倨后恭，子路是先讷后佞。

隐者开始对于夫子的态度是傲慢的，他的批评——“四体不勤，五谷不分”，在今天看来更像是指责。曾经在很长一段时间里，这被错误地视为劳动人民对夫子的批判。隐者没有见过夫子，便不分青红皂白地批判，并且说“孰为夫子”——这句话背后的意思是，一点生活经验都没有，他凭什么做老师。显然，他对夫子的了解是浮浅的，夫子说“道听而涂说，德之弃也”，隐者就属于道听途说、盲人摸象的那一类。

“吾少也贱，故多能鄙事”，夫子从小出身贫贱，做过很多事情，并非一个四体不勤、五谷不分的人，隐者的说法不过是自己的臆断罢了。然而，最终改变他看法的却是子路。所谓眼见为实，当隐者在夫子弟子面前大肆批判对方老师的时候，原以为弟子会生气，没有想到，这个弟子的态度却越发谦卑了——“子路拱而立”。南怀瑾先生说这是“子路搞得没办法，被他的气势慑住了，拱手站在那里恭恭敬敬的不敢动”。我不这么理解，子路以勇气闻名，怎么会被一个农夫吓住？《史记》上记载，这个事件大约发生在夫子六十二岁的时候，此时子路也已经是五十三岁的老头了，多年追随夫子，他已然变得更加沉着冷静，也更像一个十足的儒者。面对隐者的责备，他彬彬有礼，儒雅地站在那里，愿闻其详，等待着对方的教诲。然而，也正是他的行为，换来了隐者的刮目相待与真诚相邀。隐者殷勤地挽留子路住宿，用鸡肉和黍米饭热情地招待他，还让自己的两个儿子出来相见——前后变化之大，让人意想不到。事实上，隐者的变化，是子路的人格魅力所致，更是夫子的成功教育使然。

子路的“翻转”在于，他在隐者面前表达不多，似乎拙于言辞，然而，当他在夫子的要求下再次返回后，却表现出超常的“理论水平”——当面不说，背后会说，这是为什么呢？

可能这些话不是子路说的，而是他将遇到隐者的事情告诉夫子后，夫子教诲他的，或者是在夫子的启发下自己有此生发的。

君子从政，就是为了践行道义。家庭中的长幼之节尚不可废，朝堂上的君臣之义就更不能废。为了自身的清白，就无视国家混乱，袖手旁观，反而破坏了重要的伦理，岂不是更大的错误？

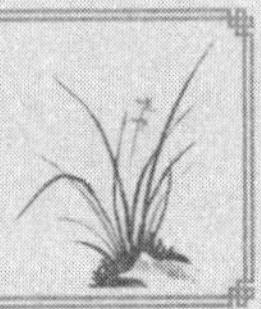

子张篇第十九

19.1 子张曰："士见危致①命，见得②思义，祭思敬，丧③思哀，其可已矣。"

解词

①致：给予。这里引申为"献出"。

②得：得到，获得。这里引申为"利益"。

③丧（sāng）：丧礼，丧事。

释句

子张说："知识分子遇见危险便献出生命，看见利益便想到礼义，祭祀想到恭敬，参加丧礼想到悲哀，这样就可以了。"

通讲

这一篇都是记录夫子弟子言论的，其中涉及子张三章，子夏十一章，子游三章，曾子四章，子贡六章。（其中有一章为子夏与子张共有，一章为子夏与子游共有）

朱熹对这一篇的解释是："此篇皆记弟子之言，而子夏为多，子贡次之。盖孔门自颜子以下，颖悟莫若子贡；自曾子以下，笃实无若子夏。故特记之详焉。"我认为，涉及子贡多，不仅是因为他颖悟，更重要的是他在夫子死后影响巨大，甚至不少人都怀疑他的才能远高于夫子。至于子夏，他的学识是非常渊博的，远高于曾子，朱熹说"自曾子以下，笃实无若子夏"，显然是过分推崇曾子的结果。

事实上，曾子学派编撰《论语》，难免会抬高曾子，贬低他人。这一点，在子张和曾子身上体现得最为明显。夫子对曾子只有一句评语："参也鲁。"可见，夫子对曾子并不看好。孔门十哲中，有"先进"的弟子，如子路、子贡，也有"后进"的弟子，如子游、子夏，却不见曾子。夫

子说“吾与点也”，看来他老人家倒是对曾子的父亲曾皙（名点）赞赏有加。当然，“孔门十哲”中也没有子张，夫子对于子张的评价是“师也辟”。对于这句话有两种解释：一种比较可靠，把“辟”解释为“偏”，就是说子张性格偏激。还有一种属于少数人的认识，如朱熹，他师承思孟学派，推崇曾子，贬低子张，把“辟”解释为“便辟”。至于“便辟”，他又作过两次解释，或说“谓习于容止，少诚实也”，或说“谓习于威仪而不直”，总之，朱熹理解的子张是善于逢迎谄媚而不诚实之人。

根源或许在于曾子。曾子不太喜欢子张，他说：“堂堂乎张也，难与并为仁矣。”《史记·儒林列传》有载：“自孔子卒后，七十子之徒散游诸侯……故子路居卫（事实上，夫子死前，子路就死在卫国了），子张居陈，澹台子羽居楚，子夏居西河，子贡终于齐。”又据《韩非子·显学》记载，夫子死后，儒家分为八派，而“子张之儒”是列在最前面的，可见子张这一派在后儒中，势力是相当大的。

与曾子重视道德修为、强调内省不同，子张喜欢做官，强调事功，这一点恰是被后世所忽视的，或者说，没有子张学派的夫子之学是不完整的。

应该说，“士见危致命，见得思义，祭思敬，丧思哀”，均是夫子思想的再现。

“见危致命，见得思义”，这是君子所为。在需要自己献出生命的时候，他可以毫不犹豫，勇于献身；同样，在有利可得的时候，他往往会去想这样做是否符合礼仪的规定、道义的方向。《宪问篇》中夫子对子路就有“见利思义，见危授命”的教诲，与子路相同，子张身上也有尚武精神，不同的是，对此，子路需要夫子教诲，而子张则能自我省悟，难能可贵。

“祭思敬，丧思哀”，这是君子所思。“祭思敬”，来源于夫子的“祭如在，祭神如神在”“祭之以礼”，强调内心的敬畏；“丧思哀”，来源于夫子的“临丧不哀，吾何以观之哉”，当然，这里所说的“丧”，可能是临丧，也可能是居丧。与“见危致命，见得思义”着眼于外在事功不同，“祭思敬，丧思哀”着眼于内在省悟。由此可见，子张是事功与内省兼顾，无所偏废，更为难能可贵。

19.2 子夏曰：“博[①]学而笃志[②]，切问[③]而近思，仁在其中矣。”

解词

①博：广泛，普遍。

②笃志：坚定志向。

③切问：恳切地发问求教。

释句

子夏说：“广泛学习，坚定志向，恳切地发问求教，多思考当前的事情，‘仁’就在其中了。”

通讲

子夏强调个体修养，这一章明确了他对“仁”的理解与践行。子夏之仁，不在事功，而在修为。他强调四个核心：

“博学而笃志”。夫子说“博学于文”，而子夏更为宽泛，不限于“文”。子夏将博学与笃志并提，强调要心无旁骛，坚定不移，持之以恒，即“仁”须持久用力。试想，学而不笃，中道而废，何以成仁？

“切问而近思”。我们一般都是粗略地将这两个词语翻译为恳切求教，认真思考。事实上，“切”是亲切，是恳切，也是急切，“切问”是问与切身有关的问题；“近”是靠近，是亲近，“近思”是思考当前人生常态的问题。道在伦常日用中，学道就要从生活开始，从某种意义上讲，学道就是思考生活。

朱熹、吕祖谦二人曾在武夷寒泉精舍共同编撰过一本理学入门书《近思录》，浓缩了北宋周敦颐、程颢、程颐、张载四位大儒的思想精髓，“后人治宋代理学，无不首读《近思录》”（钱穆语）。“近思”之名就来源于子夏的这句名言，用意即在正“厌卑近而骛高远”之失。

之后的《中庸》对于子夏的思想又有所发展，提出“博学之，审问之，慎思之，明辨之，笃行之”，对我们了解学习的意义、态度、方法、次第深有启发。

19.3 子夏曰："大德不逾闲①，小德出入可也。"

解词

①逾闲：逾，越过。闲，范围，界限。越过界限。

释句

子夏说："大节不能越过界限，小节有些出入是可以的。"

通讲

朱熹在《论语集注》中说："大德小德，犹言大节小节。"清代李颙在《四书反身录》中对这一章解释道："论人与自处不同，观人当观其大节，大节苟可取，小差在所略；自处则大德固不可逾闲，小德亦岂可出入？一有出入，便是心放，细行不谨，终累大德，为山九仞，功亏一篑，是自弃也。"

儒家认为，具有君子人格的人，应当顾全大局，跳出小节束缚，不在末节上斤斤计较。"大行不顾细谨，大礼不辞小让"方为英雄本色，是真名士自风流。君不见，古往今来，多少不拘小节的英雄豪杰成就了让人仰慕的赫赫功业。

不拘小节是做大事不可或缺的战略眼光、思维方式：大处着眼，分清主次，不拘泥于细枝末节，大刀阔斧，放手一搏。

不拘小节有的是大智慧、大抱负、大胸怀、大气量、大胆识，宠辱不惊，得失不计，不为虚名所动，不为小利所诱。

不拘小节有的是容人之量，不以小眚掩大德，以海纳百川的胸襟对待他人，不苛求于人，不求全责备。

鲍叔牙说："成大事者，不恤小耻；立大功者，不拘小谅。"太过关注小节的人，或循规蹈矩泥古不化，或畏葸不前战战兢兢，如何做得了大事？然而，小节"出入"的前提是对大德的坚守，否则岂不变成了没有原则的乡愿？

夫子评价管仲：九合诸侯、一匡天下，延续华夏文明，实为大德。至于他不为旧主公子纠殉难，且为人小气，便是小德"出入"，无关大

碍。在这一点上，子夏深谙此道，也深得夫子真传。

当然，“小德出入可也”，也不等于处处不拘小节，这里的“出入”只不过是在不得已情况下的抓大放小罢了。

19.4 子夏曰：“仕而优[1]则学，学而优则仕。”

解词

①优：能力或实力有余。一说优为“胜，优良”。

释句

子夏说：“做官有余力的人可以学习，学习有余力的人可以做官。”

通讲

一般人都以为这是子夏说的话，事实上，这是儒家的一个基本思想，古已有之。

儒家重视“学”，夫子之学内容广泛，“文行忠信”为学，大小六艺为学，德行、政事、文学、语言为学。夫子所讲的学，多与“习”密切相连，学是学习，习是实践。虽然“习”在《论语》中只有三见，但《论语》中的“学”却大多包含着“习”的意思。所谓知行合一，“仕”是“学”，也是“习”，或者我们干脆说“仕”就是学的实践、践习。

儒家的学习是指向实践的，儒家的实践自然也包括做官，这无可厚非。儒家即便不做官，也会通过修身齐家的方式为政，这充分展示了儒家的人生价值观——治国安邦、民胞物与的终极关怀。为了更好地为政，就必须努力学习；而努力学习的方向又是更好地做官：仕与学，二者是一体的，是一回事，不是两回事。对于这一点，朱熹解释道：“仕与学理同而事异，故当其事者，必先有以尽其事，而后可及其余。然仕而学，则所以资其仕者益深；学而仕，则所以验其学者益广。”

“学而优则仕”，原本是一个政治号召，旨在号召读书人学以致用，承担社会责任。然而，随着儒家思想变为正统，这句话居然蜕变成了统治者对于读书人的一句诱惑，使之转变成了读书人的自觉追求。“学成文

武艺，货于帝王家”，最终无数读书人都被异化为极具功利色彩的“货”，丧失了独立人格，变成了纯粹的官迷。多么可悲！

19.5 子贡曰：“纣之不善，不如是[①]之甚也。是以君子恶居下流[②]，天下之恶[③]皆归焉。”

解词

①如是：像（传说的）那样。

②是以君子恶（wù）居下流：是以，因此，所以。恶，憎恨，讨厌。下流，比喻众恶所归的地位。

③恶（è）：坏，不好。

释句

子贡说：“纣王的不好，不像传说的那样厉害。所以君子讨厌处在众恶所归的地位，使天下的罪恶都归到他的身上。”

通讲

“能好人，能恶人”看似简单，却是仁人才能做到的。凡夫俗子或是没有公心，不能辨别真正的善恶；或是有所畏惧，不敢表达自己的善恶。爱憎分明、敢爱敢恨才是君：爱憎不分不“智”，是个自私鬼，或者是个糊涂蛋；不敢爱恨是不“勇”，是个窝囊废，或者是个老好人。然而后世还有一种情况，爱憎也分明，敢爱也敢恨，但是偏偏过了头：爱之就爱之过深，恶之就恶之过甚，不能“爱而知其恶，憎而知其善”。

历史学家顾颉刚针对子贡之言详尽考证之后写出《纣恶七十事的发生次第》，文中就指出，商纣王的罪恶是层累积叠地发展的，战国增加二十多项，西汉增加二十二项，东晋增加十多项。时代越往后，纣王的罪行越多，也越不可信。

评价要公允，切莫过了头。若是人人都能正确爱恶，且敢于爱恶，风俗便会自臻淳美，就会让仁德大行其道，恶行匿迹无存。

可惜子贡的话没有起到太大的作用，大家不但无视之前对商纣王的

抹黑，而且还没有停下抹黑的脚步，终于“打造”出了一个今天人们所看到的十恶不赦的商纣王。

19.6 子贡曰：“君子之过①也，如日月之食②焉。过也，人皆见之；更③也，人皆仰之。”

解词

①过：过错，过失。

②食：同“蚀”，日月亏蚀。

③更（gēng）：更正。

释句

子贡说：“君子的过错，好比日食和月食。犯过错时，人们都看见；更正过错，人们都敬仰。”

通讲

在对待错误的态度，夫子的态度非常明确：一方面，他提出“就有道而正焉”，“见贤思齐”，尽量少犯错误；另一方面，他又指出，我们也不免要犯错误，然而，犯错不怕，怕的是知错不改，怕的是二次犯同样的错误。

子夏说：“小人之过也必文。”小人犯了错一定会掩饰，君子为什么不掩饰？那是因为君子会尽量不犯错，即便犯错，大多是无心而为；小人不同，他们或是不严格要求自己，于是常常犯错，更多的时候是他们明知是错还要犯，是有心而为：出发点不一样，故而君子不“文”，而小人必“文”。夫子不但不掩饰自己的错误，反之，他还希望别人知道自己的错误：“丘也幸，苟有过，人必知之。”君子慎独，然而，错了就要让大家知道自己错了，错了就要改正，改正了便不是错误；知错不改，是为真错！故而《左传》有云：“人谁无过？过而能改，善莫大焉。”

子贡深谙夫子之道，于是说：“君子之过也，如日月之食焉。过也，人皆见之；更也，人皆仰之。”子贡是夫子言语科的高才生，于外交，他折冲樽俎，纵横捭阖；于经商，他能言快语，运斤成风。这样的人，在谈及知错就改的问题时，自然出语不凡。他运用比喻，将过错比作日食和月食，生动恰切，让人过目难忘。

君子无心出错，也难免出错，错了就改，人格光辉重新焕发，仍不失君子之风。小人不同，他们将错就错，文过饰非，自然就没有“日食月食”的风度了。

尧曰篇第二十

20.1 孔子曰："不知①命，无以②为君子也；不知礼，无以立也；不知言，无以知人也。"

解词

①知：知道，懂得。

②无以：没有什么（办法或东西）。

释句

孔子说："不懂得天命，没有办法成为君子；不懂得礼制，没有办法自立；不懂得语言，没法了解别人。"

通讲

这是《论语》的最后一章，故而一般人都觉得这一章一定是别有深意的。

这一章涉及"命"。夫子"与命"，且能"五十而知天命"。夫子所言之命是指人自身难以预测、无法抗拒、不能掌控的种种偶然。所谓谋事在人，成事在天，命者，天也。儒道两家都倡导天人合一，不同的是，儒家强调人的作用，而道家强调天的作用。儒家以为，天不可控，但我们依然要尽自己最大的努力。七分靠打拼，三分天注定，事情只要有一丝可能，就要尽最大努力，不畏天，但也不怨天，尽人事，听天命。与之相反，道家以为，"为道日损，损之又损，以至于无为"。道家倡导无为，倒也不是说消极等待，彻头彻尾地什么也不为，而是强调人不要做得太多。道家以为，人为便是"伪"，要学会做减法，追求顺其自然的"为"。应该说，儒道两家都是听天命的，只不过儒家更加刚健有为一些。在儒家眼中，"获罪于天，无所祷也"，只要不违背大道，就要尽最大努力；然而尽力之后，也不期待一定成功，天命难违，自然也要懂得安时处顺，因缘自适。

这一章涉及“礼”。恢复、继承周礼是夫子毕生孜孜以求的终极梦想。在夫子看来，没有了礼我们将无所措手足，无法与别人相处；只有拥有了礼乐秩序，天下也才会安定太平。

这一章又涉及“知人”。在这一点上，似乎与《论语》开篇之“人不知而不愠，不亦君子乎”相互呼应，正所谓“不患人之不己知，患不知人也”。然而，这一次似乎又是对第一章的明确回答，即如何才能“知人”，知人的方式便是“知言”。言为心声，语言是思想的外衣，是边界，是载体，是“直接现实”（马克思语）。听其言，观其行，其人可知矣。巧言令色，见其佞；先行其言而后从之，见其诚；刚毅木讷，见其仁；文质彬彬，见其君子；如此等等。对于“知言”，孟子曾作进一步阐发。孟子的弟子问老师擅长哪方面，孟子说“我知言，我善养吾浩然之气”，并解释“知言”为“诐（bì）辞知其所蔽，淫辞知其所陷，邪辞知其所离，遁辞知其所穷”（偏颇的语言，我知道它不全面的地方；夸张的语言，我知道它陷入错误的地方；邪曲的言论，我知道它背离正道的地方；躲闪的言论，我知道它理屈词穷的地方）。

《论语》是中国“最古最有价值之宝典”（钱穆语）。《论语》讲到这里也就结束了，此时忽然想起了王阳明《传习录》中“南镇观花”的故事：

> **先生游南镇，一友指岩中花树问曰：“天下无心外之物，如此花树，在深山中自开自落，于我心亦何相关?”先生曰：“你未看此花时，此花与汝心同归于寂。你来看此花时，则此花颜色一时明白起来，便知此花不在你的心外。”**

《论语》便是那“岩中花树”，你若将它束之高阁，任由蒙尘，它便“自开自落”，归于沉寂；你若打开它细细品读，它便“一时明白起来”。《论语》的世界与你距离很近，只有一米阳光，只要你跨进去，便能获得崭新的体验，享受到无限温暖。

读一读《论语》吧！读了《论语》，你才不会忘记来处，更不会迷失未来！